NonFiction
論創ノンフィクション 007

シャオハイの満洲

ENARI Tsuneo

江成常夫

勃利

旧満洲国地図

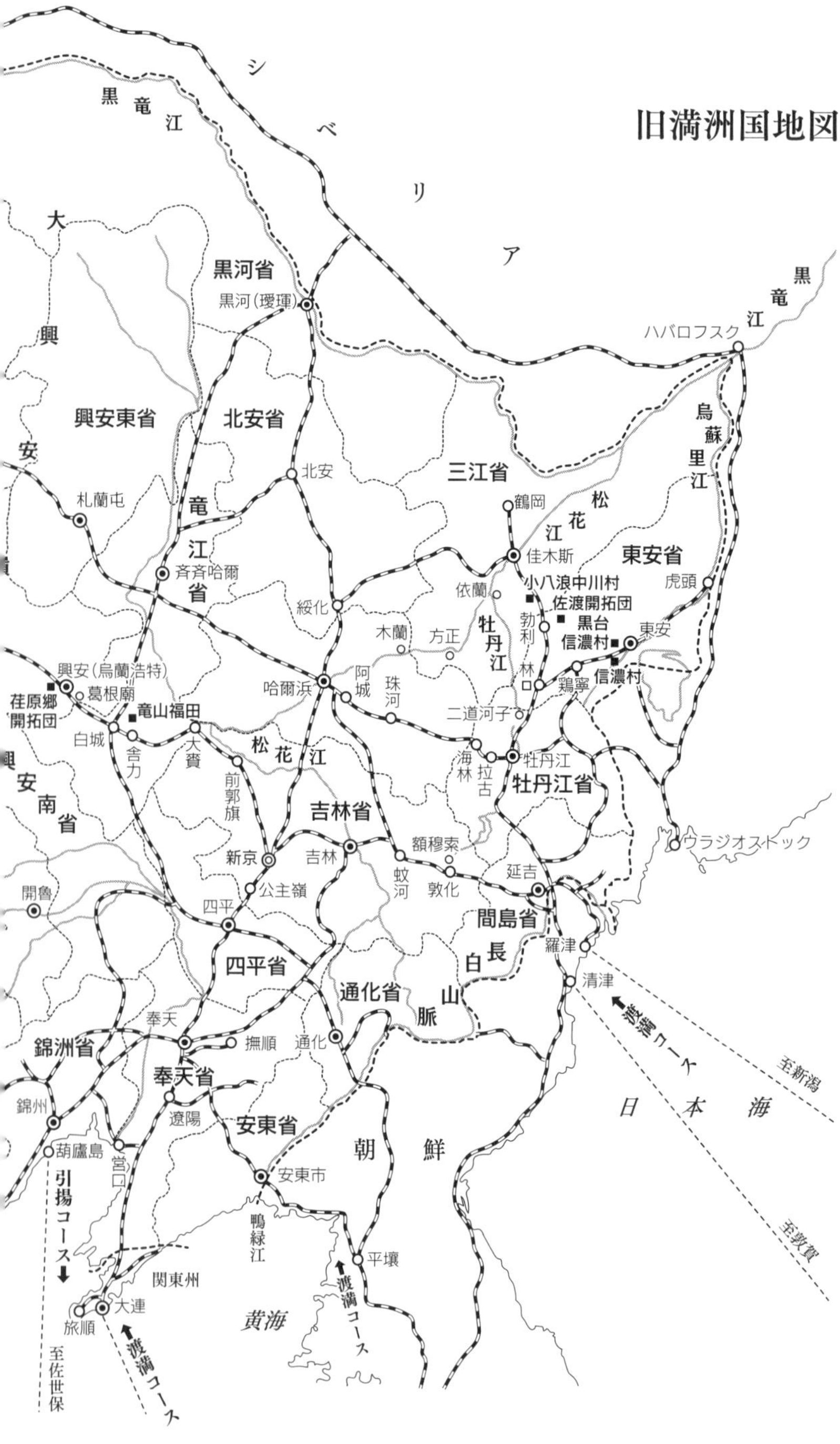
シベリア
黒竜江
大興安
黒河省
黒河(瑷琿)
興安東省
北安省
北安
三江省
鶴岡
松花江
佳木斯
東安省
ハバロフスク
烏蘇里江
札蘭屯
竜江省
斉斉哈爾
綏化
依蘭
小八浪中川村
佐渡開拓団
虎頭
勃利
黒台
信濃村
東安
木蘭
方正
牡丹江
林口
鶏寧
信濃村
興安(烏蘭浩特)
葛根廟
荏原郷開拓団
竜山福田
哈爾浜
阿城
珠河
二道河子
白城
舎力
大賚
松花江
海林
拉古
牡丹江
牡丹江省
興安南省
前郭旗
吉林省
額穆索
ウラジオストック
新京
吉林
蛟河
敦化
延吉
開魯
公主嶺
四平
間島省
羅津
長白山脈
四平省
通化省
清津
渡満コース
至新潟
奉天
錦洲省
撫順
通化
奉天省
日本海
錦州
遼陽
安東省
朝鮮
葫蘆島
営口
安東市
引揚コース
鴨緑江
至敦賀
平壌
関東州
大連
旅順
黄海
渡満コース
渡満コース
至佐世保

ソビエト連邦
興安北省
満洲里
海拉爾
モンゴル
阿爾山
外蒙古
興安東
内蒙古
興安西省
赤峰
熱河省
承徳
山海関
北京
河北省
渤海

ロシア
海拉爾
ハバロフスク
北安
斉斉哈爾
黒竜江省
モンゴル
佳木斯
哈爾浜
内モンゴル自治区
牡丹江
長春
吉林
(新京)
ウラジオストック
中華人民共和国
日本海
瀋陽
吉林省
北京
遼寧省
河北省
渤海
黄海
大連
朝鮮民主主義人民共和国

現中国東北部地図

シャオハイの満洲　目次

シャオハイとは中国語で子どものことである。

張文普（ヂャン・ウェンプウ）八七年三月帰国

敗戦のとき何歳だったのか、日本の父母の名前、自分の日本名もわからない。かすかな記憶でしかないが大人たちと一緒に列車に乗せられたあと、オンドルのある建物に収容された。そこへ銃を持った兵隊が来て再び列車に乗せられ、哈爾浜《ハルビン》へ送られた。そこがどこだったのか、逃避の途中、老人や子どもが何人も死ぬのを見た。祖母、母、兄、姉がいたように思うがいつの間にか一人になった。

哈爾浜で最初に世話してくれたのは張世忠という中国人だった。名前を付けてもらいそこで何年か過ごしたが、十歳のころ二番目の養父に引き取られた。

物心がつくころから周囲の子どもたちから「小日本人《シャオリイベンリェン》……」と、よくからかわれ責められた。日本人とわかると目の敵《かたき》にされたので、養父母はそれを恐れ幾度となく住居を変えた。

家族は妻と二男二女。左手に幼いころ火傷《やけど》した跡があり、黒竜江省珠河《シュガ》地方の風土病のため両方の指が曲っている。

一九八五年十一月、肉親調査に来日し、手掛りは得られなかったが、八七年三月、家族とともに帰国した。

蘇蘭英（スウ・ランイン）八六年十二月帰国

子どものころから「日本人《リィベンリエン》……」と後ろ指を差されていたことは知っていた。が、自分では信じなかった。養父の蘇牲礼も養母の唐淑芹も日本《リィベン》という言葉を一切口にしなかった。

私が日本人と自覚するようになったのは一九八〇年に養母が亡《な》くなり、養父から貰《もら》われたいきさつを知らされたからだ。子どもがなかった養父母は敗戦のとき、薬局主の于有忠と医師の朱雪春に日本人の養子を頼んでいた。

私が二人を介して養家に貰われたのは四七年の春。このとき私を抱いて現われた日本人は三十七、八歳の男で身長が一七〇センチぐらい。黒い服を着ていたという。その日本人が誰《だれ》だったのか定《さだ》かでないが、養父はこの男性に五十元を渡し、受け取った覚え書きには「生年月日、一九四五年十一月二十九日、島田」と記してあったという。このころ養父は長春市内で洋食の食堂を開いていた。

六九年に結婚した夫は機械工場の技師で、私は長春市北安路小学校の教師を勤めた。

八五年二月、肉親調査に来日し手掛りは得られなかったが、八六年十二月、養父と家族五人、帰国することができた。

李喜貴（リイ・シーグイ）黒竜江省勃利県

家族は父母、姉、兄、下に弟と妹が三人。一家九人の大家族だった。父は敗戦直前に出征し家にはいなかった。ソ連軍が進攻した一九四五年八月九日、母は生まれて間もない妹を自分の手で絞め殺し、六人の子どもを連れて村を出た。村の家族同士がひとつになり、敵の目を避けながらの逃避行だった。食糧がなくなり大車《ダーチョ》を引かせていた馬を殺し、他《ほか》の家族とともに肉を食べた。逃げるうち旧東安省《トウアン》勃利《ボツリ》県の佐渡開拓村に着いたのは八月二十日を過ぎていた。ソ連軍の襲撃で母子《おやこ》が離散するのはそれから間もなくだった。攻め込んだソ連兵は集まっていた日本人を、女も子どもも見境いなく撃ち殺し、生き残った人間をひとつの場所に集め、そこに手《て》榴弾《りゅうだん》を投げ込んで虐殺《ぎゃくさつ》した。姉と兄はそこで殺され、生き残った私はそこへ物拾いに来た李樹春という中国人に拾われた。助かった母は生きていた弟と妹を連れ哈爾浜《ハルビン》を目指したが途中で自決した、と聞いている。

私は李に拾われたとき十歳ぐらい。李は農民で家は貧しかったから学校へも行けず、二十歳（推定）で結婚した。

私の日本名は「横田和雄」といい、父は「横田清」とわかっている。身元が判明し肉親のもとに手紙を出しても音信がないのは、父も死亡し親戚《しんせき》にも何かの事情があるからだろう。

日本の父母の面影《おもかげ》が開拓村の風景と重なって頭の奥にぽっと現われたりする。姉と兄が殺されたときの光景が脳裏にこびりついて離れない。

劉秀英（リュウ・シュウイン）遼寧省瀋陽市

住んでいた村の河の向うにソ連領が見えた。私には一人か二人の兄がいて、軍隊にいた兄が飴《あめ》、ビスケットなどをよく持ってきてくれた、と母が話していた。

ソ連が参戦したとき私の家族は父母と姉と妹の五人。父母に連れられ大勢の避難民とともに列車で奉天（瀋陽《シンヨウ》）まで逃げた。一家が避難した収容所は市内の平安小学校で、私は六歳か七歳だった。

間もなく父が病気で亡くなり、死の淵《ふち》にいた私たちは梅怀珠という中国人に引き取られたが、日本人は迫害されるとの噂《うわさ》がたち、もとの収容所に戻《もど》った。

飢えと病気でどうすることもできず、母は姉をある中国人に預けた。姉と別れるとき母は私が着ていた緑の服を姉に着せ替えてやった。その数日後、再び梅が来て母子《おやこ》三人、梅のもとに身を寄せたが、妹はすぐに他の中国人に渡された。

母はその後梅の家で亡くなり、私は殷という中国人に渡されたあと劉家に貰われて養女になった。

八五年九月、日本を訪れ肉親を捜したが手掛りは得られなかった。

軍隊にいた兄、生き別れたままの姉と妹は今どうしているのか――そこがどこだったのかわからないが、子どものころ姉と一緒に栗《くり》の実を拾い、木の舟に羊を乗せてどこかへ行った記憶がある。

王国安（ワン・グォアン）天津市漢沽区

内地の生家は二階建てで四方を山が囲んでいた。空襲に備えてだろうか、中国へ発《た》つ前、家の窓ガラスに帯のような紙を糊付《のりづ》けした記憶がある。どこの港だったのか、中国へ渡るとき、船は大勢の乗客で混《こ》んでいた。家族は父母と私と妹が一人。

中国へ上陸して間もなくだったと思う、無蓋《むがい》貨車に乗せられ移動する最中、空襲に遭い足に大きな傷を受けた。父母はどうしたのか、別れて後、私は瀋陽市郊外の黄沽屯の難民収容所に妹と二人で収容された。

最初、自転車修理業の養父に貰われたが、妹は間もなく死亡。その後、養父が亡くなったため、その弟に当たる王桂新に引き取られた。王も自転車修理で生計を立てていたが、そのうち養母に子どもが生まれ、生活が苦しかったから、学校へも通う機会が与えられなかった。

今、ボイラーマンとして働き、一九六二年に結婚した妻との間に四人の子どもがある。

八八年二月、肉親調査に日本を訪れたが、手掛りが得られなかったのは両親とも亡くなったからだろうか。中国へ渡る前、幼いころに過ごした山深い郷里の光景が、今も影絵のようによみがえる。

竇立新（ドウ・リィシン）遼寧省大連市

敗戦のとき大連《ダイレン》にも「日本人《リィベンリェン》は皆殺しにされる」そんな噂《うわさ》が流れていた。私が生まれる前、父の消息もとだえていた。

冬が来て臨月を迎えていた母親は、その年の十二月二十三日、知人宅に身を寄せて私を産んだ。初産だったが軽くすみ、母は憧《あこが》れていた原節子の名前を、思いつくまま私に付けた。

明日がわからない混乱のときだったから、知人のもとにも長くは置いてもらえなかった。母は私を抱え他の知り合いを頼って歩いた。が、状況は悪化するばかりだった。このままでは母子ともども死んでしまう——そう思いながら物乞《ものご》いするうち、ある中国人が声を掛けてくれた。

「侵略者のお前たちが死ぬのは当たり前。でも子どもに罪はない、うちへ預けなさい……」

母は一晩考え、その中国人に私を預けた。一九四七年一月二日、一歳の誕生日を迎えてすぐのときだった。

母は引き揚げのとき、私のもとへきて連れ戻そうとしたが、私は貰われた家になつき、母のもとには寄り付かなかったという。

日本に引き揚げ面影《おもかげ》も知らなかった母と奇跡的に再会できたのは八一年四月。占い師から「節ちゃんは死んでいる……」と宣告されていた母が、あきらめ切れず、私と生き別れた大連の地を訪ねたときだった。

劉才（リュウ・ツァイ）黒竜江省勃利県

家族は「守屋」の姓で父母と私、下に二人の妹がいた。旧三江省《サンコウ》・図佳線の閻家駅《エンジャ》近くにあった開拓村に住んでいた。母は「守屋花子」。私の日本名は「守屋義明」と覚えていた。父は農業の合間、閻家駅に勤めていたが敗戦間ぎわに応召し、ソ連軍が進攻したとき家にはいなかった。大勢の人たちと開拓村を逃げたが、母が間もなく死亡。二人の妹と食べ物を求めてさまようち、小さい方の妹も死に、上の妹はいつの間にか行方不明になった。自分一人生きるのがやっとで妹をかばうことなどできなかった。

逃避の途中、中国人の劉に拾われ、小さいときから言い付けられるまま畑仕事をさせられた。養父の劉は農民で生活が苦しく学校へ通う余裕などなかった。読み書きを覚えなければ、と思い十四、五になって人民公社の生産隊にあった夜学へ通った。

育ててくれた養父母はすでに亡くなり、二十歳のころ結婚した妻との間に娘がある。

敗戦前、応召したまま生き別れていた父（守屋宣雄）が、京都府の八幡《やわた》市に元気でいることが最近になってわかった。

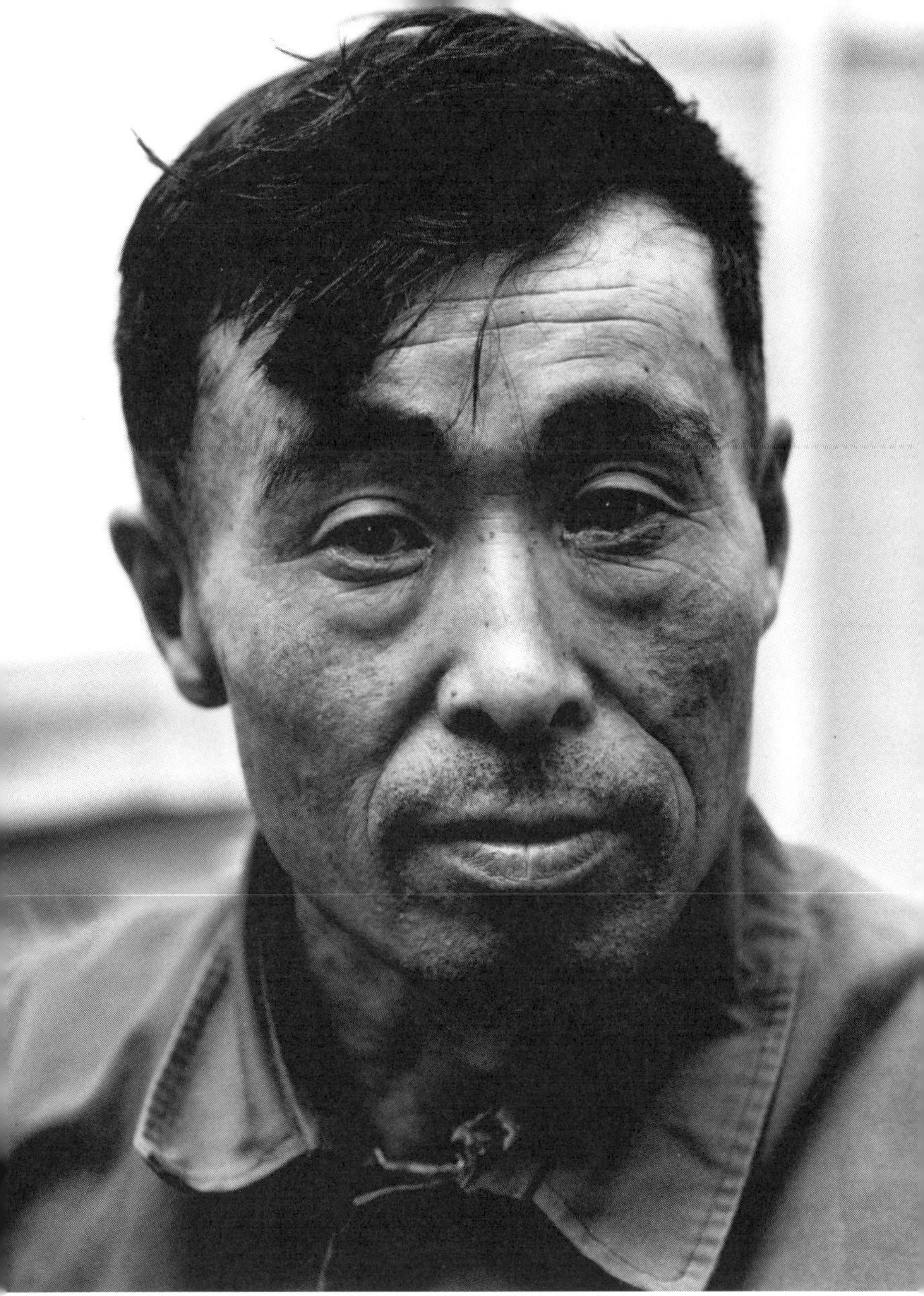

李桂栄（リイ・グイロン）黒竜江省湯原県

家族が所属した長野県・阿智郷《あちごう》開拓団は旧東安省宝清《ホウセイ》県の北哈嗎《キタハマ》にあった。父親以下一家九人が離散したのは敗戦の年の九月末だった。父母に付いて逃避を続けるうち十六歳だった長姉がソ連兵に拉致《らち》されて行方不明。その後家族は勃利《ボツリ》県倭肯《ワイコウ》の難民収容所に入れられたが、父はソ連兵に捕まってシベリア送りになった。

氷点下三十度にもなる冬、収容所では寒さと飢餓で年寄りや子どもが重なって死んだ。母が六人いた兄妹《きょうだい》のうち四人を中国人のもとに預けたのはそんな地獄のときだった。収容所に残った母と長兄、三歳だった末の弟はその冬に死んだ。五歳になっていた私は倭肯の駅長のもとへ預けられていた。

敗戦翌年の引き揚げのとき、中国人のもとにいた次兄と次姉が帰国を知らせに来たが、母の死を知っていた私は「母がいない日本へは帰りたくない……」そう言って二人の勧めに応じなかったという。農家に預けられていた三番目の姉も私と同様、中国に残った。

次兄と次姉は日本へ引き揚げ、消息はぷっつりと切れたまま歳月だけが過ぎた。日本で暮していた兄姉と連絡が取れたのは、生き別れてから二十八年が過ぎた一九七四年。シベリアから復員し、私たちを案じていたという父もすでに死亡した後だった。

十七歳のとき結婚した夫は農民で、二人の間に三人の息子と四人の娘がある。

叢桂貞（ツォン・グイツン）　遼寧省遼陽市

面影もはっきりしない実父母のことがふと脳裏に浮ぶことがある。

まだ元気だったころの養父の話によると、私は敗戦の年の十二月、旧間島省《カントウ》延吉県《エンキツ》の延吉街にあった道徳会収容所で、母、兄、妹と四人でいたところを、同じ街で靴《くつ》店を開いていた叢年祥に兄と二人で引き取られた。このとき兄は十三歳、私が五歳、妹は三歳ぐらいで、父は応召中だったらしく家族のもとにはいなかった。病気だった母は妹と収容所に残ったが別れる際、私は母にしがみ付き離れようとしなかったという。

その後、母と妹は収容所で死亡し、一緒だった兄は四、五年後、帰国したという。私は叢家で育てられたが養父母は産みの親のように優しかった。

一九六四年に四年制の鉱業学院を卒業し、鞍山《アンザン》製鉄所に就職した。今は遼寧《リョウネイ》省遼陽市張嶺区（人口約十万）の副区長を務め、夫との間に三人の子どもがある。

自分が日本人ということは幼いころから知っていた。だから、母国がどんな国なのか――その思いはいつも心にあった。けれど、養父母への敬慕からそれを口にする気持にはなれなかった。八七年二月、肉親調査に日本を訪れたのは養父養母とも亡くなり、心の整理ができたからだ。肉親への呼び掛けをしても返事が返らないのは、父も兄もすでにこの世にいないからかもしれない。今の私には日本は心の国であり、育ててくれた中国で力を尽すのが私の役目、日本へ帰るつもりはない。

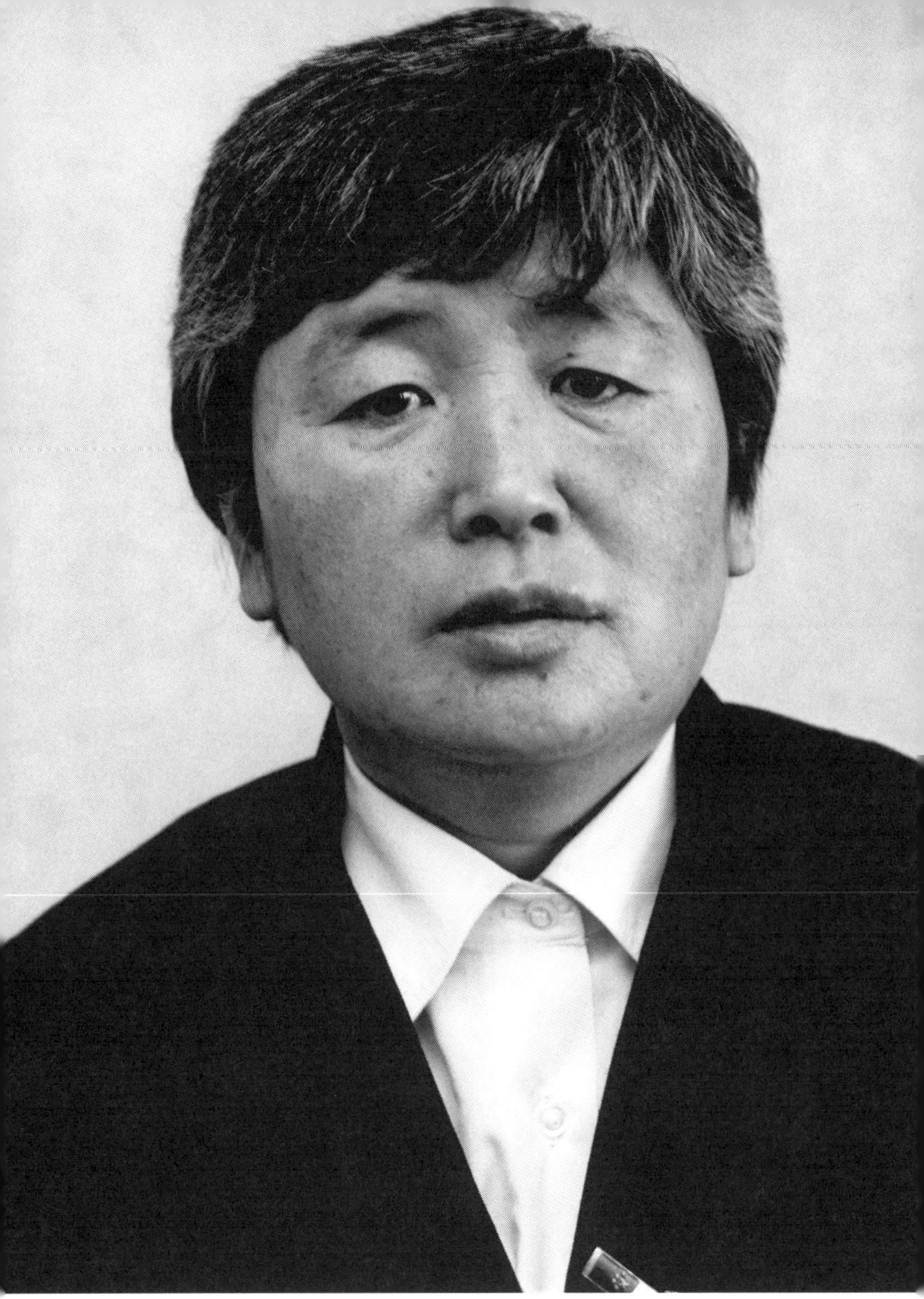

張永興（ヂャン・ヨンシン）吉林省長春市

家族は父と母、姉と思われる女の子と弟がいた。ソ連軍が進攻したとき私は五歳か六歳で、父は家にいなかった。列車を乗り継いで長春にたどりつき、それまで八島《やしま》在満国民学校だった難民収容所に入れられた。母は毎日収容所を出て食糧を求めていたが、寒くなりはじめた十月、衰弱の末に死んだ。横になったままの母を揺り動かしていると、そばにいた日本人が「お前のお母さんは死んだよ……」そう言ったのを覚えている。

母が死んでから収容所の隣にあった飯店（食堂）の前で、一人焚火《たきび》に当たっていると、趙宏祥という店主が声を掛けてくれた。私はこのとき寝間着のような着物を着、その上に毛の服をまとっていた。暫《しばら》くの間趙のもとで世話になり、その後養父の張洪祥に引き取られた。

長春の工業機械学校を卒業後、指導員として一時母校に奉職した。一九六二年から市内の機械工場に移り、職場結婚した妻との間に二男二女がある。養父母によると私の日本名は「ノブズミ」という。

——八一年春、長春で話を聞いた張さんは孤児仲間のうちでも人望が厚かった。その張さんが八四年十月二日急死した。死因は脳出血で冬に向けての貯蔵野菜を買いに出た矢先だったという。享年《きょうねん》四十四（推定）。「一度日本が見たい……」が口ぐせだったというのに——悔恨の残る死だった。

炎の東安駅

小林すみさん

駅の周辺からは火の手があがっていた。無蓋《むがい》列車にすし詰めにされた避難民は今かと出発を待っていた。爆発は列車がようやく発車というときに起きた。開拓村から逃げてそこに乗り合せていた小林すみさんは、その瞬間、もの凄《すご》い爆発音とともに気絶した。どのくらいの時間が過ぎたのか、気がつくと連れていた三人の子どもはどこかへ飛ばされて、跡形もなく消えていた。ばらばらになった手、足、肉片、土砂に埋まった肢体《したい》――周辺は死屍《しし》の場と化していた。

旧東安省・東安駅構内で発生した爆発事件は百数十人の死者と数百人に及ぶ負傷者を出した。引き揚げ史のなかでも屈指の悲劇とされるこの現場からも、数も定《さだ》かでない孤児が生まれた。

満洲《まんしゅう》への旅立ち

東京の浅草に生まれ葛飾《かつしか》の農家で里子として育ったすみさんが、中国大陸に思いを馳《は》せたのは昭和十四（一九三九）年、すでに日中戦争は拡大し、その年の五月には満蒙《まんもう》国境で、日本軍とソ連軍支援の外蒙軍が激しく衝突するノモンハン事件が起きている。そんなときすみさんの夢をかきたてたのは、雑誌でみつけた「大陸の花嫁募集」の記事だった。

「そのころは〝御国《おくに》のため〟が国民の合言葉で、花嫁なんて言っても今のように甘いもんじゃありません。満洲へ行けば女でも御国のためになれる。頭にあったのはそればかりですから。同じような考えの女がいっぱいいて、選考には百人以上も応募があったそうですよ。それでも十五人採用のうちの一人に選ばれたんですね。満洲へ渡ったらすぐに百姓ですから、決ってあとの半年間、訓練所に入れられました」

「大陸の花嫁」は満洲移民の男たちのために東京府が募集したもので、すみさんが入所した上宮《じょうぐう》教会多摩川女子拓務訓練所は旧蒲田《かまた》区の矢口町にあった。この訓練所は昭和九（一九三四）年に東京府救護委員会の委託で、男子の農業訓練所として設立されたが、昭和十四（一九三九）年に女子の訓練所に変っている。建物は七十二坪の洋風木造二階建、畜舎の他《ほか》に一万六千坪の実習農場があった。すみさんら十五人は「大陸の花嫁」一期生として、同じ年の六月二十四日入所した。

訓練所の日課は早朝の精神訓話から始まり、続いて「一に曰《いわ》く和《やわらぎ》をもって貴しと為《なす》。忤《さから》うことなきを宗《むね》と為《せ》よ……」と聖徳太子の十七条憲法を唱和する。さらに食前には「君の恩、親の恩、世の恩、仏の慈悲を感謝する。今この食を受くは身命《しんみょう》を養わんがためなり、この一日の身命は尊ぶべき身命なり、諸《もろもろ》の悪を断じ諸の善を奉行し、国の為《ため》世の為つくさんとする身命なればなり」と朝の祈りを行う。この語句からもわかるように、己を滅し国家に尽す滅私奉公の精神を植え込むことも訓練所の教育目的であったのだ。

「昼間は農場に出て土仕事ですよ。キュウリ、カボチャ、ジャガイモの植付け、秋には脱穀までやりました。雨の日には部屋の中で満洲事情を聴いたり、病気のときの応急処置をおそわったりね。裁縫、料理、いけ花、御国のためというので大勢の先生が教えに来てくれるんです。なにしろ私たちは初めての花嫁でしたから珍しがられて、新聞社や雑誌が取材に来るわ、そのうち政府の情報部が来て映画まで撮りましたよ」

満洲進出が国策として叫ばれていた時代だから「大陸の花嫁」の話題は報道機関にとって格好の材料だったのだろう。すみさんの話からは単に新聞、雑誌のニュースとしてだけでなく満洲移民を奨励する宣伝としても使われていたことがうかがえる。

それはどうあれ訓練所の生活はまたたく間に過ぎていった。十一月になると渡満していた男たちが花嫁を迎えるため帰国し、同じ訓練生の間に縁組が聞かれるようになった。そんな折すみさんは所内の指導主任から、埼玉県出身の小林福松さんを紹介された。福松さんは多摩川の訓練所が女子のそれに変る前の訓練生で、ソ満国境に近い黒咀子《コクソシ》開拓団に先遣隊として入植していた武装移民の一人だった。

「最初、大勢で撮ったぼけた写真を見せられてね、好きも嫌《きら》いもないですよ。昔は親や周囲がいいって言えばそれで決ったんです。それに、御国のためって気持が先で、満洲へ行ければ誰《だれ》でもよかったんだね。顔を合せて一カ月半ですよ。十二月二十三日、大安の日に上野の明月園てところで、東京府が仲人《なこうど》したんです。式って言っても質素なもんですよ。模様ものは着れない時世だから島田なんかとんでもない。東京府が柱時計とモンペの上下をくれましたよ、お祝いにってね」

この年すみさん二十一歳、福松さんが一つ上の二十二歳だった。忙しい結婚式だったが旅立ちもあわただしかった。年が明けた昭和十五（一九四〇）年一月七日、すみさんは夫の福松さんに従って自宅に近い小岩駅を出発した。服装は二人とも二十五円で新調したカーキ色の乗馬ズボンと背広。すみさんが育った葛飾区の鎌倉新田（現在の鎌倉）は、そのころはまだ戸数が六十戸たらずの農村で、村意識が強かったから出発時には村人が総出でくり出し、親戚《しんせき》や恩師とともに日の丸の小旗を振って見送ってくれた。それは報国の雄飛にふさわしい門出であった。が、このハレの光景こそ何年か後に遭遇する〝地獄〟の一里塚《いちりづか》でもあったのだ。

上野で乗り換えた夜行列車は翌朝新潟駅に着き、その足で船に乗り込んだ。新潟港は当時、敦賀《つるが》、下関《しものせき》と並び渡満コースの玄関で、多くの満洲移民がここを使っている。二人が乗った船はその日のうちに朝鮮の清津《セイシン》に向けて出港した。

「船は確か『月山丸《がっさん》』でした。満洲に骨を埋めるつもりでしたから、ドラが鳴っていよいよ船が出る、というときにはやっぱり体の血が熱くなりましたよ。海がひどくシケていて、港を出たとたん揺れて揺れて、スクリューが嫌《いや》な音をたてて空回りするんですよ。初めっから酔っちゃって食事どころか水も通んないんです。

清津に着いたら汽車が待っててね、途中牡丹江《ボタンコウ》で一泊しましたよ。一月ですから、これが寒いのなんのって、背中から腹の方まで突き抜けるような寒さです。ひどいところに来ちゃった、思っても日の丸の旗で送り出されたんだから帰るわけにはいかないでしょ。牡丹江から林口《リンコウ》——東安とまた汽車で行って、香鶴《コウカク》って駅には東京を出てから五日目に着きました」

開拓村からはソ連領が見えた

小林さん夫妻が入植した開拓団は正式には第六次黒咀子開拓団と呼ばれ、村の近くを烏蘇里《ウスリイ》河支流の穆稜《ムーリン》川が流れ、丘からはソ連領がすぐそこに見えた。行政区は東安省虎林《コリン》県に属し、昭和十二(一九三七)年七月、先遣隊の入植に続き翌年三月、本隊が入っている。

旧虎林線の虎林駅から約五キロ、無人の香鶴駅から二キロの地点に行政事務と郵便業務を扱う本部が置かれ、小学校、警察署、病院のほか味噌醤油《みそしょうゆ》の醸造など、農産物の加工場も備えていた。団の総面積は七千町歩(約七千ヘクタール)にも及び、本部を中心にした九つの集落には石川郷《ごう》、富山郷、八洲郷《やしま》、といった名称が付され、集落はさらにいくつかのブロックに分かれていた。団員の出身地は石川県をはじめ富山、福井、新潟、東京など十四府県にわたり、ソ連参戦時の在籍世帯数は二五九（黒咀子開拓団調査資料）となっている。

地理的には東満最大の防衛基地、虎頭要塞《コトウようさい》にも近く、村の周辺には軍が多数駐屯《ちゅうとん》していたので、隣接する清和、二見など他の開拓団同様、兵站《へいたん》基地の役割も果していた。

小林さん夫妻は四ブロックある八洲郷の一区に入植したが、そこには泥壁《どろかべ》でできた二軒長屋が三棟《むね》あって、小林さんの他に新潟県出身の山岸政吉、埼玉県の古郡《ふるごおり》敏夫、北海道の上田繁《しげる》の三世帯がほぼ同じ時期に入居した。

「村に着いたときは寒いのと食べるものがないのに驚きました。ジャガイモとゴボウぐらいのもので、それも石ころみたいに凍ってるんです。なにしろ鶏が卵を生んでもすぐに壊れるんですから、凍ってしまってね。電灯なんかありませんよ。お風呂《ふろ》は庭先に作った露天風呂で冬でも吹きっさらしですから寒いです。でもね、四月の声を聞くとネギが最初に芽を出して、味《み》噌汁《そしる》に入れて食べるんですが、これが嬉《うれ》しくってね、春が来るというんで――」

訓練所に入るまで畑仕事など経験がなかったすみさんには、初めての東満の冬はことのほか厳しかった。零下五十度にもなる寒さは心身をも凍らせ、鬱積《うっせき》した気持を内地への手紙で癒《いや》したりした。それでも五月六月、春と夏がいっぺんに来て開拓地の丘陵に草花が一斉《いっせい》に咲くと、それまでの暗い気持も嘘《うそ》のように晴れた。

小林さん夫婦が手にした農地はざっと二十町歩(二十ヘクタール)、このうち五町歩をキャベツ、大根、人参《にんじん》、白菜などの野菜類と、麦、トウモロコシ、大豆、小豆《あずき》など穀物の耕作地に使い、残りの十五町歩は牛馬の牧草地に当てていた。

「春が来て最初の仕事が麦蒔《むぎま》きでした。馬に犂《すき》を付けて耕すんですが、一回往復するのにえらい時間がかかるんですよ。なにしろ、畝《うね》の長さが一キロもあるんですから。麦のあとは大豆、小豆、そのうちジャガイモも植えなくちゃいけない。忙しいのなんのって、こんなときうちでは現地人を五、六人雇いましたよ。黒土で肥えてるんでトマトもカボチャも、スイカなんかごろごろ。白菜、人参は軍へ出荷するんです。満洲は夏が短いから九月に入ってリンドウが咲くとそろそろ霜が降りて、そうなると今度は収穫です。麦とか大豆の脱穀がまた面白《おもしろ》くてね。十一月はもう冬ですから庭に水を撒《ま》くとコンクリートみたいに凍るんです。その上に麦とか大豆を並べて牛馬にローラーを引かせるんですよ」

夏の労働もきつかったが報国の精神が日ごとの仕事を支えていた。

団員は若い夫婦が多く入植して一年が過ぎると、あちこちの家庭で子どもの出産が相次いだ。八洲郷一区でも山岸さんと上田さんが女の子、古郡さん宅で男の子が生まれた。そうしたなかすみさんだけが取り残されていたが、入植して三年目の昭和十七(一九四二)年一月十七日、小林夫妻にも女の子が誕生した。自宅でのお産には助産婦が馬で駆けつけてくれた。初産《ういざん》のせいか最初の陣痛から三日もかかる難産だった。この年満洲は康徳九年、年号にちなんで「康《やす》子《こ》」と命名した。子どもを産んですみさんは内地の東京がなぜか無性に恋しかった。けれど帰るにはおカネも暇も要る。里帰りはその日その日に追われてできなかった。

「初めてのお産でしたから心細くてねえ。寒中の乾燥したときで赤ちゃんの肌《はだ》がからからに乾くんです。しょうがないから一日に二回も三回もお湯に入れましたよ。二人目が同じ年にできて、このときはどうしてもと思って内地に帰りました。お誕生前の上をおんぶして、帰ったのは十一月でした。明けて三月七日に今度は男の子が生まれて『健二』って名も私が付けたんです。父親が虫が知らせたのか、内地に残った方がいいって、ずいぶん止めたんです、満洲に戻《もど》るのをね。私も少しのんびりしょうと思ったのに四月になったら『種蒔きが遅くなる』なんて言って主人の方が迎えに来たんですよ」

軒並み届いた召集令状

すみさんが里帰りした昭和十七年十一月といえば真珠湾攻撃から約一年、太平洋の戦局は同年六月のミッドウエー海戦を機に敗退に転じ、国内では物資の不足から「欲しがりません勝つまでは」の標語がはやるなど、非常時の気運が支配的であった。それでも異境の開拓地と比べれば親が健在の内地はすみさんには別天地に思えた。二人目の子どもを産み、まだ健康体でなかったすみさんは内心「内地にいた方がいい」と言ってくれた父親の勧めに甘えたかった。けれど、開拓に身を託した夫がいる。種蒔きを控えた畑、牛馬や鶏も待っている。勝ち気なすみさんは福松さんとともに二人になった子どもを連れ、開拓村へ戻った。

「二度目のときは関釜《かんぷ》連絡船でした。最初の渡航では涙なんか出なかったのに、どうしてですか、親に甘い言葉を掛けられたせいか、下関を離れたときは泣けましてね……」

里帰りから戻った昭和十八（一九四三）年は開拓地の作柄《さくがら》も順調で、生活にもいくぶんゆとりができていた。内地から届く手紙は空襲や学童疎開《そかい》のことなど暗い知らせばかりで、満洲の暮しを羨望《せんぼう》する向きさえあった。が、表面では平穏を装っていた東満にも危機は確実に迫っていた。中部太平洋諸島をはじめフィリピン戦線では撤退、玉砕が相次ぎ、軍部は満洲配備の兵団を南方方面へ次々に転用し、その兵力は昭和十九（一九四四）年だけで十二個師団にも及んでいる。このため精鋭を誇っていた関東軍もその年の末には、武器も兵力も骨抜きにされ、もはや張り子の虎《とら》と化していた。

昭和二十（一九四五）年一月二十日、すみさんは次男の久雄ちゃんを現地で産んだ。そうしたうちにも戦局は逼迫《ひっぱく》するばかりで、この年六月からは根こそぎ動員と呼ばれた召集が強制され、全満洲で十五万、開拓団員だけで五万人もの壮年男子が、関東軍への応召を余儀なくされた。平和に見えた黒咀子の開拓村にも召集令状が軒並み届き、ともに暮してきた山岸さんと上田さんがまず応召した。大正六年生まれで二十八歳の小林福松さんに令状が来たのは七月二十日。隣の古郡さんが出征した数日後だった。

「突然ですよ。本部から連絡があって夜中の十二時に出るようにって。別れの杯もなにもあったもんじゃない。奉公袋一つ持って普段着のまんま。子どもの顔も見る間もないんだからひどいもんです。『後を頼んだぞ』って出て行きましたがね。もっとも召集がかかる前に虎頭の方からどんどん武器を運んでるんで、これはおかしいとは思いましたよ。でも主人が出ていったときは、来るものが来たと覚悟はしましたね」

八月九日午前零時

南方に戦力を取られた関東軍に満洲全土を防備する力はすでになかった。二十年七月、関東軍は大本営の指示で「ソ連軍の進攻に対し「対ソ作戦計画」を立てている。この計画は新京（長春）の関東軍総司令部を朝鮮に近い通化《ツウカ》に移し、ソ連軍進攻の非常時にはここで阻止し、朝鮮半島と本土の防衛に当たる、というものだった。が、戦線を通化まで後退させることは全満洲の四分の三の放棄を意味している。作戦は秘密裏に実施され、そこに居留していた日本人にはなんの配慮もなされなかった。関東軍の庇護《ひご》を信じていた開拓団員や一般邦人は、作戦至上のもとでまったく無視されていた、と言っていい。しかも根こそぎ動員の召集によって現地には老人、女、子どもばかりが取り残された。そうした状況のなかソ連軍は昭和二十（一九四五）年八月九日午前零時、百五十余万の兵力で進攻を開始した。

「夜中の二時ごろでした。突然ドーンという音がしたんです。伝令が来たのが明るくなった五時ごろで、虎頭を占領されたからすぐに集結しろってね。それからすぐに山岸さん、古郡さん、上田さんに声を掛けて、どこも女と子どもだけですから牛車に子どもを乗せて一度は三区の区長さんの家に集まったんです。そうしたら今度は本部の学校に集まれって。なにも持てやしませんよ。リック一つ背負って一番小さいのをその上におんぶして。学校へ着いたらハチの巣をつついたような騒ぎですよ。すぐに避難ということで、朝の十時ごろでした、虎林の駅に向ったのが。小さい子どもを三人も連れて逃げるんですから、それはもう大変です」

男が応召した後の老人婦女子の逃避行は悲惨だった。昭和三十一（一九五六）年二月、石川、富山、福井三県の復員連絡事務調査主任会議が開かれ、黒咀子開拓団の敗戦前後の情況がまとめられた。その調査資料には団員の避難状況が要約、次のように記されている。

八月九日午前八時ごろ虎林県庁より退避命令が出され、協議の結果次の三隊に分かれて行動することが決った。

第一隊は応召家族の婦女子二十数人で、虎林駅で虎林街の一般の人たちと満鉄関係者が乗る列車に便乗し、午前十一時ごろ牡丹江へ向けて出発した。

第二隊はやはり応召家族の老人婦女子八百八十人で、虎林駅で虎林街の残りの人たちとともに列車に乗り、午後三時ごろ牡丹江方面に向けて出発した。

第三隊は二つの隊以外の若い男女約百四十人で数班に分かれ食糧、銃、弾薬などを馬車《マーチョ》に積み、午後七時ごろ徒歩で宝清《ホウセイ》方面に向けて出発した。

応召家族のすみさんらは第二隊に組み込まれたが、八洲郷一区四軒の家族構成は次のようになっていた。

小林すみ（二七）、長女康子（三）、長男健一（二）、次男久雄（七カ月）。山岸タキヨ（二九）、長女芳子（七）、長男正夫（五）、次女道子（二）。古郡えい（三一）、長男一男（六）他一男一女。上田キクエ（三〇）、キエ（五〇）、長女さなえ（六）、長男明弘（三）、次女洋子（一）。


「駅までの間にもソ連の飛行機は飛んで来る。もう覚悟するしかないですよ。虎林に着いて列車に乗るのも必死でした。これが最後の列車で発車したと思ったら、もう駅がボンボンと燃えてんですから。ああ、これが戦争かと思いましたね。あんまり恐ろしくてでしょう、子どもがいっぱい乗っているのに一人として泣く子がいないんです。途中で何度も止まってね、列車が東安駅に着いたのは夜もだいぶ遅くですよ」

野積みの砲弾に火が……

東安駅を持った東安市には敗戦まで関東軍第五司令部があり、虎頭要塞と並んで東満洲防衛の要衝だったから、駅には軍の輸送に当たる停車場司令部まで置かれていた。

駅の構内には十三本の線路が敷かれ、一番線ホームには駅長室、旅客控室、改札などを備えた駅舎が隣接し、その他貨物倉庫、軍関係の施設が並んでいた。反対側の十三番線は当時は軍の物資輸送が頻繁《ひんぱん》で、関東軍の専用ホームになっていた。

すみさんたちが乗った避難列車は九日午後十時ごろ駅舎に接した一番線ホームに着いた。列車はそのまま停車し他の列車は出て行くのになぜか一番線だけは動かなかった。夜半になると駅の外で炎があがり、空を真赤に染めていた。列車の避難民は黒咀子の関係者だけで八百八十人。貨車に詰め込まれたまま夜を過ごした避難民は他を含めると千人をはるかに越えていた。

「明るくなってからですよ、駅の建物が燃えはじめたのは。もの凄《すご》い火勢で熱いもんですからみんないたたまれなくなって、駅の中央にあった他の列車に移ったんです、ぞろぞろとね。乗り換えるのに三十分ぐらいはかかったでしょう。一区の他の人たちも一緒で、このときは無《む》蓋車《がいしゃ》でした。子ども三人を連れて、もちろんハコの中はすし詰めです。どなたでしたか、お隣の人におにぎりを貰《もら》って一番下の子のオムツを替えた、その途端ですよ、ドーンときたのは。もうそれっきりわからなくなりました」

爆発は十日午前七時ごろ起きた。ほとんどの避難民はそのとき何が起きたのか知る由《よし》もなかった。

金沢大学助教授藤田繁氏は『草の碑』（満蒙《まんもう》開拓団の記録）の中で爆発前夜の状況を関係者の証言で綴《つづ》っているが一部を要約すると次のようになる。

「東安駅庶務助役の中村清実さんは爆発が起こる三十分ほど前、駅舎を引き揚げる旨《むね》の最終電信を牡丹江鉄道局の電信室に打った。『トウアンハダメダ。コレカラエキニヒヲツケテダッシュツスル。サイゴダカラ　ガンバロウ』。この打電に対し先方からは『ソウカタガイニシッカリヤッテクダサイ』との返信があった。その後中村さんは電信機を破壊し、駅長室に燃えるものを積んでガソリンをかけ火をつけた」

この火災で一番線列車の避難民は中央の列車に移動するのだが、「これは駅関係者や逃げ遅れた東安在住者のために編成された最後の列車だった。三十輛《りょう》にも及ぶ長い車輛はほとんどが無蓋貨車で、前と後に機関車が連結されていた。中村さんのような駅関係者も乗車を終え、運転助役の木戸高松さんが発車の合図をした。が、連結が長くしかも避難民を満載していたためか、すぐには発車ができなかった。五分、六分と時間がたつうち爆発は起きた」

爆発は十三番線ホームに野積みされていた爆弾に日本軍の兵士か憲兵が放火したため起きたとされている。これを裏付けるように当時東安駅で駅長代行を務めていた幾嶋民也《いくしまたみや》さんが「十三番線の貨物ホームには五十キロ爆弾はじめ砲弾類が三十トンぐらい野積みされていた。列車が発車というときそこへ兵隊が来て、顔見知りの曹長《そうちょう》が『火をつけろ』と命令するのを聞いた」と目撃の状況を述べている。

虎林駅の火災や中村さんの証言でもわかるように、撤退には駅舎や倉庫に火を放ちソ連軍への牽制《けんせい》をはかっている。爆弾への放火もその一環だったようだ。その処置を善意に解釈すれば兵士（憲兵）たちは駅関係者と連絡を取り、列車は出ると判断して火をつけた。が、出遅れたため悲劇が起きた。

気を失ってからどのくらいの時間がたったのか、すみさんはリュックのそばでうつ伏せになっていた。ふと気がつくとわきにいた三人の子どもがいない。子どもだけでなく貨車の上には人っ子一人いなかった。子どもがいない、と気づきながらどこへ行ったのか、という思いは浮ばなかった。列車から爆発地点までは二、三十メートル。修羅場《しゅらば》の真ん中にいたが、意識がもうろうとしていたすみさんはそのときの状況をかすかにしか覚えていない。が、八洲郷三区の団員で爆発に遭遇後、東安で一年を過ごした漆崎ささのさん（六六）は、そのときの光景を今なお生々しく覚えている。福井県武生《たけふ》市の自宅でその記憶をうかがった。

爆発現場の惨状

「朝になって乗り換えた列車は向うが見えんくらい長いもんでした。わたしは四つの男の子を連れておって、近くには一区の上田さん、山岸さんもいなすった。どこへ行くかもわからんで、いっそ、バーンと死んでしもうたらいいねえ、そんなことをみんなでいうてましたの。そのうちです、『憲兵』の腕章つけた兵隊が三人、コモのようなもの持ってきて火いつけたのは。わたしこの目ではっきり見ましたもの。何が積んであるのか、わたしらなんもわかりませんけど、燃えてんの見て誰かが早よう早よう消せって……。それからすぐです、ドーンときたのは。それっきりわからなくなってしもうて。どれくらいしてか、子どもの泣き声で気がついたらもうからだ半分、土砂で埋まってるんですわ。爆発の前の方の人は全部飛ばされて誰もいなはらなんだ。泣いておったわたしの子どもは火傷《やけど》だけですみましたけど、上田さん山岸さんは駄目《だめ》だったようです。それはもう自分のことで精いっぱいですわね。わたしは隣にいた若い人に引っぱってもろうて、子ども連れて貨車から降りました。そうしたらどうです、吹き飛ばされた人が男といわず女といわず、ずらっと倒れてなはる。仰向《あおむ》けの人もおる、くの字になった人もおる。手とか足が千切れて飛んでるでしょう、顔が半分砕けて目ん玉がとび出とる。そのときはまだボーンボーンと爆発しおって、倒れてる人がぽっぽっとね、燃えてなはるの。レールは枕木《まくらぎ》からはずれて貨車はひっくり返っておる、それはもう今、想《おも》い出しても地獄ですわね」

すみさんが気がついたときも爆発は断続的に続いていた。爆発のたびに火柱があがり火の粉が降りかかった。すみさんは本能のおもむくままその場を離れた。顔に受けた傷のことはまだ気づいていなかった。

「ふらふら歩いてたら町に出て、なんとなく顔を見たんだね。民家のガラスに映ったんです。もうまるでお化けなんですよ。右目の下から奥にかけてパックリ口があいて、目はつぶれてるし血だらけですから。これじゃあ内地へ帰ってもしょうがない、子どものところへ戻って死んじゃおう思って駅の方へ引き返したんですよ。そうしたら二区の岩井和さんが子どものおぶいひもをぶらぶらさせて歩いて来たわけね。『あんたどうした』って言ったら『子どもが三人……』って。私もってわけで……。岩井さんに会ってから、死ぬんならいつでも死ねるってことになってね……」

山の中を歩いて、歩いて

最初、避難民は団の指示に従って動いた。が、爆発に遭遇してからは統率は完全に崩れ、男も女も年寄りも個人の体力と判断で行動しなければならなかった。すみさんは岩井さんと二人目標もなく歩いた。歩くうち学校のようなところに出て、そこにあった防空壕《ぼうくうごう》に身を寄せた。何人かの避難民が体を休めていた。そこへ省立病院の副院長という男性が現われ、すみさんを見ると日本酒のようなもので傷を洗い「傷は浅いからしっかりしろ」そう言って力づけてくれた。

爆発のショックは意識を混濁させていたが、すみさんの頭には三人の子どものことがあった。

あの状況では生きてはいまい。爆発後いくらかの生を保ち得たとしても生きながらえはしまい、そうは思った。けれど、生死がどうあれ見届けなかったこと、見届けられなかったことが後悔となって脳裏に残った。
やがて救護のトラックが来てすみさんたちはその荷台に乗せられた。

「どれくらいかね、走ったのは。着いたところは信濃村《しなの》っていう開拓団の跡でした。食べ物を貰ったりするうち、上田さんのおばあちゃんのキエさんが中国人に助けられたって、馬車《マーチョ》で来なすった。六歳のさなえちゃんと三つになる明弘ちゃん、まだ乳飲み子の洋子ちゃんはおんぶしてましたよ。そこで驚いたのは明弘ちゃんの下あごがごっそり取れちゃって、肉片がべろんとなってたんですよ。破片かなにかが当ったんでしょ、それを見てわたしゃぞっとしましたね。キエさんの話では上田さんの奥さんは爆発の場で虫の息だったたって……。私はお乳が出ましたから洋子ちゃんにおっぱい吸わせて。もう日が暮れかかってたので眠れるのか、思ったら『ここはもうソ連のものだからすぐに出発!』っていうんです。岩井さんも一緒でした」

出発といってもその判断は一人一人にゆだねられていた。とはいえ、女の身では従うしかない。すみさんらは馬車に乗せられ夜の道に出た。道が悪く二キロも行くと馬があえぐので、すみさんは馬車から降りた。途中日本軍の戦車に拾われたりするうち夜が明け、勃利《ボツリ》の義勇隊訓練所には十一日に着いた。ここには東安市や開拓団の避難民が集まって大きな集団ができていた。

勃利から林口へは鉄道を使う組と徒歩組に分かれた。出征家族は列車に優先的に乗れたが、すみさんはそこにいた足の不自由な女性に権利を譲り、代りに上田さん親子の保護を頼んだ。徒歩組は約千人にも及び東安市長の倉持利平氏が先頭に立った。すみさんは岩井さんら他の団員たちとその列についた。

「そんなにたたないうちでした、市長さんが割腹したって聞いたのは。大集団だからソ連機にすぐにねらわれて、バリバリバリって機銃掃射ですよ。退避なんていっても逃げ場がないの、草だけの原っぱだから。子どもをおんぶした女《ひと》が倒れてる、と思ったら射《う》ち抜かれちゃって、それも子どもの方は無事ですわ。血だらけの人が馬に踏まれてるし、もう正視できない惨状です。このあとはみんなばらばらになって山に逃げ込むんですが、それから暫《しばら》くは山の中で野宿ですよ。何人かで体を寄せ合ってね。食べ物なんかありゃあしませんよ」

すみさんらが東満の山中をさまよっていたころ満洲の各地では、約二十七万の開拓民と百二十余万の一般邦人がソ連兵の進攻と現地民の襲撃に遭い、生死の逃避行と敗戦の憂《う》き目にあえいでいた。

一方、本土では米軍の空襲で東京をはじめ主な都市は焦土と化し、新型爆弾の原爆が八月六日広島、九日長崎と相次いで投下された。東安駅で爆発が起きた十日、すでに日本はその日午前四時の御前会議で国体護持を条件にポツダム宣言の受諾を決め、十五日には天皇が正午からの玉音放送で、日本の無条件降伏を全国民に向け伝えている。しかし、ソ連軍はこのときに至っても進攻行動を止《や》めなかった。ソ連は最初、日本の降伏による停戦を降伏文書の調印後と解していたというのだ。満洲の避難民には十五日の詔勅は終戦の意味をなさなかった。

「山の中ですから敗戦なんてわかりません。なんでもいいから南西の方に歩けって。歩いて歩いて、食糧無しで歩くんですから、小さな村にぶつかって、トウモロコシとかジャガイモ畑があるとこっそり盗んで生のままかじるんですよ。人間、ほんとの飢餓になるとそこらにいる蛇《へび》まで食べたくなるんだから恐ろしいです。

どの辺でしたか上田さんのおばあちゃんにばったり会って。十五日は過ぎてましたから勃利で別れてから一週間目ぐらいでした。すっかり痩《や》せちゃって。一番上のさなえちゃんは元気でした。ひどいけがの明弘ちゃんはやっぱり亡《な》くなって、乳飲み子の洋子ちゃんは列車の女のひとに預けたままどこへ行ったのか行方不明になったって……。

表へ出たらソ連兵に捕まるし、付いたり離れたりしていた団の男や軍の人たちが決死隊を組むというので、女は駄目だっていうのを無理に頼んで、加えてもらったんです。男が二十二人、女が九人で岩井さんもおりました。上田さんたちとはここで別れましたけど、その後どうしたのか……」

ソ連兵に捕まる

敗残者で作った決死隊は吉林《キツリン》を目指した。気力のある日本人は捕虜《ほりょ》の身を死以上に嫌《きら》ったから、ソ連兵に見つかることをなにより恐れた。人目を避けるルートは山しかない。逃避行は一日三十キロも四十キロにも及ぶことがあった。昼間は山に入り、夜のうちに非常線を越えた。鏡泊湖《キョウハクコ》に近い山中を歩くうち吉林省に出た。八月二十四日、二道溝《ニドウコウ》に近い小さな中国人の集落で一行は初めて日本の敗戦を聞いた。

「仲間の一人が若い将校から聞いたっていうんです。まだ半信半疑でしたけど誰《だれ》もが押し黙っちゃってね。それはそうですよ、今まで頑張《がんば》ってきたのは何だったのかって……。敗《ま》けたといえば死ぬことと決ってましたから、近くの川でみんなして着てるものを洗いました。死ぬときは下着ぐらい奇麗にしてってわけなんです。これで大日本帝国も終りかと思いましたけど、そのうち誰となしにデマだって言い出して、また歩きはじめるんです。きっと友軍に会えるってことでね。それからすぐですよ、ソ連兵に捕まって、いってみれば武装解除です。銃も手榴弾《てりゅうだん》も手をあげて全部出せって。決死隊もここで解体です。八月も末でしたから、夜はそろそろ冷えてました」

黒咀子《コクソシ》の開拓村を離れたとき八洲郷一区の四家族はそれぞれ母子《おやこ》四人で、上田さんには五十歳のキエさんがいたから、全部の人数は十七人だった。その大半が東安駅の爆発で死亡あるいは行方不明になったが、その後も何人かが生き延び必死の逃避行を続けた。けれど、すみさんが吉林省まで逃げて、ソ連兵に投降したとき、そばで言葉を交わせたのは二区の岩井和さんただ一人だった。

日本軍が崩壊した八月十五日後も進攻の矛《ほこ》を収めなかったソ連軍は、日本政府の強い停戦要請に、十九日になってようやく応じ進攻は終息するが、ソ連軍兵士の金品略奪、みさかいのない婦女暴行はその後になっても止まなかった。女であるすみさんはその陵辱《りょうじょく》行為を逃避の先々で目撃した。

「ソ連兵に捕まって間もなくですよ。私たちが何人かでまとまってるとき『女はいるか』って来て、私は麻袋《マータイ》かぶって息を殺してましたけど、連れて行かれた女《ひと》がいて、翌朝ですよ、帰って来た奥さんに旦那《だんな》の方が絞るような声で言ってんです、『死んでくれ！』ってね。まあ惨《むご》い話です。

吉林省の東に敦化《トンカ》って、大きな街がありますが、この近くの開拓村でしたね、沙河橋《サカキョウ》っていう。土間のある広い建物が収容所のようになって、避難民が五、六百人はいましたか。そこで驚いたのは女という女がみんな坊主《ぼうず》頭なんですよ。『あんたたちなにぐずぐずしてんの、ロスケに連れて行かれるよ』言われて、岩井さんと二人、泣きの涙で坊主ですよ。それでも夜になると拳銃《けんじゅう》持って来るんです。悲鳴があがろうが何しようが誰も手が出せないんだから、情けないもんです」

屈辱の沙河橋には十日もいたろうか。一団となっていた避難民は十月十二日敦化に向けて移動した。このときすみさんは体が熱っぽく病魔にとりつかれたことに気づいた。沙河橋から敦化までは約二十五キロ。病気の身には徒歩の道程はきつかった。やっとの思いで敦化の街に着いたが、すでに腹痛をともなった激しい下痢。チフスの症状だった。血便を見るなど病状は一晩のうちに進み、体力の衰弱が激しかった。脇《わき》にいた人が知らぬ間に息を引き取るときである。収容所の床に臥《ふ》せながらすみさんは死を予感し「これで子どもの許《もと》へ行ける」そんなことをふと思った。それでもそばにいた岩井さんは見つけてきた瓦《かわら》を火で暖め、熱に冒され、がたがた震えるすみさんに「湯たんぽがわりに」と言って心を尽してくれた。が、助からないと判断してか、そのうち「先に行くね、すまないけど」そう気まずそうに言ってそこを離れた。死線をさまよっていたすみさんには岩井さんとの惜別はことのほか悲しかった。

「自分が生きるのが精いっぱいですから仕方ないです。そのうちある中国人が洋車《ヤンチョ》で迎えに来ましてね。後でわかるんですが収容所にいた日本人の誰かが、もう駄目だろうというので死ぬか生きるかの私を売ったんだそうですよ、五百円とかで。でもね、この世の中は捨てる神あれば拾ってくれる神ありで、同じ東京の田口さんて男の人が、追い掛けるように助けに来てくれるんです。この人は同郷のよしみというか親切な方で、お医者さんを呼んでくれたり体力がつくまで、別の中国人のところへ世話してくれたり、命の恩人です。中国人にもいい人はいましたよ。アンペラ(むしろの一種)の上に横になっていたら『怎么样《ソマヤン》?』(どうしたの)『買点豆腐《マエデドウフ》吃吧《チバ》!』(豆腐でも買いなさい)って、おカネを置いてってくれたりね」

死線を生き抜き帰国の途へ

それにしても人の死、人の命とは何なのか。小さな蠟燭《ろうそく》の火がふっと消えるようなあっけない死もあれば、消そうとしても消えない生もある。逃避を続けながらすみさんはぎりぎりの死に何度も直面した。自ら死を求めたこともある。そしてさらに重病に臥して死の淵《ふち》を見た。けれどすみさんの生は燃え続けた。

厳寒の冬を奇跡的に生き抜き、春が来て体力が回復したすみさんは街に働きに出た。朝鮮系中国人の家の賄《まかな》い婦《ふ》、日本人が開いた一杯飲み屋の手伝い。敦化の街には食べ物も着るものもあったが、それを得るには働かなければならなかった。

昭和二十一(一九四六)年のこの年、満洲では国府共産両軍が内戦を繰り返し、五月には駐留を続けていたソ連軍が全面撤退を終えている。七月に入ると国共の内戦は全面戦争へと発展する。

すみさんが近くにいた田口さんから帰国を勧められたのは八月の初めだった。

「敦化を離れたのは八月十八日でした。帰るっていってもおカネもろくになし、敗戦国民の身で吉林――新京（長春）――奉天《ホウテン》（瀋陽《シンヨウ》）、そして葫盧島《コロトウ》と長い旅ですから、これまた死ぬか生きるかの大仕事です。最初、同じ吉林省の舒蘭《ジョラン》てところに知り合いがいる、というのでそこまで列車で行って、後は吉林まで歩くんです。国府と共産軍がドンパチやってたときですからあちこちで捕まって、検問、取り調べがうるさいんです。吉林からは列車に乗りました。これがまた走ったり止ったりで、葫盧島に着いたのが九月も中旬でした」

一カ月半の待機のあといよいよ帰国のときが来た。引き揚げ船は米軍の貨物船だった。船は十一月二日満洲の地を離れ、一週間後の九日、九州の博多《はかた》港に着いた。海の向うに初めて陸を見たとき無性に涙が出た。それは喜びというより悲しみの涙に近かった。母国を目前にした安堵《あんど》から、失った三人の子どもや同胞のことが脳裏を埋めていたからだ。

博多に上陸したときすみさんは予防注射に合せて血液採取を受けた。ワッセルマン反応による性病（梅毒）検査のためだが、敗戦国の女性にとってこれはまた勝者の陵辱《りょうじょく》を判別する屈辱の検査でもあったのだ。

敦化で世話になり引き揚げの途中も何くれとなく助けてくれた田口さんとは、東京まで列車を共にし、日暮里《にっぽり》駅で別れたが、命の恩人との離別には切ない愛惜の念が残った。

「それはもう一目で引き揚げ者とわかるひどい格好なんです。綿入れの袖《そで》なしに麻袋《マータイ》で作ったリック、それに兵隊の皮靴《かわぐつ》ですよ。実家では仏壇に写真を置いていたくらいですから、びっくりしちゃってね。母親からは『子どもは……』って言われて言葉がなかったですよ。

シベリア送りの主人から帰るってハガキが来たのが昭和二十三（一九四八）年の春でした。七月二十五日か六日に栄養失調みたいな体で帰ったときも『子どもはどうした』っていの一番に言われて、立つ瀬がなかったです」

報国の果てに

小林夫妻が村人たちの歓呼の声に送られて満洲へ出立したのは六年前、大陸への夢と報国を信じたその顚末《てんまつ》はあまりにも無惨《むざん》だった。では同じ境遇にあった八洲郡一区の三家族はどんな末路をたどったのか——

山岸政吉さん家族は奥さんのタキヨさんと長男正夫ちゃん、次女直子ちゃんが東安駅の爆発時、行方不明。長女の芳子ちゃんは、そこから助けられ中国人の農家に貰《もら》われたがその後の消息はわからない。政吉さんは復員後、栃木県那須《なす》の開拓地に入植したが二年後に病死した。

古郡敏夫さん家族は奥さんのえいさんと子ども三人、東安での爆発の難は逃れ、その後宝清県方面に向ったが、途中の五道崗《ゴドウコウ》開拓村で同僚とともに母子で焼身自殺を図った。そこで三人の子どもは死んだが、えいさんは全身に火傷《やけど》を負いながらも中国人に助けられ、再び東安に戻った。一年後、三区の漆崎さんらと引き揚げの途についたが葫盧島近くの錦州《キンシュウ》で病死。敏夫さんは応召後、生死不明のままだ。

上田繁さん家族は繁さんが応召後、敗戦の年の六月二十日ルソン島で戦死。奥さんのキクエさん、長男明弘ちゃん、次女洋子ちゃんについてはすでに触れたが、キエさんと長女のさなえちゃんは逃避中の山中ですみさんと別れて後、哈爾浜《ハルビン》まで逃げて死亡した。

すみさんが敦化で病いに臥《ふ》すまで生死をともにした岩井和さんは別れて後、吉林の収容所で死んでいる。

満洲開拓民の引き揚げがいかに凄惨《せいさん》をきわめたかは、この四家族からも容易に想像がつくが、黒咀子《コクソシ》開拓団全体の団員家族の消息は、昭和五十七（一九八二）年発行の『石川県満蒙開拓史』（石川県満蒙開拓者慰霊奉賛会）に詳しく記載されている。それによると在籍者数一一九七人のうち生存三九四人、死亡六九一人、生死不明一一二人で、東安駅爆破事件関係は死亡一一四人、生死不明一四人となっている。このうち生死不明者一一二人（東安事件を含む）の半数近くは十歳未満の幼児であり、この中の生存者が日本人孤児として中国に残されたことはいうまでもない。

多くの引き揚げ者がそうだったように、小林さん夫妻を待ち受けたものは敗戦国の窮乏だった。引き揚げて一、二年は家賃にも困ったが、それでも二人はすみさんの実家がある葛飾《かつしか》区鎌倉町に小さな雑貨店を出した。その後一男一女に恵まれ、現在では大きくなった店を、跡継ぎの息子さんとともに取り仕切っている。何一つ不自由のない生活が手の中《うち》にある。が、四十数年前一瞬にして失った三人の子どもへの哀切は、今もなおすみさんの心に風穴をあけたままである。鎮魂の意もあってだろう、すみさんは昭和四十九（一九七四）年四月、満洲での体験を一冊の手記にまとめた。それには『現在満洲国没有《シェンザイマンジュウゴメイユー》』の表題が付されている。この字句には中国側から見れば侵略でしかなかった国策に、疑いもせず乗じた満洲移民の屈辱、あるいは懺悔《ざんげ》とも取れる屈折した気持が託されている。

「敦化にいたときある中国人の前で、なんとなしに『満洲』って言葉を口にしたんです。そしたら『現在満洲国没有』（今は満洲国はない）と厳しく咎《とが》められましてね。心臓をぐさっと突き刺された気持でしたよ。それまで〝御国《おくに》のため〟と思ってやってきたことが、根こそぎ否定されたわけだから。五族協和とか国の生命線とか、うまい口車に乗せられて、その揚句国民を守るはずの皇軍からは虫けらみたいに見捨てられたんだから……。悪い夢を見てたんですよ――」

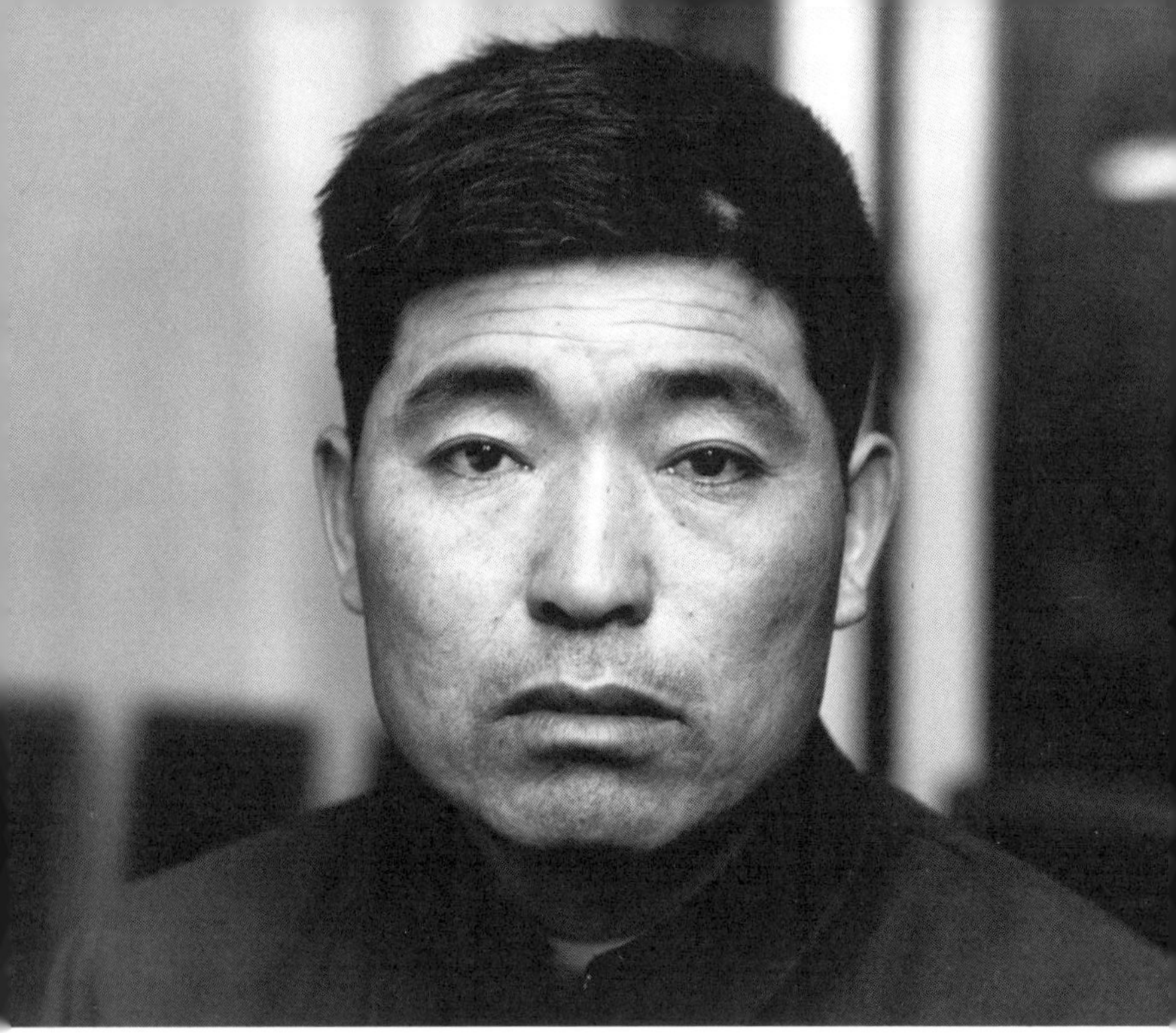

才宝森（ツァイ・バオセン）

八六年十二月帰国

日本の家族は旧東安省虎林《コリン》県の開拓団にいたらしいが、肉親につながる手掛りは何もない。

私が成人してからの養父の話によると、敗戦の年の八月十日、私は旧東安省・東安駅の爆発現場で、当時東安駅で雑役夫をしていた養父の才に助けられた。家族がどうなったのか、まったくわからないが、私はこのとき二歳か三歳で、小さい体のあちこちに傷を受け血だらけだったという。

そのまま才家で育てられたが五、六歳のころから近所の子どもたちに「日本人《リィベンリェン》、日本鬼子《リィベンクイズ》」そう言っ

てからかわれ、ののしられた。日本人に対し敵がい心が強い時代だったから、養父母は周囲の目を恐れ、住んでいた黒竜江省密山《ミツザン》市（旧東安市）から同じ省の鶏西《ケイセイ》市に移った。家が貧しく十歳のころ小学校へ通うようになったが、卒業後は牧童などし、その後は鶏西市の百貨店で働いた。養父母は早く亡《な》くなり、一九六八年に結婚した陳玉梅との間に一男二女がある。

八三年三月、肉親を求めて日本を訪れたが手掛りは得られず、八六年十二月、身元不明のまま家族とともに帰国した。

孫香艶（スン・シャンイエン）

黒竜江省密山県

家族は旧東安省虎林県の開拓団にいた。ソ連軍の進攻が伝わり、団の人たちともに最寄りの虎林駅から列車で逃げた。同省密山県の東安駅まで来たとき、乗っていた列車が突然爆破された。家族はこのとき行方不明。私も顔に破片を受けて大きな傷を負った。その後、密山道徳会という収容所に保護され、ここから養父の孫世堂に引き取られた。

日本人であることは子どものときから記憶にあった。家族は死んだのだろうか——長い年月思い続けてきたが、八七年二月、肉親捜

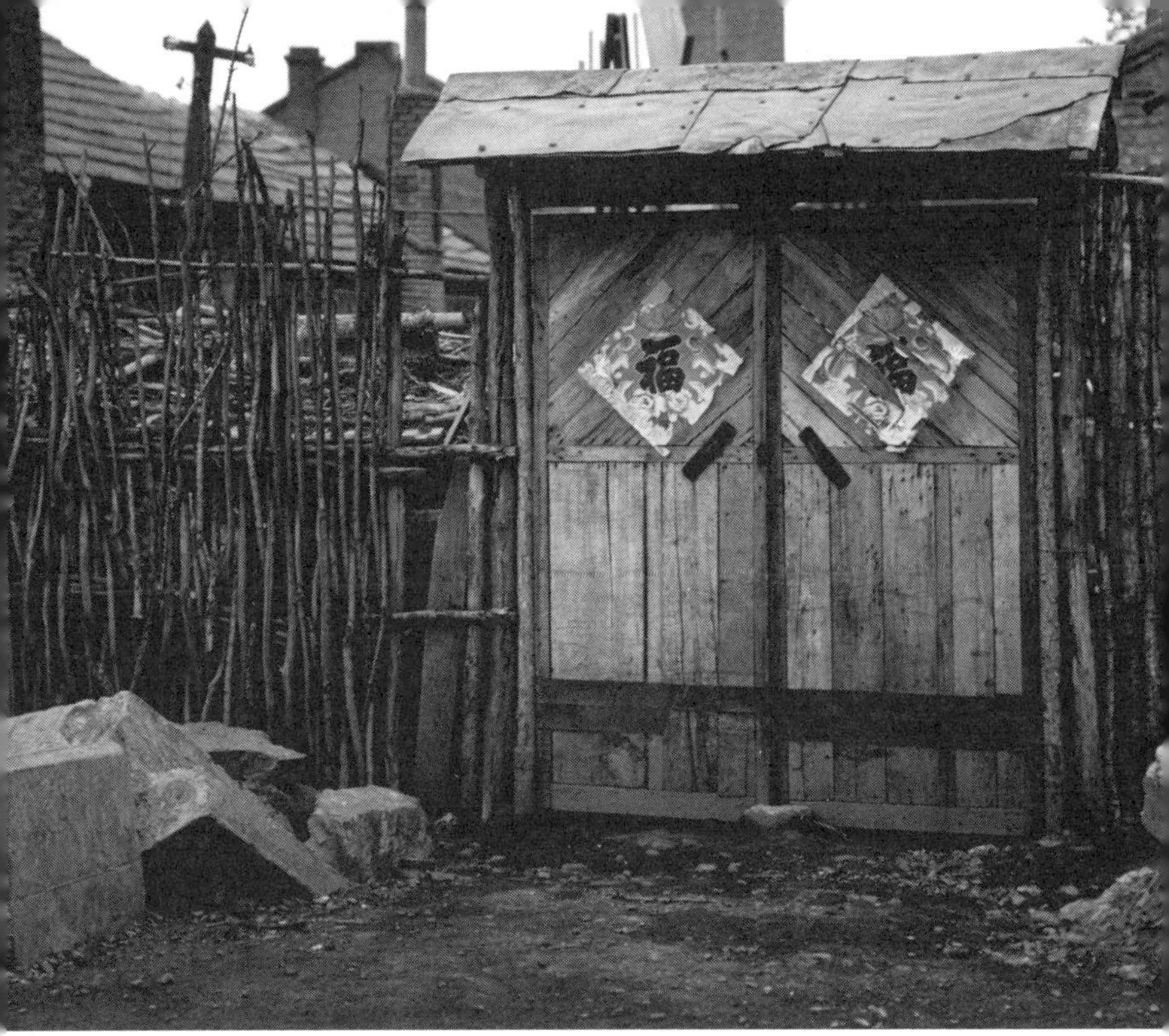

しに祖国を訪れることができ、修《しゅ》羅《ら》の場で生き別れた実兄（今井清造）と巡り合うことができた。すでに死亡していた父母の故郷は富山県で私の日本名は「今井満里子」。敗戦のとき四歳だったこともはっきりした。

中国には育ててくれた養母がいる。農業を営む夫と三人の子どももいるし、日本に永住する意志はない。ただ望むのは家族の仕合わせ。そのためにも日本と中国の末永い友好を願いたい。

王明忠（ワン・ミンチョン）

八六年八月帰国

ソ連が参戦したとき父の記憶がないのは出征していたからだろうか。母の他《ほか》に小さい弟か妹がいたように思う。混乱のなか母に連れられ馬車《マーチョ》で逃げた。何日か後、旧牡丹江《ボタンコウ》省寧安《ネイアン》県の哈蟆塘《ハマトウ》という小さな村でソ連兵に遭い、母とはここで別れた。一人置き去りにされていたところを、ある中国人に拾われ間もなく養父の王樹堂に貰《もら》われた。王は農民で私は五歳か六歳だった。

自分が中国人でないことは幼いころの記憶でわかっていた。十歳ぐらいだったと思う。学校の仲間

や近所の子どもから「日本人《リィベンリェン》……」と馬鹿《ばか》にされ、石を投げられたりしたが、そのことが心のわだかまりとなり産みの親のこと、祖国日本のことが夜の床などで頭をもたげた。

　黒竜江省海林《ハイリン》県の安楽小学校に四年通い、一九五六年から人民公社で働いた。

　父の出征のときだろうか――どこかの駅で列車の窓から身を乗り出した父を、母と一緒に見送ったことを覚えている。

　八三年二月、訪日肉親調査に参加し、身元はわからなかったが、八六年八月、一家六人帰国することができた。

唐芙蓉（タン・フウロン）

黒竜江省海林県

貰われたときの話によると日本の家族は父母と三人の姉、私の下に乳飲み子の弟がいた。敗戦の年の八月、私たち一家は二百人ぐらいの避難民と一緒に逃避行を続けていた。一団が旧東安省林口《リンコウ》県の蓮花江西小屯《レンカコウセイショウトン》に来たとき、私の家族は呂という中国人の農家に立ち寄り、馬小屋を借りて一夜を過ごした。呂は疲れきっていた私たちを見て、下の弟を預けるよう持ち掛けた。父は一人息子の弟には同意しなかったが、代りに四歳だった私をそこに預けた。このとき私はカールした髪の毛、タオル

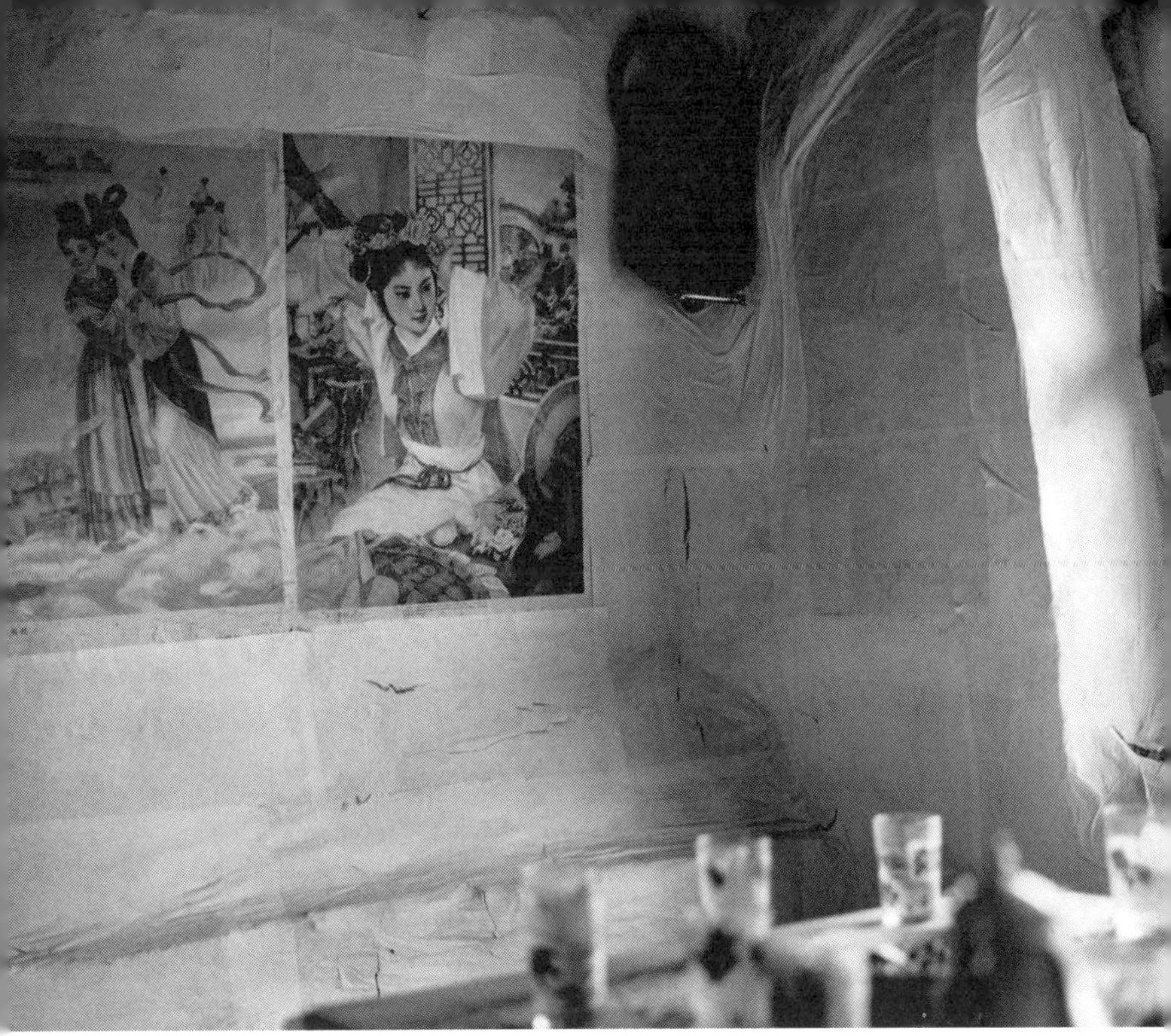

地で作った上下服、耳の付いた兎《うさぎ》の帽子をかぶっていた。

　呂夫婦は私を間もなく唐に渡し、唐家の養女として育てられた。

　一九五九年、十八歳のとき一歳年上の手洪貴と結婚し二男三女がある。

　離れていった父母や姉弟《きょうだい》は無事に日本に帰れたのだろうか。父は別れるとき家族についてのメモを呂のもとに残した。メモは長い年月のうちに紛失したが、それには私の生まれた年「一九四一」と家族の姓「高橋」の文字があったという。

　八五年九月、日本を訪れたが肉親の消息は得られなかった。

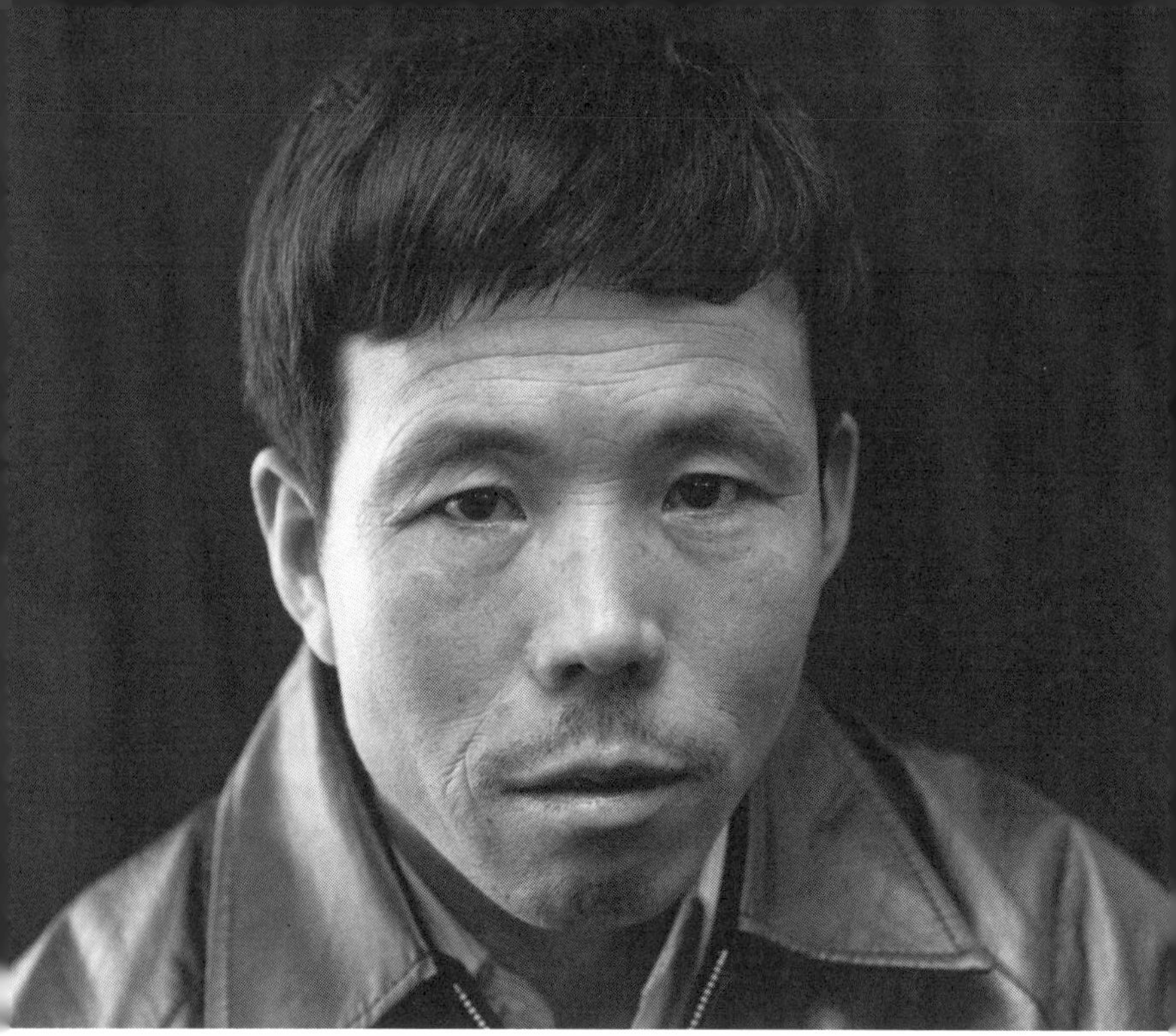

金利（ヂン・リー）

黒竜江省依蘭県

養父母らの話によると日本の家族は旧三江省樺南《カナン》県の開拓団にいたという。ソ連軍の進攻後、母に連れられて避難したが、旧東安省林口県の刀翎《トウレイ》の山中で現地民に襲撃され、母はこのとき死亡、私は四、五人の子どもとともに置き去りにされた。

当時私は四歳ぐらいで、保護してくれたのは趙景彬という中国人だった。趙は私に趙徳喜と名付けたが、その後死亡し、養母の楊淑珍が再婚したため二人目の養父、金鳳明が今の名前を付けてくれた。

金は農民で私は子どものときか

ら牛や羊などの牧童として働かされたので、学校での学習は受けられなかった。生活が貧しく夏はパンツ一枚に裸足《はだし》、冬は穴のあいた靴《くつ》にワラを詰め、ボロを巻いて寒さに耐えた。

一九六〇年に中国東北部（旧満洲）を飢饉《ききん》が襲ったときは、食糧がまったくなくなり、雑草の茎、根っこなどを食べたことがある。

いま黒竜江省依蘭《イラン》県で農業に就き、妻との間に一男二女がある。

日本の家族は死んだのだろうか――八三年三月、肉親捜しに日本を訪れたが手掛りは得られなかった。

佳木斯

殺戮《さつりく》の開拓村

紅谷寅夫《べにやとらお》さん

日本が無条件降伏して後の昭和二十（一九四五）年八月二十三日前後、旧東安省勃利《ボツリ》県にあった佐渡《さど》開拓団跡に、婦女子、老人を中心にした避難民が、ソ連軍に行く手を封じられて集まっていた。その数は約三千人。内地への引き揚げに、いちるの望みをかけた弱者の集団だった。ごった返す集落のすぐ近くに、ソ連の小型機が突然不時着した。単発の偵察《ていさつ》機だったが、その機体を、若い団員たちが血気の勇に駆られて焼き討ちにかけた。この事件こそ、集まった難民を奈落《ならく》の底に落とし込む前哨戦《ぜんしょうせん》だった。

確実な数は今日なお定《さだ》かでないが、二千人を上回る死者を出し、満蒙開拓史のなかでも有数の悲劇となった、佐渡開拓団跡事件は、弱者にしわ寄せされる戦争禍をまざまざとみせつけた。その日から三十九年が過ぎた今、殺戮のもとで生き残り、中国残留の日本人として、その幾人かが身元をあかしている。ここに、くぐり抜けた地獄を証言してもらう紅谷寅夫さん（四十五歳）も、その一人である。

佐渡事件に関した概要は、紅谷さん家族が所属した第十次東索倫河《ヒガシソロンホ》埴科郷《はにしなごう》開拓団の記録『果てしなく黄色い花咲く丘が』（長野県・埴科郡記念誌編集委員会・編集責任者斉間新三）に詳しい。その記録を資料に、紅谷さんがたどった奇跡の時間を再現してみる。

八月九日。全員撤退の指令が下された

大工職だった紅谷さんの父、茂さんが、妻のあささんと次男進君、次女雪枝さん、三男武君、四男寅夫君の家族六人で郷里の長野県埴科郡松代《まつしろ》町を離れたのは昭和十七（一九四二）年十月二十六日。旧東安省宝清《ホウセイ》県の東索倫河に開拓進行中の埴科郷開拓村に入植し、住居など施設の建設に当たることが主な目的だった。長男は亡《な》くなり、十七歳だった長女の芳江さんは内地に残った。

このとき紅谷家と渡満を共にしたのは、同郷の九家族四十五人。出発に先立ち埴科郡屋代《やしろ》町の某銀行庭で成功祈願の壮行会が催され、にぎやかな門出だった。

敦賀《つるが》で乗船した一行は、朝鮮の羅津《ラシン》で下船し、現地には十一月二日に着いた。

「朝鮮の港に降りてから長い間、汽車乗《の》て、名前憶《おぼ》えてないね、どこかの駅降りたよ。悪い道、トラックで行たね。とても寒かた。私の家、開拓団の本部から一里（四キロ）くらいのところありました。一軒に二《ふた》家族入《はい》て、壁は泥《どろ》ね。屋根は洋草《ヤンソー》、細い草ね、それでできていたよ。電気ないですよ。だから、灯油のランプ使てた。学校に行くときね、冬寒いでしょ、寒いから

毎日毎日、家から駆けて行たよ」

東安省の埴科郷開拓村は宝清県公署（県庁）が置かれた宝清街から北東に二十キロ。開拓地の総面積が一万九千六百ヘクタール。そのうち水田五十ヘクタール、畑四百三十ヘクタールが開墾され、米麦の他《ほか》、大豆、トウモロコシ、ジャガイモ、野菜類などが穫《と》れた。

団は本部を中心に第一、第二、第三、それに宮本、水田の五集落から成り、教育畑の出身者でクリスチャンの池田健太郎氏を団長に、七十八家族二百九十五人の団員が国策の喧伝《けんでん》を信じて日ごとの労農に励んでいた。紅谷さん一家も、茂さんは大工仕事に出たが、あささんと国民学校を卒業した進君は農閑期を除くほとんどを田畑に出て他の団員に倣《なら》った。電灯もない、飲料水さえ共同井戸に頼らなければならない北辺の開拓村は、楽土と呼ぶにはあまりにも貧しかったが、団員たちは、仕事の合間、近くを流れる河に出て釣《つ》りを楽しみ、巡りくる八月のお盆には、本部に団の家族が集まって演芸大会に興ずるなど、屈託のない生活もあった。しかし、そんな村の平和も太平洋戦争の悪化とともに空気が引き締まってきて、昭和十九（一九四四）年の春ごろからは、若い団員の応召が目立ちはじめ、翌年の五月には、働き盛りの男のほとんどが軍に駆り出されて、その数は五十七人にも達していた。

そして運命の八月九日、ソ連軍の進攻が電撃のように伝わり、宝清県に駐屯《ちゅうとん》していた関東軍の西山部隊から団の本部に、全員撤退の指令が届いたのは、その日の午後一時ころだった。

主力部隊の姿はすでになく

「この日の私のお父さんね、水田村で新しいの家建てる仕事していた。たぶん夏休みね。私、その日学校行てなかた。友だちと二人でね、近くの小さいの川で魚、獲《と》て遊んでたでしょ。そしたら、お母さんが捜しにきてね。逃げるように命令がきた、そう言《い》て。私がびっくりして裸のまま家にかえたよ。

お父さんお母さん、お兄さん急いで、少しの食糧、大豆とか米とか、それに大事な衣類、馬《マー》車《チョ》に積んで。最後に家の戸、玄関にみな釘《くぎ》ね、打ち付けて。家族みんなで、まず最初、本部に逃げましたよ」

この時点の埴科郷開拓団には、団員が二百三十人いたが、男子が出征したあとの村には、老人と女、子どもばかりが残り、働ける男子は二十人にも満たなかった。

紅谷家の家族構成は、戸主の茂さんが四十七歳、あささん四十六歳、進君十七歳、雪枝さん十五歳、武君十一歳、そして家族のなかで一人生き残る寅夫さんは、このとき八歳だった。

本部に集合した団員が、池田団長以下隊列を整え、舞台の指示通り宝清街を目指して村を離れたのは九日の夕方だった。紅谷家の六人も隊列に付いた。

その日は夜半から雨になり、団員たちはずぶ濡《ぬ》れで夜の道を歩いた。闇《やみ》の中を夜通し歩き続け、宝清街には翌日の朝方着いた。が、すでに街はソ連機の爆撃下にあった。

「十八歳より若い、そして五十歳に近い男の人が鉄砲持て、最初に行くね。そのあと、年寄り、女、子どもが続いて歩いたです。宝清の街、着いたら、おお、もうソ連の飛行機がいっぱい爆弾落としてるね、そのとき、みんな怖いから高粱《コーリャン》の畑の中に逃げたね。爆弾が落ちて黒いの煙があがるのみえた。このときね、いろいろの開拓団の人、普通の日本の人、いっぱい集まていたね」

宝清には、それまで関東軍の第三九三部隊が駐屯し、開拓団は軍と常に連携を保ち、いうなれば両者は一心同体の関係にあった。少なくとも団員はそう信じていた。団員の誰《だれ》もが皇国の関東軍に絶対の信頼を寄せていたから、村を離れるときも団員は「軍が必ず助けてくれる」そうタカをくくる空気さえあった。けれど、指示された兵舎に着くと、そこには二十人足らずの兵士が残るだけで、主力部隊の姿はなかった。軍を頼みの綱としてきた団員の失望は大きかった。

「ついさっきまで権力を振るい、威張り散らしていた軍人たちはどこへ姿をくらましたのか――」期待を裏切られた腹立ちを抑え切れない団員も多かった。大人たちは怒りと不安の入り混じるなか、十日の夜は部隊の兵舎で過ごした。

自決組も出はじめて……

「兵舎に泊またとき、餅干《ビンカン》（ビスケット）いくらか貰《もら》て、朝早くそこ出発したね。ソ連軍に狙《ねら》われる、だから大きな山の中歩いて勃利の方に向かた。このとき、食べ物は餅干もあるし、どこへ行てもトウモロコシとサトイモと何かしらあるね。そして、途中、日本人の開拓団、みんな逃げて誰もいないでしょ。そこに大豆とか高粱、いろいろあて、それを山の中に持ち込んで食べたね」

一行は危険を避けて山道を選んだ。雨の中の泥道《どろみち》でトラックが運転できなくなり、馬車に荷物を積み替えて、なおも泥道を歩いた。

十三日から十六日にかけても雨が降ったり止《や》んだり。雨を避ける屋根もなく、団員は草むらに身を寄せ合って眠れない夜を過ごした。

宝清県と勃利県の県境、蘭芳山という小さな集落の手前で川にぶつかった。大きな川ではなかったが、馬車を引き続けることはもはやできなかった。車から馬を外し、馬の背にわずかな荷物を移して、余分なものはすべてそこに捨てた。

十五日の夕方現地民か中国兵かが突然襲ったが、途中から行動を共にしてきた幾人かの敗残兵と警察官が反撃し、その場を逃れた。

ろくに睡眠もとれず、雨露に晒《さら》されての逃避行で団員の体力は限界にまできていた。

勃利の街まで約五十キロの地点、大東開拓団跡に埴科郷の一団が到着したのは、十六日の午後だった。宝清街を出て一週間目、初めて屋根の下で休んだが、望みをかけてきた勃利街方面の上空には黒煙があがり、砲弾の音が遠雷のように伝わって、勃利はすでにソ連軍の手中にあることがわかった。
開拓団跡は逆戻《ぎゃくもど》りしてきた難民と、奥地から集まってきた集団でふくれあがり、飢えと恐怖が重なるなか、団によっては毒薬などによる自決組も出はじめていた。埴科郷の団員の中にも生への望みを失い、自ら死を選ぼうとするものもいたが、クリスチャンだった池田団長は命の尊厳を説き、一行は目標を依蘭《イラン》県に決めて出発した。

「このとき、もう食べ物ぜんぜんないし、荷物乗せていた馬、殺してね……馬、かわいそう、でも、食べ物何もないし、仕方ないですよ。火を作て、肉焼いてね。女の人も、子どもも、みんなその肉食べましたよ。全部で三回ぐらい殺したのみた」

守ってくれる日本兵はどこへ行ってもいなかった。それどころか、いち早く撤退した軍隊は、ソ連軍の進攻を阻害するつもりだったのか、後に残された民間人、開拓団員の生命も顧みず河に架けられた橋という橋を爆破し、通行不能にしてしまっていた。この人間性無視の卑劣な行為で、どれだけの日本人同胞が苦しみ、死んでいったかわからない。
軍人とは身を殺して仁をなす職業人ではなかったのか。それを信じてこそ、当時の民間人は軍の驕《おご》りに目をつむり、彼等《かれら》の要請に挺身《ていしん》してきたはずである。軍に対する団員避難民の失望は怨念《おんねん》にかわっていた。

勃利県を流れる倭肯河《ワイコウ》は折からの雨で水かさを増し、橋はやはり壊されていた。河幅が五十メートルもある河の流れを二百人に余る団員がロープを頼りに渡らなければならない。紅谷さん一家も他の団員の後に付いた。

「団の人いっぱいいるでしょ。時間がかかて大変だたよ。河、深いでしょ。子ども、女の人、年寄り、水泳できない人いるね。馬、泳げる。だからある人、子ども馬の背中に乗せたり、馬の尻尾《しっぽ》につかまたりね。裸の人もいる、着てるもの、そのままの人もいる。そう大変大変ね。午前中から渡り始めて、夕方までかかたね」

悲劇はソ連兵射殺から始まった

倭肯河を渡り、日が暮れるまま闇の中を歩くうち佐渡開拓団の北側に着いた。大東開拓団跡を出発してから依蘭県を目指したはずだったが、いつの間にか方向を間違え、逆の道を進んでいたのだった。

佐渡開拓団跡の一集落で、濡れた衣服を乾かし、隊列を整えてまた歩いた。このとき、埴科郷と行動を共にしていた開拓団は、同じ長野県の更級《さらしな》郷、南信濃《しなの》郷、阿智《あち》郷、高社《こうしゃ》郷、それに宝清県病院、県公署の関係者が加わり、その総数はざっと三千人を越していた。

長い隊列の一団が突然銃撃を受けたのは、二十一日の午後二時ごろ。佐渡開拓団跡の西南に位置する鹿島台開拓団跡を通りかかったときだった。迫撃砲と小銃弾を撃ち込まれ、両側の山林に散り散りになって逃げたが、逃げ遅れた団員の中に相当の死傷者が出た。攻撃が激しく、死傷者の救出などまるでできなかった。難を逃れたもの同士がひとつにまとまり、山の中を逃げるうち、どうしたことか、再び佐渡開拓団跡に出た。途中、現地民の何人かが、日本の敗戦を教えたが、それを信じようとする団員は誰一人いなかった。

埴科郷の団員が、この時点で何人生存していたか、正確な数はわからない。が、二十三日朝、一行が佐渡開拓団の本部集落跡に着くと、それまで逃避を共にしてきた、長野県はじめ山形県の開拓団員など約三千人が、そこに集まり、集落は異様な空気に包まれていた。

「私たち馬、連れて佐渡開拓村、着いたとき、私のお父さん、お母さん、兄弟みな大丈夫、元気だた。そのとき村の中、開拓団の人たちでいっぱいね。村の周囲、壁できているでしょ。その壁の外まで人があふれてた。集また人たち、日本へ帰れるか、帰れないか、みんな心配していたね。ソ連の飛行機が開拓団近くの畑に降りてきたの、それからすぐだた」

原因が何だったのか。低空飛行してきた機を団員が撃った、という説もある。とにかく、ソ連機が不時着したのは二十三日午後。場所は集落を囲む外壁から約五百メートル離れた麦畑の中だった。

食糧が底を突き、逃げ場を失った団員たちは正常な精神状態ではなかった。殺気立った若い団員の何人かがソ連機を襲い、搭乗兵《とうじょうへい》と撃ち合ったあと、闇の中で機体を焼いた。このとき団員が一人射殺され、ソ連兵はその場から逃げた。

ソ連兵の報復を予想して、各団の代表者が善後策を話し合ったが、極限の状況下だから結論を出せるはずがない。自決を主張するもの、逃げて少しでも生き延びるとするもの、議論は物別れに終わり、その判断は、各団に委《ゆだ》ねるしかなかった。

団ぐるみの自決が固まった長野県・高社郷の一団の近くに、二十四日夜、不運にもソ連軍の装甲車四台が停車した。武装解除と降伏を勧告するための行動だった、とも言われている。が、敗戦も知らされず、皇国への忠誠心にこり固まり、集団自決が決まった団員に、それを推し量る余裕があろうはずがなかった。十数人の高社郷団員がソ連兵めがけて斬《き》り込みをかけ、八人を殺し、装甲車四台のうち三台に火を放った。

高社郷の集団自決はその日午後、激しい銃声のもとで決行された。古幡《ふるはた》副団長以下五百余人。最後、折り重なる屍《しかばね》に火が放たれ、集団火葬の場は凄惨《せいさん》をきわめた。

ソ連軍はいつ攻め込むのか――晴天だが無気味な静けさが続いていた。すでに、集まっていた開拓団のほとんどが、団を解散して自由行動となり、相当数の団員がそこを離れた。が、更級郷と埴科郷を中心にした二千余人の団員が、佐渡開拓団跡の集落にそのまま残っていた。

昭和二十（一九四五）年八月二十七日朝、ソ連軍の本格的な報復は激しい砲弾の撃ち込みで開始された。

戦争終結後の虐殺《ぎゃくさつ》

「ソ連軍、攻めて来たときね、私の家族、佐渡開拓団の中あた学校の部屋にいた。お父さんと二人のお兄さん、外に出ていていなかた。部屋にいたのは、お母さんとお姉さんと私。最初にドーンともの凄《すご》い音して部屋のガラス全部壊れた。私のお母さん『外に行っちゃ駄目《だめ》よ、危ない……』そう言て何回も止めようとした。でもね、私、怖くて外へ飛び出してしまた。そのとき、外に開拓団の人いっぱいいいたね。村の周り壁あるでしょ。そこ行て壁の外見たら、ソ連兵、もういっぱいよ。

ソ連兵、村の中に入《はい》てきたのお昼ごろだた。大砲撃てから、今度は小さい銃で、ダダダダ、ダダダダ……女も子どもも生きているもの皆、撃ち殺したよ。

ソ連兵、入てくる少し前、私、銃持た十八歳か二十歳くらいの日本人見たね。周りに女の人いっぱいいいるでしょ。女の人たち、その男の人に『早く私、殺して……』そう言て頼んだ。若い男の人、二人女の人撃て、そして最後は自分も『天皇陛下万歳』他にも何か言て、そのあと自分も体を撃て死んだ」

男の団員の一部は、わずかな数の銃をソ連兵に向け、若い女たちの中には木槍《きやり》で立ち向かおうとするものもあった。が、そうした殉国の抵抗も、戦車を連ねたソ連軍に対し戦力になろうはずはなかった。

砲弾の炸裂《さくれつ》に土塊《つちくれ》もろとも吹き飛ばされる男がいた。子どもを抱えたまま、銃弾を蜂《はち》の巣のように受けて絶命する女がいた。無差別に浴びせられる銃弾の中、集落はみるみるうちに大量殺戮《さつりく》の墓場と化した。

すでに日本はポツダム宣言を受諾し、戦争は終結したというのに、二千余人もの、しかも戦うことを知らない女や子どもまでが、なぜ最果ての地で討ち死にしなければならなかったのか。これこそ、大義で繕われた満蒙《まんもう》開拓の結末だった。

このとき八歳だった紅谷少年は、踏み込んできたソ連兵の掠《かす》め弾を左の目の上に受けながら殺戮、虐殺の始終を死屍《しし》の中で目撃した。


「ソ連兵きた。私、さっき自分で鉄砲撃て死んだ人、その人の下へ入て隠れた。その人、血いっぱいでしょ。その血で、私の顔血だらけよ。そしてソ連兵、私のところ来た。鉄砲の先付いている刀（銃剣）あるでしょ。それで私のシャツ切り裂いた。このとき、もう私、何もわからなかた。死んだも同じよ。気が付いてみたら、ソ連兵、近くにいなかた。開拓団の家あるでしょ。そこ、みんな火付けた。その中、人いっぱい。ぼんぼん燃えたよ。夕方、雨になた。

日本人みな殺されたでしょ。今度、ソ連兵、ひとつの場所集まてきて、殺した馬の肉ね、それ、燃えて人いっぱい死んだ、火のところで焼いて、酒飲んで歌たり踊たり、お祭り騒ぎやたよ。そのこと私、人いっぱい死んでるところからみた」

大量殺戮を完了し、死屍と向かいあったソ連兵たちの〝祝宴〟は、人間の魔性をむき出しにした狂気の光景だった。その狂騒は暗闇の中に響き、累々《るいるい》とした死者たちのもとにも届いた。雨が激しく降り始め、ソ連軍がその場から引き揚げたあと、その夜半、紅谷少年はようやく自分を取り戻し、真暗な中、這《は》うようにして母親の行方を求めた。「お母さんどこにいるの……」叫び続けるうち、闇の中から声を掛けてきた人がいた。同じ埴科郷の上沢朝子さんと安藤則子さんの二人だった。そこは、ソ連軍の砲撃が始まったとき、母親と姉から離れた場所だったが、二人の姿はなかった。

上沢さんはこのとき十六歳。安藤さんは紅谷さんと同い年の八歳だった。

◀悲劇を秘めた勃利県・佐渡開拓村跡

以前から顔見知りだった三人は、崩れ落ちた部屋の空き間《すま》に幼い体を寄せ合って、無慈悲に吹き付ける夜の雨を避けた。

上沢さんは右腕に銃弾を受けていたが、手当てもできず、三人は死体に囲まれた闇の中でうずくまっているしかなかった。

その夜は一睡もできなかった三人の前に「蘇連軍隊没有《スウレンジュンルイメイユー》……」（ソ連軍はいないよ……）中国語で話しかけてきた四人連れがいた。夜が明けたばかりの朝。殺戮の墓場に死者たちの衣類、遺品を拾いにきた中国人だった。

「私たちみつけてくれた四人の中国人、王さんと馬さん。それに、二人の張さん。私たち食べ物ない。どうしようもないね。だから、三人とも付いて行た。そして、上沢さんは王さんのところ。安藤さんと私、張延換という農民の家に連れていかれた。ところが、張さんの家、男の子一人いたでしょ。だから、私いらない。それで、同じ村の李文斌という家に私、あげた。李さんは張さんと同じ農民ね。でもね私、お父さんお母さんのこと頭から離れないでしょ。だから、李さんの家、一日いただけで、次の朝早く起きて、ご飯食べないで、そこ出た」

紅谷少年には前後の判断などできなかった。ただ父母、兄妹《きょうだい》を捜したさに、李さんの家を出た。李さんの家は勃利県の長興屯《チョウコウトン》（村）にあったが、そこから佐渡開拓団跡までは約十五キロ。子どもの足にはかなりの距離だったが、距離の感覚などあろうはずがない。家族に会うことしか頭にはなかった。人目に付けば捕まってしまう、物陰に隠れながら一人、一心に歩いた。ようやくそこに辿《たど》り着けたのは一夜野宿した二日目だった。

殺戮の村には死体が連なり、ところどころで、まだ息のある重傷者が水を求めていた。が、紅谷少年にはどうすることもできなかった。

集落のほぼ中央にあった汲《く》み揚げ式の共同井戸は、投げ込まれた幼児、身投げした女で埋まり、家屋の焼け跡には性別もわからない焼死体が丸太のように重なっていた。

家族はどこへ行ったのか——仮にこの場で殺されたとすれば、無数に散乱する死体の中から、父や母を捜し当てることはまず不可能だった。

「あちこち歩くうち、私、小さいの赤ちゃん連れた若い奥さんに会た。その日本人、二十五歳ぐらいだた。私、このときどうしていいかわからない。だから、その奥さんのあと、一緒に付いて歩いた。少し歩いてからね、皆、殺された村の南の方、畑の中きたとき、ソ連の兵隊、三人見えたね。捕まると殺されるのわかている。だから、私、すぐ近くの高粱畑に逃げた。その奥さん、三人の兵隊に捕まるの見えた。奥さん一生懸命『子どもいる許してください。助けてください……』そんな風に大きな声出しているのわかた。

でも駄目ね。その奥さん、子ども泣いてるのそばで、三人の兵隊に次々に強姦《ごうかん》された。このとき私八歳、でも強姦されたの意味わかていた。そしてね、最後、一人のソ連兵、鉄砲に付いている刀で腹切て殺した。私、そのこと、すぐそば、高粱の畑から見ていましたよ」

獣欲を治めたソ連兵は女の息の根を止めると、泣き続ける嬰児《えいじ》をそのままにしてそこを去った。その顚末《てんまつ》を目と鼻の先で目撃していた紅谷少年は、ソ連兵がいなくなるとすぐ、母子《おやこ》のもとに近づいてみた。腹部を切り裂かれた母親は臟腑《ぞうふ》をさらし、見開いたままの死眼は、絶命の苦しみを天に向かって訴えていた。

母親のそばで力を無くしていた嬰児は生後六カ月ぐらい。紅谷少年になす術《すべ》はなく、母親の胸元に添えただけでその場を離れた。

周辺では、ソ連兵の日本人狩りが続いていた。行く当てもなく彷徨《ほうこう》していた紅谷少年は、その日のうちにソ連兵に捕まり、虐殺の村から三キロほど離れた同じ佐渡開拓村に連行され、捕まった他の日本人とともに小さな家屋に閉じこめられた。そこでも多くの女、子どもが殺されたが、生と死の分岐とは何なのか、紅谷少年はここでも生きて、その場から逃げた。

「なぜ助かたか、私にもわからない。怖いから一生懸命逃げた。ずいぶん逃げてから、佐渡開拓団の村で最初、私みつけた人、中国人の馬さん。その馬さんにまた会た。全くの偶然ですよ。やっぱり死んだの人から何か品物、拾いにきていた。馬さん、私みつけたとき『あんた、李さんところの子ども……』そう言て私をまた李さんのところへ連れて行た。

お父さんお母さん、お兄さんお姉さんわからない。どうすることもできない。仕方ないですよ。だから私、李さんのところにいることにした」

李さんの奥さんは崔素范といい、夫婦の間には子どもが無かった。二人は紅谷少年を李文学と命名し、李家の養子として迎え入れた。が、侵略国の子どもである李少年への周囲の眼《め》は冷たかった。その蔑視《べっし》は、多くの残留日本人の子どもがそうだったように〈小日本人《シャオリィベンリェン》〉〈日本鬼子《リィベンクイズ》〉の言葉で差し向けられた。

不憫《ふびん》を知った李夫婦が子どもの汚名を隠すため、住んでいた長興の村をたたみ、同じ勃利県の幸福村に居を移したのは、李少年が貰《もら》われて一年もたたない昭和二十一（一九四六）年五月だった。

この時点で、戦火のもとで生き残り、長興の村で貰われた上沢朝子さんと安藤則子さん、二人の消息はぷっつりと切れた。

そして、年がたつにつれ李少年の敗戦までの記憶は日々薄れ、それまで脳裏に刻まれていた祖国の言語は自然に消滅していった。

「幸福村に移てから一年くらいして、そこの小学校に行くようになたです。最初、村の人、私が日本人のこと誰も知らなかた。でも、学校行て一年くらいしたら、だんだん知るようになたね。学校の友だちから〈日本鬼子《リィベンクイズ》〉〈日本鬼子《リィベンクイズ》〉よく言われましたよ。

中国のお父さん、お母さん、絶対けんかしちゃ駄目、いつもそう言てたから、私、けんかできないでしょ。とてもくやしかた。でも我慢したですよ。

中国のお父さん、お母さん貧しかたから、私、働きながらじゃないと学校行かせて貰えないね。だから、朝早く起きて、牛、豚の世話、それから畑の仕事、毎日毎日やりましたよ。仕事やてから、朝のご飯、食べてそれから学校行きました。

日本語使う人、もちろん誰もいないでしょ。だから、子どものとき覚えた日本語、すぐ忘れたよ」

内地で生まれ、八歳で敗戦を迎えた李少年は、李家に貰われ、中国人として生活するようになってからも、自分が日本人であることを、ひと時も忘れたことはなかった。物心がつき周囲の中国人から侵略国の子どもとして揶揄《やゆ》、偏見を浴びせられるようになると、そのことが日本人の意識をより増幅させる要因となり、その意識は一方で孤立感と望郷の心をかき立てる結果となった。時間の消滅は日本語と、そして家族を忘れさせ、自分の日本名すら薄れさせたが、母の国への憧憬《どうけい》は募るばかりだった。

日本へ帰りたい。帰って同じ血の同胞のもとで暮らしたい——その一念は何歳《いくつ》になっても変わらなかった。

「〈日本鬼子《リィベンクイズ》〉〈小日本人《シャオリィベンリエン》〉——いつもそう言われる。なぜ私だけ言われなければいけないの。私、そのこと一番辛《つら》かた。そして、私、日本人、だから日本へ帰る。それればかり考えていましたよ。私、十三歳のとき、李さんの家、飛び出したことあたね。もし、日本帰れなければ死んでもいい。そう思て家出た。あちこち歩いていると、おなか空くでしょ。だから、山の中のお寺にあた饅頭《マントー》とか、畑にあるいろいろの物、盗んで食べた。山の中、ぐるぐる歩くうち、狼《おおかみ》に追われたこともある。でも、私、最後は死んでもいい、思てたから、少しも怖くなかたですよ。そのときね、一カ月ぐらいいいろいろのところ歩いた。でも日本へ帰れない。仕方ないね。最後、李さんの家戻た」

ひとりの日本人との再会

昭和二十三（一九四八）年までの引き揚げを最後に、中国と日本は長い〝鎖国〟の時代に入る。従って祖国日本への思慕をどれほど募らせても、李少年の帰郷の悲願がかなえられるわけがなかった。

そんな時代のなか李少年は、幸福村の小学校に四年通ったあと、同じ勃利県の大山人民公社の中学校を出て、昭和三十二（一九五七）年、佳木斯《チャムス》の獣医専門学校へと進み、四年後そこを卒業して勃利県庁付きの獣医となった。

日本語はもとより、出身地、家族のすべてを忘れ、自分の日本名も「紅」一字しか記憶になかった李さんが、長興村を離れて以来、消息が跡絶《とだ》えていた上沢朝子さんと再会を果たしたのは昭和三十七（一九六二）年五月、獣医として県下の農村（人民公社）を巡回し、かつて住んだことのある長興村を尋ねたときだった。

「戦争のとき、佐渡開拓団で、私を拾てくれた人、中国人の張さん、いたでしょ。その張さんに最初会うことできた。張さんに『あのとき女の人いたでしょ……』そう聞いてみたね。そしたら、張さんすぐわかて、上沢さんのところ連れていてくれたです。家に行くと、上沢さん、丁度、洗濯《せんたく》しているところだた。私、このとき上沢さんの名前、全部忘れていた。でも顔、覚えていたから、その女の人すぐわかた。上沢さん、最初、私、見てもわからなかた。少し話すうち、上沢さん『寅ちゃん……』そう言て思い出した。上沢さん、私の日本の名前、覚えていてくれたね。私、嬉《うれ》しかた。上沢さんも、ほんと喜んでくれましたよ。それから二人、抱き合て泣いたですよ」

お互いに消息を断って十七年、二人の肉体は、その歳月を確実に刻んでいたが、再会は心のうちの歳月を完全に消滅させてくれた。

上沢さんは王淑英と名前を変え、殺戮の村で声を掛けてくれた王喜有さんと結婚し、一男一女の母になっていた。そして、同じ場所で拾われ、同じ長興村の張家に貰われた安藤則子さんは、それより七年前、十八歳の若さで病死していたことがわかった。

李さんは上沢さんとの再会で「紅」しか覚えていなかった日本名が、紅谷寅夫だったことを知り、同時に家族のこと、郷里が長野県の松代町であることも上沢さんの記憶から甦《よみがえ》らせることができた。

李さんにとって上沢さんとの再会は啓示にも似た喜びだった。が、この喜びを帰国という現実のものにするには、それからさらに十三年――昭和四十七（一九七二）年九月の日中国交正常化共同声明、昭和四十九（一九七四）年四月の日中航空協定調印といった歴史の変革を経た、長い年月を待たなければならなかった。

帰国と苦悩

「日本と中国、国交回復できてから、私と上沢さん、すぐに肉親捜し始めた。最初に上沢さんの親戚《しんせき》わかた。そのあとで、私のお姉さん――私たち家族、満洲《まんしゅう》に渡るとき一人だけ日本に残た長女の芳江お姉さんが東京にいるのわかた。いろいろ手続きして、やっと、上沢さんと私、二人一緒、日本へ帰るのできたです。日本へ帰るのできたその日、私、絶対忘れない。一九七五年四月十三日、北京《ペキン》から中国民航の飛行機乗た。飛行機が日本の上空来たとき、上沢さん私に言たね。『寅ちゃん、もう日本に来たよ……』やっと、日本に帰れた思い、私、急に体、熱くなて涙が出たね。上沢さんも同じ、泣いていたですよ。飛行機、羽田空港に着いたでしょ、私、飛行機から降りてからも涙、止まらなかたです」

家族とともに信州の寒村を離れてから三十三年目、奇跡の帰還だった。

日本名を復活させた紅谷さんは東京・目黒に世帯を持つ長姉の芳江さんと再会し、姉弟《きょうだい》のぬくもりを確かめ合うことができた。が、殺戮の村で四散したまま、生死の確認ができなかった家族のうち、父親の茂さん、次兄の進さん、三番目の兄武さんの三人は行方不明。そして、母親のあささんは村を脱出したあと哈爾浜《ハルビン》まで逃げて病死。次女の雪枝さんは、ソ連軍が村を襲ったとき銃殺されたことが、関係者の証言で芳江さんのもとに届いていた。池田健太郎団長以下、全滅同然だった埴科郷開拓団の運命からすれば、家族の悲報は予想はついたが、万に一つの望みを抱き続けてきた紅谷さんには無情の宣告でしかなかった。

その日から足掛け八年になる。紅谷さんは自分が帰還し、中国の養父母が亡くなった後の昭和五十三（一九七八）年五月、二十歳のとき結婚した曲桂珍（日本名紅谷桂子）さんと三男三女を日本に呼び寄せ、今も家族とともに日本の社会復帰に努めている。人生の大半を中国で過ごし、四十を越した紅谷さんにとって、日本での生活は、今なお平坦《へいたん》ではない。

「日本の生活、九年過ぎて、だんだん慣れてきたです。でも、言葉、今でも上手《うま》く話せない。辛いですよ。私、中国で獣医していたでしょ。けれど、日本でその仕事できない。だから、不満のこと、いっぱいある。でも、仕方ない。私、日本に帰ることできただけでも仕合わせね、そう思ているね。

でも、私、ひとつ言いたいことある。

私のお父さんお母さん。それから、兄姉《きょうだい》、みんな満洲で死んだでしょ。それ、みんな自分で死んだんじゃないね。戦争のために殺されたでしょ。戦争のとき、私の家族だけじゃない、大勢の日本人、たくさん死んだ。

今日本、とても豊か。なんでもあるね。でも、今の日本、そのうしろに大勢の犠牲者、たくさんいる。このこと忘れたら、国のため死んだ大勢の人たち可哀《かわい》そうね」

紅谷さん家族は今、東京・江東区にある都営住宅の三DKに一家八人で住んでいる。

六畳間の居間の整理ダンスの上に、小ぶりの仏壇が置かれていて、祭壇の奥にセピア色に変色した両親の写真が祀《まつ》られてあった。

孫桂珍（スン・グイヂャン）

黒竜江省勃利県

孫家に貰《もら》われたとき四歳ぐらいだった、というだけで自分の日本名もわからない。

逃避の途中、旧東安省勃利《ボツリ》県の佐渡開拓団跡でソ連軍の攻撃を受けた。母に引かれて水が溜《たま》った堀《ほり》の中に飛び込んだが、このとき母は銃弾に当たって死んだ。母の脇《わき》でうずくまっていた私を誰《だれ》が助けてくれたのか覚えていない。その後、大人たちに付いて哈爾浜《ハルビン》まで逃れ、哈爾浜の馬家溝《マジャコウ》にあった難民収容所に入れられた。入って間もなく一緒にいた四十歳ぐらいの日本人から、お金と交換に今の養

父母に引き取られた。養父は石職人で孫洪喜、養母は王永香といい二人の間に子どもはいなかった。養父母に連れられ何度か移転するうち今住む勃利に来た。養父は亡《な》くなったが養母は七十を過ぎて元気でいる。

一九六一年に結婚した夫は中学校の教師で二人の間に三人の息子と二人の娘がある。

――孫さんは八四年三月、肉親捜しに日本を訪れたが手掛りはつかめなかった。三年ぶりに再会すると「中国へはいつ来ますか。今度勃利へ来たときは私の家に寄ってください」そう言い、寂しげな顔に小さい笑みを浮べた。

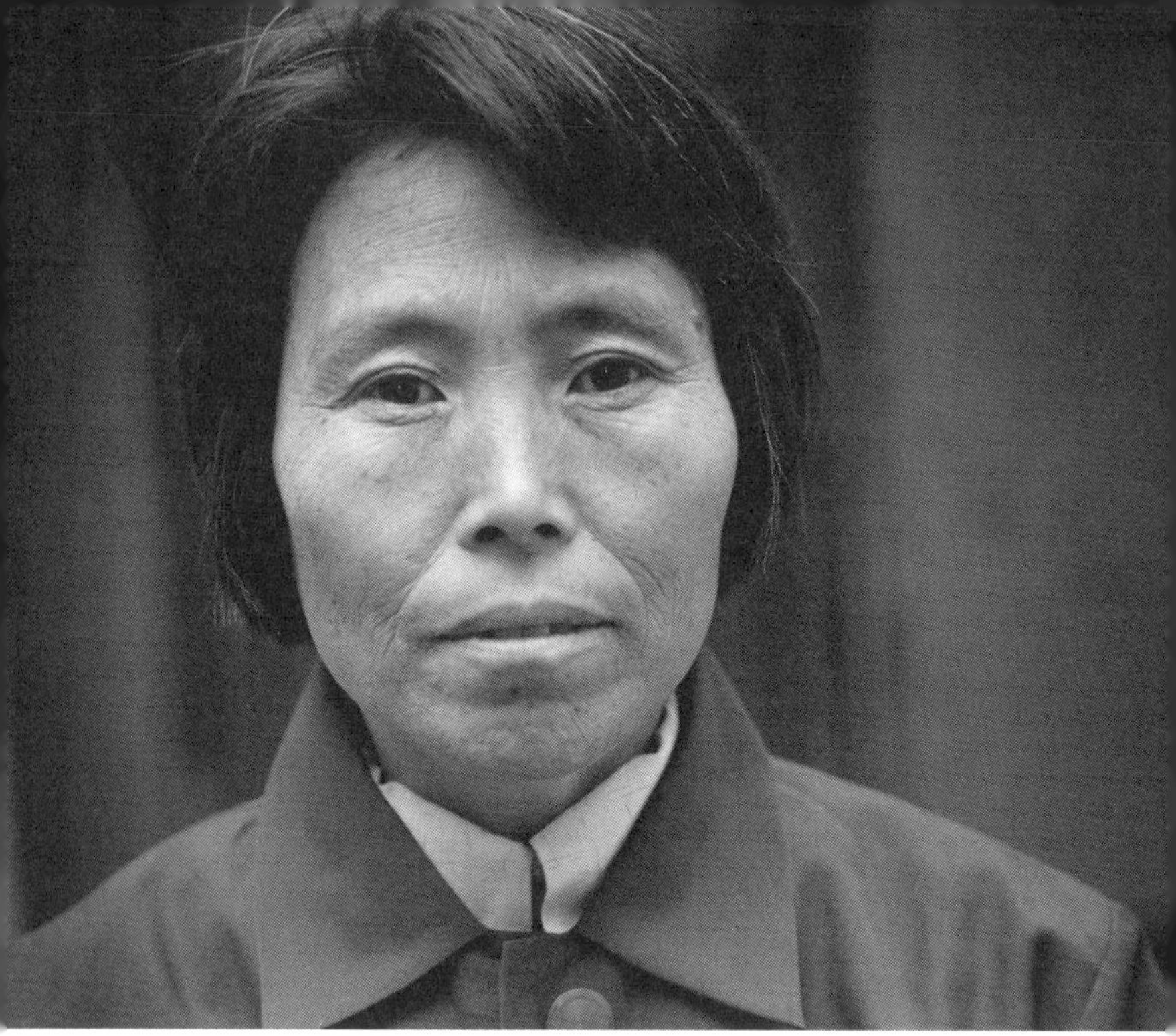

李桂珍（リイ・グイヂャン）

八七年九月帰国

坊主頭《ぼうず》の父は一九四五年八月の敗戦時、家にはいなかった。私は母に連れられ避難の途についた。他《ほか》の家族とともに旧東安省勃利県の開拓村（佐渡開拓団跡）まで逃げ、そこで仲間の何人かと馬の肉を食べ、飢えを凌《しの》いだのを覚えている。ソ連が攻めて来たのはそれから間もなくだった。母に引かれて塹壕《ざんごう》のようなところへ逃げたが、このとき大勢の女、子どもが殺されるのを見た。母もそこで行方不明となった。私はそんな修羅場《しゅらば》で拾われ、農民の養父母に育てられた。中学を卒業後、農事に就き幼なじ

みと十八歳で結婚した。二人の間に五男がある。

八五年十一月、肉親調査に来日した際、長野県に帰国していた父、熊谷五雄と対面できた。私は次女の悦子とわかり、家族は父母と姉と弟の五人。同省宝清《ホウセイ》県にあった南信濃郷《みなみしなのごう》開拓団に属し、敗戦二カ月前の四五年六月、一家で入植した。父は現地に着いてわずか一カ月後、召集を受け家族のもとを離れた。一緒だった母と姉、弟の三人はその後、消息が全くわからず、父は私を含め、すでに仮葬儀を済ませていた。八七年九月、結婚している長男は中国に残ったが、家族六人、念願かなって帰国できた。

王桂珍（ワン・グイヂャン）

黒竜江省勃利県

定《さだ》かではないが私の日本の家族は旧東安省勃利県にあった長興《チョウコウ》鹿島台《かしまだい》開拓団の一員だった、とも聞いている。

養父母の話によると私は敗戦間もなく、その開拓村の大胡子《ダアフウズ》地区で拾われた。拾われたとき生後三、四カ月の乳飲み子で、白い衿《えり》がついた赤い上着を着、花模様が付いた黄色い毛布に包まれていた。

置き去りにされていた私を最初に取りあげてくれたのは、当時十八歳の王永徳という中国人だった。王は同じ集落の韓永福のもとに私を連れて行ったが預かってもらえ

なかった。二軒目の謝長林宅でも断られ、処置に困った王は近くの空家に私を置いた。捨て子の私を救ってくれたのは家主の王宝巨だった。

拾われたとき着ていた上着のポケットに「田中」の印鑑が入っていたという。ただ開拓村の大胡子地区には敗戦まで木村と高橋という日本人家族が住んでいた、ともいわれている。

主人の于海明は勃利県七台河市にある電気工場に勤め、二人の息子と二人の娘がある。

黄桂珍（ホワン・グイヂャン）

黒竜江省勃利県

家族は旧東安省密山《ミッザン》県方面の開拓団にいたらしい。父母と妹の一家四人、大勢の日本人と一緒に山を歩き川を渡って避難した。

父母の名前など家族についての記憶は何もないが、逃げる途中、父がおんぶしてくれたことを覚えている。逃避を続けるうちソ連兵に捕まり、父とはこの時点で別れた。

そこがどこだったのかはっきりしないが、母と妹と三人開拓団の家に避難していると、そこに火が付けられ大勢の人たちが殺されるのを見た。母と妹がどうなったの

かわからないが、二人ともこのとき死んだのだと思う。

私は一人生き残り、中国人の養父に拾われて育てられた。幼いころ日本の母恋しさによく泣いた記憶がある。

いま炭鉱で知られる黒竜江省勃利県の七台河に住み、夫の趙景玉は炭鉱労働者。十七歳になる息子が一人いる。

逃げる途中ソ連兵に連行された父は無事、帰国できたのだろうか――。

一九八五年九月、肉親との対面を夢みて日本を訪れたが、その望みはかなえられなかった。

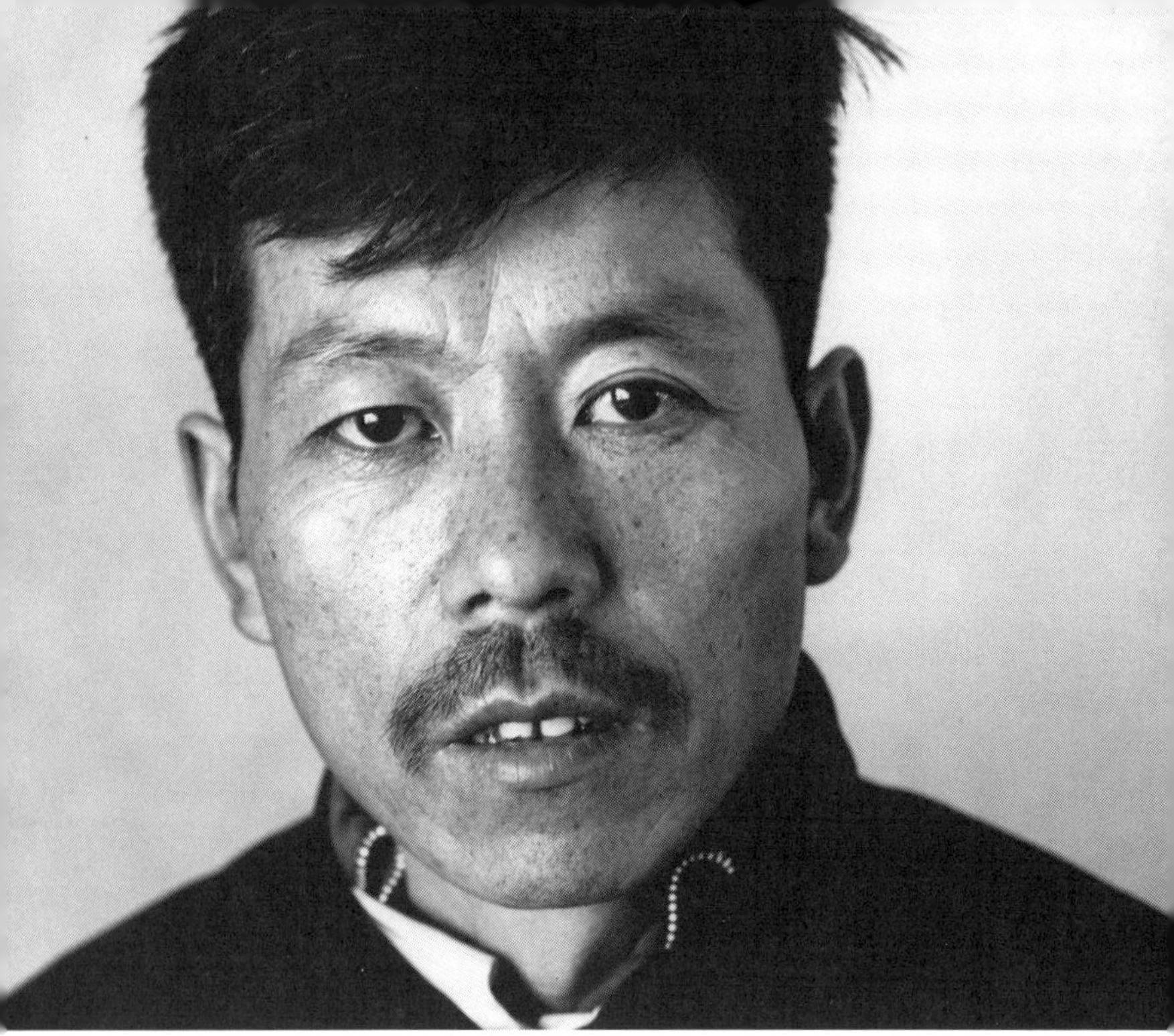

王慶忠（ワン・チンヂョン）

八六年八月帰国

ソ連参戦まで日本の家族は旧三江省富錦《フキン》県の開拓団に住んでいた。両親と兄夫婦、三人の姉がいたが、避難のとき父はいなかったように思う。開拓団に近いどこかの駅で、兄夫婦と姉たちは汽車に乗ったが、母と私は乗ることができなかった。母に連れられ逃げまどううち、佳木斯《チャムス》の駅近くまできて母の姿を見失った。母を求めて泣いていると銃剣を持った日本兵が来て、私を堀《ほり》のようなところへ連れて行き、のどに銃剣の柄《つか》を押し付け「泣くな！」と言って立ち去った。

私は間もなく中国人の王夫婦に

貰われたが、王家は農作業のかたわらゴザなど作る貧農で、学校へ通う余裕などなかった。子どものころから農家の日雇いのような仕事に就き、十四歳（推定）から人民公社で働いた。養父は私が十三のとき事故で亡《な》くなり、養母はそれから四年後、病がもとで死亡した。

自分が日本人であることは初めからわかっていたので、養父母が死んでから、実父母の国に帰りたい——そう思い続けてきた。

一九八二年二月、訪日肉親調査に参加し、身元はわからなかったが、八六年八月、妻子六人を連れて帰国した。

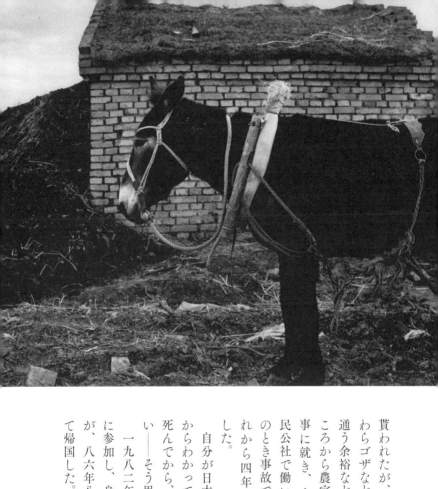

地獄絵の哈爾浜《ハルビン》

依田《よだ》初美さん

　夫の幸徳さんは応召して家にはいなかった。村に全員避難の連絡が伝わって初美さんは、三人の子どもを連れ家を出た。どこをどう逃げればいいのか、女の身では判断ができなかった。一番下の子どもを背負い、上の二人の手を引いて、同じ開拓団の逃避行にくっついて必死だった。逃げるうち、十歳になっていた長男は、最初のソ連軍の攻撃で列が崩れたとき、初美さんのもとを離れ、六歳の長女は逃げのび、哈爾浜の収容所に入った日、行動を共にしていた義勇隊の少年に連れ出されたまま行方不明。末っ子で四歳の女の子は、哈爾浜で越冬中、寒さと飢餓のなかで死んだ。

"百万戸移住計画"に刺激されて渡満

　昭和二十一（一九四六）年秋、旧満洲《まんしゅう》から引き揚げ、今、長野県の戸倉町に住む依田初美さんは、大正六（一九一七）年三月、同じ県の上田市諏訪形《すわがた》で生まれた。数え年で十九の年、同郷の依田幸徳さんと結婚したが、幸徳さんと結婚したことが満洲拓殖の運命に繋《つな》がるとは、夫婦の契《ちぎ》りを結ぶ時点では予想もできなかった。

上田は古くから名だたる生糸《きいと》の生産地。初美さんより九つ年上の幸徳さんは、根っからの商売人で、結婚当時は地元の農家から繭《まゆ》を買い集め、糸相場に勝負を賭《か》ける相場師でもあった。

昭和十（一九三五）年十月一日、長男の昌栄《まさひで》ちゃんが生まれて間もなく、依田さん家族は、第五次信濃《しなの》村開拓団の一員として渡満を決めた。

商売人の幸徳さんが、突然大陸への移住に血気を沸かせたのは、昭和十一（一九三六）年七月、関東軍司令部の発案により閣議決定した満洲への百万戸（人口にして五百万人）移住計画、つまり、国策による満洲進出の奨励と喧伝《けんでん》が大きな刺激だった。

「私の方の親は満洲へなんか遣《や》らせたくなかったんですよ。私も好かなかったんです。でもね、主人とは年が離れていましたし、有無を言わさず、ただ付いて行くしかなかったです。長男がやっと歩きはじめたころで、昭和十二年の何月でしたかね。向こうに着いたらトウモロコシとか、高粱《コーリャン》が枯れてましたから、もう秋口だったと思うですよ。

上田の駅（信越線）を発《た》つとき、主人は乗馬ズボンに洋服。私の方はまだ着物でしたよ。主人の方の母《おや》が還暦でしたけどね、一緒に出掛けたです。反対してた私の方の母《かあ》さんが見送ってくれましたけど、ただ黙ったままね、泣いてましたよ」

親族に見送られて上田駅を出発した依田さん一家は、敦賀《つるが》港から船出し、当時、渡満コースになっていた朝鮮の清津《セイシン》に着いたが、船には写真結婚で海を渡る〝大陸の花嫁〟が何人か乗り合わせ華やいだ空気だった。そんな雰囲気《ふんいき》は、郷里の生活一切を整理し、内地と離別する依田さん家族の感傷を和《やわ》らげてくれた。まだ若妻で渡船が初めての初美さんにも、親元を離れる感傷はあった。けれど、国策を後ろ楯《だて》にした開拓移住そのものには、特に不安を感じるようなことはなかった。

清津から乗った列車は、当時頻繁《ひんぱん》に起きていた現地民の襲撃事件を避けて、昼間しか運行しなかった。昼間走り続けた列車は夕方には運行を停止し、乗客は列車から降ろされて街の旅館に宿泊する、手間のかかる旅だった。

依田さん一家が目指す信濃開拓村は、旧東安省密山《ミツザン》県にあって、列車は最寄りの黒台《コクダイ》駅に清津を発って三日目に着いた。

満洲の冬は、凍り付いた糞《ふん》を金属棒で欠く

「私たちの村は、信濃開拓団の中でも第六区の小県《ちいさがた》班ていうところにあったですよ。黒台の駅から村に入るのにね、本部の人が馬車《マーチョ》で迎えに出てくれましてね、駅から二時間ぐらいかかったと思うですよ。主人は本部の会計主任の仕事でしたから、最初は本部近くの兵舎みたいな建物に入れられたです。六畳ぐらいの部屋が一間と、一坪ぐらいの土間しかないですよ。最

初の二年間は共同生活でしたから、炊事と食事はみんな一緒だったです。食糧は自給自足みたいなもんですから、米も豚肉も豊富でしたよ。でもね、電気はないし、ランプでしょ。お風呂《ふろ》だって共同風呂がひとつしかありゃしません。冬は、おしっこがすぐに凍り付いてしまうくらい寒いですし、六畳一間に主人の母《おや》と長男、私たち夫婦四人が一緒に寝るんですからひどいもんです。すぐに内地が恋しくなっちゃってね。陰でいつも泣いてましたよ」

切ない生活だった。氷点下三十度、四十度にもなる冬、特に最初の冬がきつかった。寒風の中での水汲《みずく》みもきつかったし、用便のとき、山のようになって凍り付いた人糞を金鎚《かなづち》のようなもので欠き崩す習慣も、若い女にはこたえた。

そんな生活のなか初美さんは、本部の販売部で働くようになる。販売部には生活必需品の一通りが置いてあって、そこの売り子として勤めた。

二年が過ぎて水にも慣れると、それまでの共同生活が個人の生活に切り替えられ、住居もひと回り大きい部屋が貰《もら》えたが、姑《しゅうとめ》との同居生活からは解放されなかった。まだ若かった初美さんには、姑に監視された夫との生活は苛立《いらだ》たしく、心が安まる時間は少なかった。

そんな初美さんに入植後初めての子どもが誕生したのは、昭和十四（一九三九）年三月十一日。女の子だった。命名は「設生《せつお》」とした。初めての女の子に男に似た名前を付けたわけは、夫の幸徳さんが、生まれてくる子どもは男子と決め付け、建設途上の満洲で生まれた意から、その名前を用意していたからだ。

「おばあちゃんが変な性格の人で、夫婦の間に割り込んでくるようなところがあってね。ずいぶん泣かされたです。夫婦の生活なんかおちおちできゃしません。お互いに若かったですからね。主人は辛《つら》かったと思いますよ。

でもね、楽しいこともありましたよ。長野では七年に一度巡ってくる『御柱祭《おんばしらまつり》』てのが有名です。このお祭りが満洲でもありましてね。それと、夏の終わりのころ、毎年、本部の広場で運動会がありました。相撲とか仮装行列とか——娯楽が何もないですし、年に一度のお祭りですからね。オデンとか饅頭《まんじゅう》とか、いろんな屋台を出して。みんなこれが楽しみでした」

来る日も来る日も働くことが条件の村の人々にとって、郷土に倣《なら》った祭りと年に一度の運動会は、羽目をはずし、郷里への思いを馳《は》せる一服の憩《いこ》いでもあった。

初美さんが次女の洲世《くによ》ちゃんを出産したのは、昭和十六（一九四一）年八月十二日。その年の十二月八日、日本軍が真珠湾へ奇襲をかけ、太平洋戦争が日ごと拡大していったが、まだこの時点では、北満の開拓村には、その緊張は伝わってこなかった。

ソロバンに強かった幸徳さんは、団の中でも頭角を現わし、村から離れた東安の街に団の牛乳処理場ができてからは、そこに移り、処理場に近い連珠山《レンジュザン》の駅近くに、日本様式の家屋を建造する余裕もできていた。

依田さん家族が所属した第五次黒台信濃村開拓団の最盛期の在籍者数は、青木虎若《とらわか》団長以下千四百九十人。大豆を主に麦、米、馬鈴薯《ばれいしょ》などを収穫し、生活上の物資は比較的豊富だった。米も豚肉もある豊かな食生活と平和、初美さんも「満洲へ渡ってよかった」という満足感を味わったことはある。けれど、その安堵《あんど》感も束《つか》の間《ま》、太平洋戦争の悪化とともに出征して行く若い団員も出はじめ、初美さんの心の中にも「日本は果たしてどうなるのか――」という不安が頭をもちあげるようになっていた。その不安は、昭和二十（一九四五）年五月、夫の幸徳さんへ赤紙（召集令状）が届くことで現実のものとなった。幸徳さんの配属先は東満・八面通《ハチメンツウ》の関東軍第一二六師団工兵隊で、当時根こそぎ動員と呼ばれた召集組に属していた。

「三十七歳になってましたかね。乗馬ズボンに平服でね。奉公袋をひとつ持って。見送りなんかありません。隠れるようにして出て行きましたよ。貯金通帳を私に預けましてね。連珠山の駅で見送るとき、たった一言だけね、『子どもに風邪を引かせるなよ』ってね。やっぱり子どもが可愛《かわい》かったんですね。出征して一カ月ほどしてから、軍隊でしか手に入らなかったキャラメルとチョコレートを送ってきたりしましてね。普通は優しい言葉なんかかけてくれる人じゃなかったですから泣けました。

それっきりですよ。今考えますとね、最後の晩は一緒に過ごしてあげたかったってね……」

戦況は民間人の知らぬ間に悪化をたどっていた。

ソ連軍の満洲進攻はその年の八月九日だから、その惨禍は幸徳さんが出征して三カ月とたたないうちに振りかかってきた。ソ連軍進攻の日、初美さんは十歳の長男、昌栄君と長女で六歳の設生ちゃん、次女で四歳の洲世ちゃん、それに義母のけさじさんを連れ、同じ団に入植していた義弟の依田光男さん家族とともに避難の途につくが、三十八年が過ぎた記憶には、滲《にじ》んだ文字のように定《さだ》かでない部分もある。しかし、戦禍にさらされた庶民の実像と、今もなお中国に残留する日本人孤児とは何であったのか、その発生の一端は伝わるはずである。

脱出した逃避の列は羊の如《ごと》く黙して

昭和二十（一九四五）年八月九日、東安の空はよく晴れていた。夜が明ける前、いつもと違う飛行機の爆音を聞いて、初美さんは最初友軍機、と思った。が、間もなく遠くで炸裂《さくれつ》する爆弾の音で、それがソ連機であることを知った。村に「全員本部へ集合」の伝令が伝わり、初美さんは避難の身仕度をし、やはり出征して、奥さんと一男二女だけになっていた光男さん家族とともに、徒歩で一時間半かかる本部を目指した。日頃《ひごろ》は男の仕事だった馬の手綱《たづな》を、初美さんと光男さんの奥さんが交替で引き、馬車《マーチョ》に両家の子どもと、義母のけさじさん、それにいくらかの物資を積んで必死で本部へ急いだ。

「人間の心理てのは面白《おもしろ》いもんで、逃げ出すとき何を持ち出したと思います？　それがおかしいじゃありませんか、ネルとサージの生地《きじ》なんです。大事にしてたからでしょうけど、そんなもの持ち出してもなんの役にも立たないのに、あわてているときはそんなもんです。お米でも持てばいいのに、食糧に気づかなかったです。お金を下ろす隙《ひま》もなくって、現金は百円くらいしか持たなかったですよ。いったん本部へ行きましたですよ。行きましたけど、女手ですからどうしていいのかね、みんなの後にくっついて歩くしかないです。長い列に付いて鶏寧《ケイネイ》（鶏西市）の方向に向けて歩いたです。最初の夜は空家になってた開拓団の家で泊まりました」

村を脱出したときの団員の数は千四百人ぐらいだったが、働き盛りの男は根こそぎ軍に召集されていたから、団員は老人、女、子どもがほとんどだった。

満洲に渡って以来、開拓村の生活がすべてだった初美さんにとっては、地理もわからず羊の大群のような逃避の列に、ただ黙したまま付いて行くしかなかった。慣れない手で馬車を引き、行動を共にしてきた光男さん家族と突然、離別するのは村を発って三日目、暗闇《くらやみ》のなかで現地民の襲撃を受けたときだった。場所は鶏寧に近かったが、咄嗟《とっさ》のできごとだったから声を掛け合う間もなく、各々《おのおの》が散り散りになって逃げた。七十歳に近かった義母のけさじさんは、このとき光男さん側に付き、初美さん側は三人の子どもと母子《おやこ》四人になっていた。それまで引いていた馬車がどうなったのかわからない。初美さんは四つになる洲世ちゃんを背負い、長男と長女の手を引いてどこへ行くとも知れぬ列について歩いた。

光男さん家族と別れて後、初美さんが我子ながら感心したことがある。それは、長男の昌栄君が、大型の御札《おふだ》を肌身《はだみ》にしっかりと仕舞い込んでいたことだった。親が指図したわけでもないその御札は、父親の幸徳さんが日頃信仰の勤めを続けていた神棚《かみだな》に祀《まつ》られていたものだった。まだ十歳にすぎなかった昌栄君は、村を脱出することの重大さを自ら悟り、出征中の父親に代って家族の無事を加護に求めたのだった。その昌栄君が初美さんのもとから行方不明となるのは、光男さん家族と離別して三、四日経《た》った夜である。

「勃利《ボツリ》に近かったと思うですよ。突然銃を撃ち込まれて、また列がばらばらになったです。一番下の子をおんぶして、二人は歩かせてましたが、気がついたら長男がいないんです。『昌《まあ》ちゃん、昌《まあ》ちゃん……』て気が狂ったようになって呼んだんですが、真暗ですからわかりゃしません。長男がいなくなって急に力が抜けちゃいましてね。もう、指揮も統率もありゃしません。自分の力しか頼れるものはないです。なにしろ、山の中や湿地帯とかを逃げるんですから体力のないものから落伍《らくご》していくんです。

長男を見失って、また四、五日過ぎてから、大きな河（牡丹江《ボタンコウ》）を渡って二道河子《ニドウガシ》に出たんです。道のないところを歩くんですから履物は取られてしまう。私も子どもも裸足《はだし》でした」

幼な子の首を絞める母《おや》を見た

奥地からの逃避行は地獄だった。地獄の逃避の中で初美さんは、人間の理性やモラルは食と肉体的条件が伴ってはじめて機能することを自らの体験で知った。極限に立たされた人間には、他人への優しさや思いやりは幻想でしかない。

排他に徹することが生きる条件であることを、その眼《め》で見、肌で知った。

食糧を持たなかった初美さんは、あるとき、子どもたちの空腹の様に耐えかねて、すぐ脇《わき》で握り飯を食う知り合いに、そのいくらかを乞《こ》うたことがある。しかし、かつて村で懇意にしていた彼女は、初美さんに「あんたにあげるために（米を）持ってきたんじゃないわ」そう言い切って一粒の飯も与えてはくれなかった。


「人間はね、行きつくところまで行くと、さもしいもんです。人間誰《だれ》だって生きていたいんだから、さもしいことが悪いんじゃないです。人間をさもしくさせる戦争がね――戦争がいけなかったんですよ。人間いざとなったらね、母《おや》も子もないですよ。逃げる途中、子どもを産んで始末した女《ひと》の話も聞きましたし、足手まといになる子どもを捨てた母《おや》も、ずいぶん見ましたよ。同じ団の母《ひと》でしたけど、連れていた二人の男の子を『水神さんにあげてきた』って言ってましたけどね。牡丹江を渡るとき河に流したんですよ。食べ物も食べずに何日も何日も歩くんですから、そういう気持にもなります。おなかが空《す》くってのも辛いですよ。畑にあるトウモロコシ、ジャガイモ……なんでも手当たり次第に食べたです。どの辺でしたかね。いよいよ食べ物がなくなって、一緒に逃げていた兵隊がね、荷役に使っていた馬を銃で撃ち殺して食べてるんです。私たちはなんにも食べてなかったですから、その兵隊さんにね、『少し恵んでくれませんか』って頼んだですよ。そしたら、どうです、『うるせえな！』って怒鳴られましてね。

しょうがない、兵隊が離れてから骨についている肉をむしり取るようにして食べましたよ。子どももおなかが空いてましたからね。火なんか通せる余裕はありません」

街に出れば殺される——そう信じて疑わなかった難民は、人家を避け山道を選ぶようにして彷徨《さまよ》っていた。夜になって歩行が難しくなると、適当な場所をみつけては体を休めた。朝がきて気がつくと、一緒だった団員の姿がみえず、必死で後を追ったことがある。行く先々では、息を引き取った幾人もの死骸《しがい》をみた。歩けなくなった幼な子を首を絞めて始末する母《おや》をみた。そんな鬼気に接しても、初美さんは驚きも恐怖も感じなくなっていた。疲労と困憊《こんぱい》が人間を植物にさせていた。

四歳の洲世ちゃんをたえず背負い、六歳の設生ちゃんを歩かせての逃避行は、死の苦しみだった。が、初美さんは二人の子どもを殺す気持にはなれなかった。たえず死と向かい合っていたが、死ぬときは子どもと一緒に——そう心に決めていた。

一行が二道河子を発って南下の途中、ソ連軍に武装解除を命ぜられるのは八月末。そのまま保護される形で横道河子《オウドウガシ》を経て、かつて関東軍の兵舎だった拉古《ラコ》の収容所に収容されたのは、朝晩寒さが加わりはじめた九月上旬だった。

長女とは生き別れ、末っ子も死亡

「拉古の収容所には一週間か十日おりました。主人が戦死したって聞いたのは、収容所に入れられた、その日なんです。同じ開拓団の男《ひと》でしたけど、向こうから声を掛けてくれましてね、『依田君の細君じゃねえか。ずいぶん痩《や》せちゃったな……』って。涙をためながらね。『あのな、こんなとき言っちゃいけないかもしれないけど、依田君は死んだぞ……』ってね。男と女が別々の部屋に分けられて、すれ違うときでしたけどね。私、このときは『あ、そう……』って言っただけで涙も出なかったです。優しい言葉ひとつ掛けてくれたことのない主人《ひと》でしたけどね。どこで死んだかもわからず可哀《かわい》そうなことしたと思うです」

記録によると、拉古の収容所に他の開拓団員と混じって収容された、黒台信濃村の団員は、二百三十七人。村を脱出したときの人員は千人を越していたから、この数字からも、それまでの逃避行がいかに悲惨をきわめたかが、容易にわかる。

収容所で支給された食糧は、わずかな塩と脱穀したままの高粱を茹《ゆ》でただけのものだったから、なかなか喉《のど》を通らなかった。団員の中にはひもじさの余り、周囲にある作物を求めて収容所を脱出し、中国人に捕まって惨殺《ざんさつ》される悲劇も少なくなかった。飢えと病気で死者が続出するなか、移送の命令が出たのは九月下旬。朝晩の冷え込みがまたひとつ加わる季節になっていた。

初美さん母子は他の団員とともに拉古から近い牡丹江駅から、無蓋車《むがいしゃ》に詰め込まれ、哈爾浜《ハルビン》駅まで運ばれ、そのまま、哈爾浜市内の旧花園国国民学校に収容された。そして、それまで泣き顔ひとつ見せず、母親の初美さんに必死で付いてきた長女の設生ちゃんが、突然、行方不明になるのは、難民収容所に当てられた学校に収容されて間もなくだった。

「辛かったと思うですよ。なにしろ、まだ六歳でしたからね。ところがひと月近くも山の中を歩かされて『お母ちゃんきついよ』とか『おなかが空いたよ』とかね、一度も口にしたことがなかったです。それくらい気丈夫な子でしたけどね。学校に収容されてすぐですよ。私、熱を出しましてね。横になって、あんまり喉が渇くもんですから、『設ちゃん水を買ってきて』って頼んだですよ。最初、嫌《いや》だって言うもんですから、『お母ちゃん死んでもいいの……』って言いましたらね、『死んじゃ嫌だ』って、涙を溜《た》めてるんですよ。そんなことしてるうちに、すぐ脇にいた十八歳の義勇隊の少年に、『兄ちゃん行ってくれない』って頼んだです。そしたら『ああいいよ』ってね、設ちゃんを連れて出かけたです。後になってみると義勇隊の少年に声を掛けたのが、間違いの元でしたけどね。虫が知らせたっていうんですかね。設ちゃんは軍隊の水筒を抱えるようにして、後ずさりして出て行ったです。視線もそらさず離れていった姿が忘れられませんでね。私の身代りになったようなもんですから……」

設生ちゃんを連れ出した義勇隊の少年は、初美さんと同じ上田市の出身で、部屋を出たあと「女の子を連れた彼が中国人と立ち話しているのを見た」という知人の証言がある。この証言が事実とすれば、当時引き揚げ途中の日本人の子どもが、現地の中国人に売られ、略奪される事件が頻発《ひんぱつ》していたことからも、設生ちゃんもなんらかの手段で、中国人の手に渡った可能性が強い。が、設生ちゃんを連れ出した少年も以後行方が判《わか》らず、設生ちゃんの消息はその後も闇《やみ》の中に埋没したままである。

冬に入った哈爾浜は、引き揚げを待つ日本人難民にとって厳しいものだった。団の組織はとっくに消滅し、どう生き抜くかは、難民一人一人の自力にかかっていた。長男を早く見失い、長女が行方不明になって、四歳の洲世ちゃんと二人きりになった初美さんは、花園国民学校の後、同じ難民収容所に当てられていた元の桃山国民学校、東本願寺、常盤《ときわ》百貨店などを転々と移動し、その日の食を繋《つな》ぐために仕事を捜さなければならなかった。

「中国人に勧められて飯炊《めした》き（炊事婦）をやりましたよ。屈辱なんか感じる余裕はなかったです。子どもを連れて、朝方、収容所を出掛けるです。食べさせてくれてお金が貰えましたからね。夜には収容所に戻《もど》って、寒いときでしたからね。板の間に洋草《ヤンソー》を敷いて、中国人から貰ったねんねこに二人でくるまって寝たです。下の子はお姉ちゃんより優しい性格でしたからね、『お母ちゃん、どうしてこんな汚いところに寝てるの、早くお家《うち》へ帰ろうよ……』ってね。

子どもにそんなふうに言われますと、なぜこんな苦しい思いをしなければならないのかと、思いました。死んだ方がずっと楽だった思いますよ。でもね、母《おや》一人、子一人になってましたから、この子を見届けないうちは死ねない、いつもそんなふうに思ってましたよ」

敗戦の年が明けた哈爾浜の冬は、初美さん母子にとって死と隣り合わせの日々だった。それまで、よく頑張《がんば》ってきた洲世ちゃんも栄養失調に取り付かれ、初美さんは日ごと衰弱していく洲世ちゃんが怖かった。それは人間の条件から見離された奈落《ならく》の日々だったが、人の心の優しさに救われたこともある。

収容所の近くで偶然出会ったその女性《ひと》は中国人妻だったが、乞食《こじき》同然の初美さん母子に「私も日本人、遠慮はいらないから……」そういって自分の家に誘い、食事でもてなし、その日は家族と一緒の部屋に泊めてくれた上、着古したものだったが、母子に綿入れの防寒具まで与えてくれた。

人間は通常孤立を嫌《きら》い、集合体のもとで生きている。けれど、極限に立たされた人間は他人を拒絶し、個に固まる。開拓村を脱出してから、人の和を忘れていた初美さんには、行きずりの他人が差し出してくれた親切は、ことさら心に響いた。嬉《うれ》しかった。嬉しさの余り涙が出た。

衰弱が確実に進んでいた洲世ちゃんは、きしむ寒さの収容所で、夜を過ごすたび「お母ちゃん寒いよ……」そう甘えながらも、痩せガエルのような体で浸透する衰弱に必死に耐えていた。が、その年の三月二十日、臨終の苦しみを全身で訴えたあと、幼い瞳《ひとみ》を開け放したまま、その小さな息を止めた。人の世に生を享《う》けてわずか四年と七カ月、北満の遅い春を待てず、薄命無情の哀れな死だった。

「元気なときは色白で、目がぱっちりした可愛い子でしたけどね。どうしようもなかったです。骨と皮ばっかの小っちゃな躰《からだ》になっちゃって、苦しかったんでしょ。目尻《めじり》をきゅうっと吊《つ》りあげちゃって、クッ、クッ、クッ……って喉を鳴らしましてね。それが最後でした。大人も子どもも毎日何人も死んでるときでしたから、死体置場に横積みにされているんです。そこへ置いて手を合わせただけ。このときばかりは泣きました」

苦しみを訴え続けた洲世ちゃんの目は、息を引き取ってからも閉じなかった。初美さんは瞼《まぶた》に指を当て仏の顔に戻そうとしたが、引き攣《つ》った筋肉は眼球を閉じさせようとしなかった。呼吸を止めてなお、苦しみを訴え続けているような洲世ちゃんを前にして、初美さんは思いきり泣いた。わが子の哀れと一人きりになった悲しみが体中を支配して、嗚咽《おえつ》は止まらなかった。線香一本も手向《たむ》けられない母と子の告別だったから、悲しみに泣き伏すことが、母親ができたわが子へのせめてもの弔いとも言えた。

洲世ちゃんの亡骸《なきがら》が、その後どこへ葬《ほうむ》られたのかわからない。けれど、初美さんが、その翌日洲世ちゃんのもとへ行くと、見開いたままだった目はすっかり閉じていて、ようやく安楽を得たように、初美さんには思えた。それが洲世ちゃんを見届けた最後だった。

生きていたらなんとしても会いたい

家族のすべてを失《な》くし、一人身になってからも、初美さんはその日の糧《かて》を求めて哈爾浜の街を彷徨《さまよ》い歩いた。分身のわが子を失くし、生きる目標を失って、魂が抜けたような日々だった。そんな哈爾浜の生活のもとで、初美さんは、この世とは思えない地獄の光景に出会った。
寒さが遠のきはじめた春先——。

「偶然行き合わせたですけどね。哈爾浜の日本人墓地があったところです。大きな穴が掘ってあって、そこへ死体が次々に運び込まれてくるんです。身の毛もよだつ地獄ですよ。周りに中国人がいっぱい群がって、死体が捨てられると、着ているものを我れ先に剝《は》ぎ取るんです。それはもう下着でもなんでも全部ですよ。女も男も素裸にされちゃうんです。近くに犬がいましてね。変なもの銜《くわ》えているな思って、よく見ますとね、人間の首なんです。むごいと思いませんか。これが戦争ちゅうもんですよ」

憔悴《しょうすい》しきった日々に、引き揚げの知らせが伝わったのは、その年の九月中旬だった。船が出る葫盧島《コロトウ》に暫《しばら》く留められて、そこを離れたのは十月中旬だった。父母が待つ長野に生きて帰れる嬉しさは確かにあった。けれど、家族五人のうち、たった一人で帰らなければならない悲しみと、後ろめたさが先に立って、晴れた気持にはなれなかった。
佐世保《させぼ》に上陸し、上田の実家にたどり着いたのは昭和二十一（一九四六）年十月二十九日、変わり果てた初美さんを、生みの母は絶句したまま迎えてはくれた。が、まぎれもなく肩身の狭い帰郷だった。その後ろめたさからいっそのこと、子どもたちとともに死んでいればよかった、とも思った。
そんな塞《ふさ》いだ気持を晴らしてくれたことがある――逃げる途中、生き別れになった長男の昌栄君が、一人初美さんより先に帰還していたことだった。昌栄君は、初美さんと別れた後、吉林省に逃げ、途中、同じ開拓村の団員に救われて、生き延びたのだった。しかし、応召したままの幸徳さんと、行方が判らない設生ちゃんの音信は全くなく、最初の襲撃で四散した義母のけさじさんと、光男さん妻子は、初美さんと離別して間もなく他の団員とともに集団自決したことが判明した。

あの引き揚げから三十八年が過ぎた。この間初美さんは、夫の幸徳さんと長女、設生ちゃんの死亡宣告を国から受け、今は再婚の夫のもとで静かな余生を過ごしている。今の平和からすれば、開拓村を逃げて、郷里へ引き揚げるまでの狂気の時間が、幻のようにさえ思われる。しかし、体を重ね合った夫と、戻ってこない子どもへの心痛は、長い歳月にかかわりなく深く骨肉にまで浸透して癒《いや》されることはない。

「中国に残った孤児の身元がみつかった――そんな話を聞きますとね、引き揚げのとき、なぜ、いい人に預けなかったのか悔やまれるですよ。子どもは最後まで手離せない。死ぬときは一緒――そんな古い考え方が、結局わざわいしたんですからね。人間の運命なんて皮肉なもんです。純粋に子どもを守ろうとしたことが裏目に出てるんですから。でもね、上の設ちゃんはどこかで生きているとしか思えないですよ。しっかりした子でしたからね。どこかできっと生きています。

恨めしそうにね、後ずさりして出て行ったときの顔が今でもすぐ前にありましてね。生きていたらなんとしても会いたいです」

▲死者で埋まった哈爾浜の日本人墓地跡

張暁霞（ヂャン・シャオシャー）

黒竜江省阿城県

敗戦の年の秋、最初に私を引き取ったのは満英奎という旅芸人だった。満は一年たらずで私を同じ旅芸人の張丹庭に渡した。その際張は満に何元かのお金と二十キロほどの高粱《コーリャン》を渡したという。私はこのとき五歳ぐらいだったが、養父の張から芸人になるための稽古《けいこ》を受け、その後、歌や踊りの舞台に立った。

一九五八年に黒竜江省の芸術学院を卒業し、劇団に入団後、同じ劇団で台本を書いていた周海楼と結婚した。が、六六年から始まる文革で劇団を追われ、私は飯店

（食堂）のウエートレスに、主人の周は高校の教師に転職させられた。八一年に劇団の仕事に復帰し、いま黒竜江省の阿城《アジョウ》県で後進たちの指導に当たっている。

　日本の家族のことは何もわからなかったが、自分が日本人《リィベンリエン》であることは周囲の子どもや養父母から聞いていた。だから、祖国のことと産みの親のことがいつも頭から離れなかった。

　八三年二月、日本を訪れた際、思い続けてきた実母と奇跡のような再会ができた。が、父は敗戦の年の八月、中国で死亡していたことを母から聞いた。

朱長順（ヂュウ・チャンシュン）

黒竜江省肇東県

父の仕事がなんであったのかわからないが、敗戦後、私は母と弟の三人で哈爾浜《ハルビン》にいた。私自身の日本名や生年月日もわからない。

難民の身だったから生きるのに窮してだろう、母は最初、弟を高という中国人のもとに渡し、続いて私を朱家に預けた。弟は高来福と名づけられ、お互い近くに貰《もら》われたから一緒に遊ぶこともよくあった。が、私は十歳のころ養父母に連れられ、哈爾浜からいま住む肇東《チョウトウ》県に移転したため、弟とは生き別れたままだった。

子どものころの記憶で日本人で

あることはわかっていたが、養父が病死して肉親の手掛りは全くなくなり、日本は心の国でしかなくなっていた。

そうしたなか、弟と再会できたのは一九七六年。弟が貰われたとき実父と養父が交わした念書がみつかり、日本の父は「三村喜一」、弟の日本名は「正三」であることがわかった。弟の義姉によると、私と弟の仲介したのは伊藤悦子という日本人だったという。

八三年二月、肉親調査に日本を訪れたが身元につながる手掛りは得られなかった。

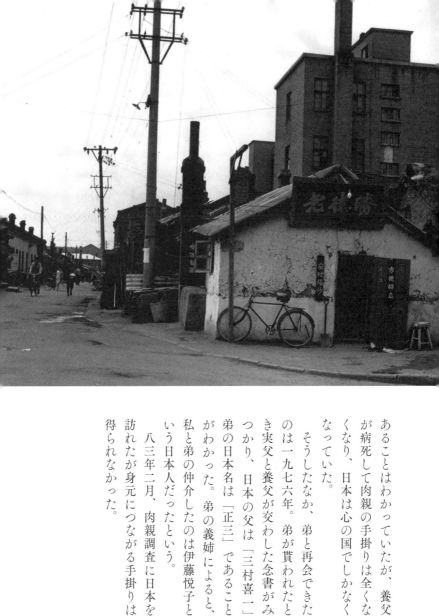

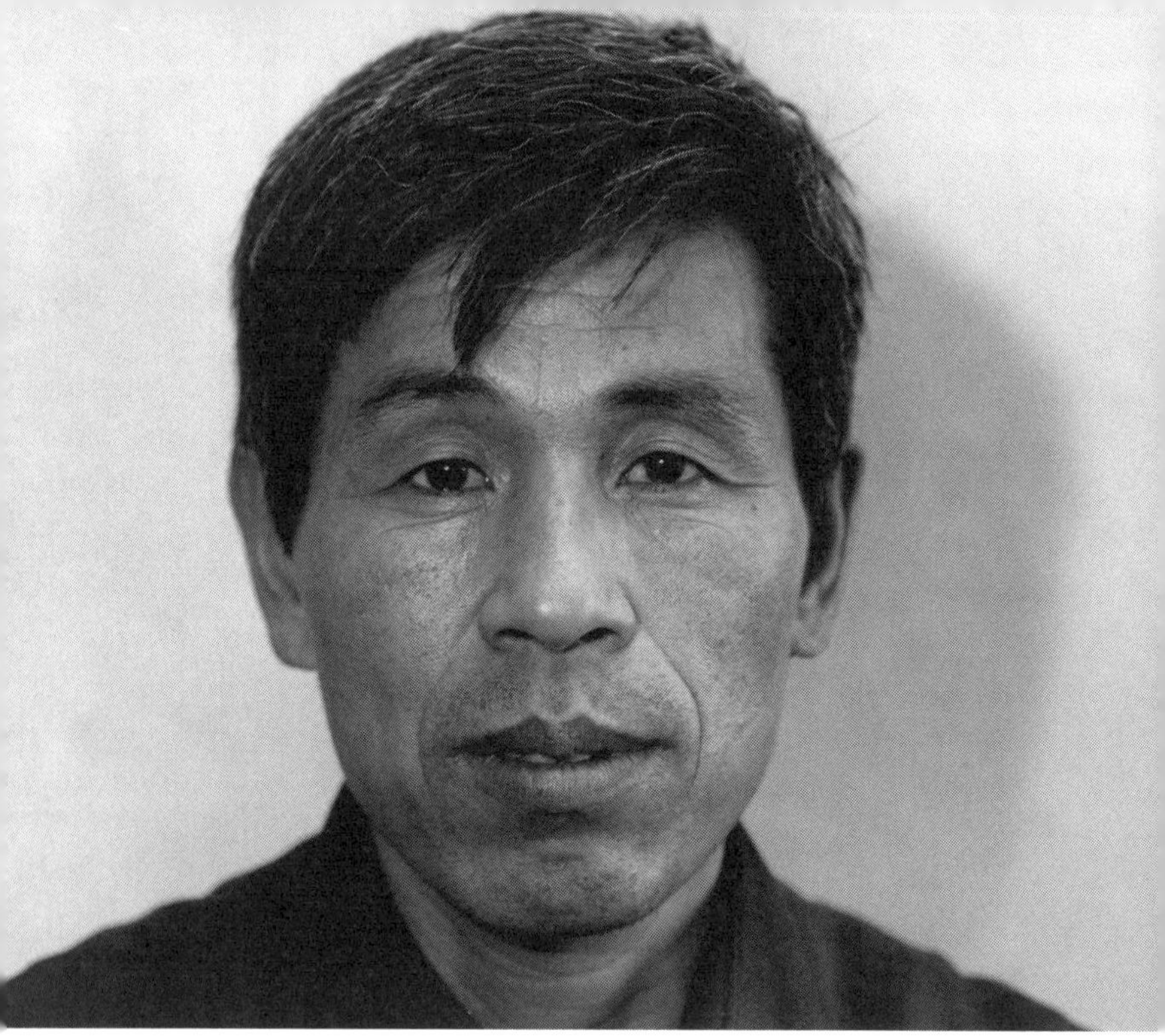

金淳成（ヂン・チュンチャン）

黒竜江省阿城県

敗戦のとき父はソ連兵に銃殺され、母もその後に死んだ。家族が何人いたのかわからないが、私は旧浜江《ヒンコウ》省の阿城駅近くにあった関東軍倉庫に、大勢の日本人難民とともに収容された。

どれくらいしてからか、朝鮮人だった金江のもとに私を連れて来たのは、五十歳ぐらいの日本人のおばさんだった。煉瓦《れんが》工場の炊事係をしていた金には私より七つぐらい年上の女の子がいたが、私はそのまま居付いて金家の養子になった。

養母は車炳雲と言い、朝鮮族

だったので、私は養母とその妹から朝鮮語を習った。金家に貰われたとき五歳ぐらいだったが、自分が日本人であることは子ども心にわかっていた。

阿城県の同じ村に住んでいた日本人の指導で、一九六七年ごろから肉親捜しを始め、八二年二月、親族との対面を念じて訪日したが、手掛りは得られなかった。

「肉親に会いたい――」いまだにその思いが通じないのは、敗戦のとき父母が亡《な》くなり、戦後の長い歳月が肉親の心を遠ざけてしまったからだろうか――。

張恵臣（ヂャン・ホイチャン）

黒竜江省哈爾浜市

養父の張有から私の実の親が日本人だったことを教えられたのは一九七五年、張が息を引き取る前だった。

すでに養母の劉万玉も亡くなり、私がどのような状況で張家に貰われたか、詳しいいきさつはわからない。ただ、私の生年月日は一九三六年六月一日となっているので、敗戦のとき九歳だったことになる。そのころのおぼろげな記憶のなかに、中肉中背、いくぶんネコ背の母と一人の兄、三人の姉の面影《おもかげ》がある。

家族は旧東安《トウアン》省密山《ミツザン》県方面の開

拓団にいたらしいが、村を逃げ哈爾浜を経由して長春にたどりついたのは、敗戦から一カ月ほどしてから。どんな事情だったのか、私を張家に連れて来たのは張の義弟だった。馬蹄《ばてい》職をしていた張には二人の娘がいたので、私を預かるのを最初はためらったという。張一家が長春から哈爾浜に移転したのは四七年、解放戦争の最中だった。

哈爾浜にある黒竜江省交通学校で体育の教師を勤め、妻との間に歯科医の長男を頭に二男一女がある。

定《さだ》かではないが、敗戦のとき生き別れた兄と三人の姉のうち、兄と一人の姉は長春で死んだと聞いている。

李桂珍（リイ・グイヂャン）

遼寧省遼陽市

日本の家族は旧牡丹江《ボタンコウ》省の開拓団にいたらしい。ソ連軍が進攻したとき父母と姉と私の四人。避難して間もなく母がソ連兵に射殺され、父は姉と私を連れて奉天（瀋《シン》陽《ヨウ》）まで逃げた。その後、奉天駅南口に近い難民収容所に入れられたが、十一月の小雪が降る午後、私は父のもとを離れ、養父母の家に来た。養父は仕立職人で李盛山、養母は陳秀春といい、二人には子どもはいなかった。

私はちょうど四歳で長い髪の毛には虱《しらみ》がわき、体はひどく弱っていた。体力が回復して間もなく、

父は私のもとに現われたが、このとき養父母は米のお粥《かゆ》などで持て成し、乗馬ズボンと三百元を渡した。

翌年春、父は再び訪ねて来て日本への引き揚げを告げ、暫《しば》く私をあやした後、養父母に何度も頭を下げて帰ったが、このとき残したメモには私の生年月日「一九四一年十二月一日」と記されていたという。

瀋陽市の小学校を卒業後、一九六二年に冶金工《やきんこう》だった劉仁普と結婚したが、その後夫は農業に転職した。

八四年十一月肉親捜しに訪日したが手掛りは得られなかった。

哈爾浜

飢餓の逃避行

高野伊喜夫《いきお》さん

冬の開拓村には食糧はなかった。難民たちは寒さと飢餓に耐えきれず、ばたばたと死んだ。かちかちに凍り付いた死体は、木材のように山積みにされていた。妹と弟の二人は、そんな状況のもと、ただ空腹をみたしたいばかりに中国人のもとへ貰《もら》われていった。

国策に共鳴した貧しい農民たち

高野伊喜夫さんが父母に連れられ姉妹とともに埼玉県秩父《ちちぶ》郡中川村を、親族知人に見送られ、満洲《まんしゅう》へ出発したのは昭和十四（一九三九）年六月だった。

父親の英次さんは明治三十五年生まれ。大工職だったことから、当時旧三江《サンコウ》省樺川《カセン》県に中川村の分村として開拓が進んでいた小八浪《ショウハチロウ》中川村開拓団から、家屋、施設の建設要員として勧誘され、一家を挙げての渡満だった。

開拓団の団長は隣り組の堀口辰三郎さんで、渡満を強く勧めたのも堀口さんだった。一口に渡満といっても、生まれ育った父祖伝来の土地から、生活条件の一切を断ち切る移住は、当事者にとっては相当の決断を必要とした。

「おやじは古い付き合いだった堀口さんから勧められたんですが、最初はあまり乗気じゃなかったらしいです。行かないかって強く言われ、しぶしぶ返事をしたようですが、特にお袋の方が嫌《いや》がったみたいです。おやじは一家が出掛ける一年前、現地に渡り、私たちの受け入れ態勢を作ってから、迎えに来たんですね。当時の秩父は山奥の僻地《へきち》ですから、村から入植する家族が大勢いて、私たちが出掛けるときも何家族かが一緒でした」

高野家が入植した小八浪開拓村は、北満開拓の中心的地理にあって、鉄道は近くの佳木斯《チャムス》に通じ、周辺には弥栄《いやさか》、千振《ちぶり》、七虎力《シチコリキ》、大八浪《ダイハチロウ》などの開拓村が点在し、入植者の出身地もほぼ全国に渡っていた。そうした入植移民は、土地を持てない農家の次男三男組が多く、そのほとんどが五族協和を謳《うた》う満洲拓殖の国策に共鳴した貧しい農民たちだった。高野さん一家も例外ではなかった。

「牡丹江《ボタンコウ》から佳木斯に通じる鉄道に閻家《エンジャ》っていう駅がありましたが、私たちの開拓団の本部はその駅の近くにあったです。

本部には入院施設を備えた病院、小学校、遠距離の子どものための寮、お寺さんや神社まで祀《まつ》ってありましたよ。

　私の家は本部から二里（約八キロ）くらい離れた五家屯《ゴカトン》という村にありましたけど、二十軒ほどの土壁の家を、三メートルくらいの土塀《どべい》が四方を囲んでました。土塀で囲まれた集落の中央に路地があって、そこを境に中国人の家屋と日本人の家が二分されておりました。もちろん付き合いもありましたよ。例えば中国人が饅頭《マントー》を作ってくれるでしょう、そうすると私たちの方はノリ巻きとか稲荷《いなり》ずしなんか作ったりね」


　大工だった父親の英次さんは、入植して約五年間を開拓家族のための家屋造り、学校造り、神社の棟上《むねあ》げなどに費やしたが、そうした仕事の後は小学校の管理人として働いていた。

『満洲開拓史』によると、敗戦前の小八浪中川村の在籍者数は六百七名で、作付面積は二千三百町歩（二千三百ヘクタール）。共同の精穀場、製粉工場、味噌醤油《みそしょうゆ》醸造場などを持ち、農産物のうち白米五百石、粟《あわ》、高粱《コーリャン》などの雑穀二千五百石が、毎年内地へ送り出されていた。当時ほとんどの開拓村がそうだったように、中川村も共同の汲《く》み揚げ井戸とランプ生活など、貧しい設備のもと、団員はただひたすら働き、米、雑穀類を内地へ送り込むことで開拓魂の心意気を示そうとしていた。

　高野さん家族もそのうちの一員だった。


「人間苦しいことは忘れるって言いますが、満洲の生活は冬の水汲みが大変だったぐらいで、あまり苦しかった記憶がないんだね。冬は近くの川でスケートができたし、夏は川に出て、ナマズとかフナが摑《つか》み取りで獲《と》れましたからね。年に一度、神社のお祭りがあって、花笠音頭《はながさおんど》なんか踊ったこともあったですよ」

小さい子どもは始末するように、と――

冬は氷点下三十度を越す極寒の地ではあっても、春がきて草木が芽ぶき、大豆、トウモロコシ、粟、高粱、キュウリ、ナス、スイカなどの種子を土に埋めると、夏から秋にかけて豊かな収穫があった。

そんな肥沃《ひよく》な開拓村で野菜程度の畑を耕しながら、学校の管理人をしていた父親の英次さんに召集令状が届いたのは、敗戦間近い昭和二十（一九四五）年八月十日。国防色の国民服に戦闘帽をかぶって出征していく父親を、長男の伊喜夫さんは家族とともに見送った。

このときの高野家の家族構成は、英次さんが四十三歳、母親のタツノさん四十歳、長女のタニコさん十六歳、長男の伊喜夫さん十三歳、次女の宮子さん九歳、それに渡満後生まれた次男の実《みのる》ちゃん五歳と三女で一歳の三江子《みえこ》ちゃんの七人だった。

「昭和二十年の春ごろから、村の若い人たちに次々に召集令状が来てましたから開拓団の人たちも、おかしいな、とは感じていたんじゃないですか。おやじに赤紙が来たのが終戦の日の五日前で、周囲の人たちがおやじの年で召集されるようでは日本もおしまいだわ、なんて噂《うわさ》してたですよ。おやじが出るとき、出征する人が他《ほか》にもいて、村の人たちに見送られて出掛けたんです」

英次さんが出征する二日前の八月八日にはソ連が宣戦を布告し、満洲地域への進攻を始めていたから、英次さんが家族を離れて後、中川村の団員が緊急避難を余儀なくされるまで、いくらも時間はなかった。

『満洲開拓史』によると、ソ連の進攻時までに団の壮年男子百三十人が応召し、この時点の中川村の団員数は四百七十七人。残された団員は例にもれず老人婦女子がほとんどだった。

そして、英次さんが出征した二日後八月十二日には、三江省の省長から開拓団の本部に電話で、佳木斯の邦人千人が中川村に避難する旨《むね》の連絡があり、団員は非常事態に備え、銃や木槍《きやり》を用意して避難民の受け入れ態勢を取った。が、間もなく鉄道が不通となり、その計画も流れた。さらに八月十四日午後には、本部がある閻家《エンジャ》地区に突然ソ連機が飛来して機銃掃射を浴びせ、一帯は戦乱状態に陥っている。

それ以後、高野さん家族が強制させられた一家離散の経過を、『満洲開拓史』に寄せた中川村開拓団、堀口団長の手記を資料にたどってみる。

ソ連機の奇襲を機に、中川村の団員に緊急避難の指令が出たのは八月十四日だった。明けた十五日には朝から倭肯《ワイコウ》、七虎力《シチコリキ》方面が中国兵に襲撃され、中川村の瑞穂《みずほ》、張家《チョウカ》、朝日の各地区にも暴徒化した現地民が押し寄せて、虐殺《ぎゃくさつ》と自決による団員の犠牲が相次いだ。襲撃を逃れて本部に集まった中川村の団員は三百三十八人だった。が、時間がたつにつれ、他の開拓団からの難民が次々に集結し、十六日、一団が夜を待って村を離れたときは、その数は千五百人にもふくれあがっていた。

「村を出るときはお袋と姉弟《きょうだい》五人でした。風呂敷《ふろしき》にいくらかの衣類と炒《い》った大豆、米を包んで、それを団の馬車《マーチョ》に乗せてもらい、お袋が二歳の三江子を、姉が五歳の実をおんぶし、私は書類などの貴重品と写真、位牌《いはい》なんかをリュックに入れて背負ったんです。九歳の宮子は私と姉がかわるがわる手を引いて歩かせたですよ。村を出発してすぐに周囲を暴民か満軍が包囲しちゃって、山からあがる狼煙《のろし》を合図に一斉《いっせい》射撃が始まったんです。撃ち込まれるごとに地面に伏して、隙《すき》をみて畑に逃げ込むんですよ」

襲撃から逃れ再び列を作って移動する難民の中には、突然撃ち込まれる銃弾であっけなく絶命するものもいたし、薬物や手榴弾《てりゅうだん》で自決するグループもあった。

避難の指令がいま少し早く出されていたら、列車での避難も可能だったはずである。が、その道も完全に絶たれ、難民たちは山とか湿地帯を死と隣り合わせで逃げなければならなかった。千人を越す難民はほとんど年寄りと婦女子。その中には生後間もない乳児、臨月を迎えた妊婦も含まれていた。

中川村を逃げて四日目、一行は八月十九日に依蘭《イラン》県の太平鎮《ダイヘイチン》に着いたが、行進の途中には人馬の死体が累々《るいるい》とし、敗戦の悲惨をみせつけていた。

「持ってた食糧はなくなってましたから、畑にあるキュウリとかトウモロコシを取って食べたりね。たまに兵隊がいなくなった軍の兵舎があったりすると、我れ先に駆け込んで塩とか味噌とか、残っている食糧を仲間同士で奪い合いですよ。

そうかと思うと喉《のど》がからからに渇いちゃって、靴《くつ》の跡に溜《たま》った雨水をすすって飲んだりね。同じ開拓団の中に、おなかの大きい三十ぐらいの女性《ひと》がいて、逃げる途中産み落とし、処分したって言うんですね。逃避行が四日、五日とたつうちに体力のある人と弱い人の差が出て、小さい子どもを三人も四人も連れている女性《ひと》なんか付いて行けやしません。そのうち道端に置き去りにしたり、赤ん坊を絞め殺す人もあったです。もっとも団の方から足手まといになる子どもは始末するようにいわれていましたからね」

逃避行の悲惨は緩まなかった。行く先々の中国人集落には、中国兵やソ連軍が控えていて日本人は近づけなかった。飢餓の行進だったから声もなく地面に座り込んだまま落伍《らくご》していく女、子どもも多かった。

高野さん母子《おやこ》がいた難民一行が日本の敗戦を知ったのは八月三十一日。大人たちの中には日本の降伏を地に伏して悲しむものもいたが、高野さん母子には敗戦を悲しむ余裕などなかった。

略奪と〝女狩り〟の日々

「一番下の三江子が死んだのは敗戦を知った後、方正《ホウセイ》県に入ろうとしていたときでした。二歳のちっちゃい体で、飲まず食わずですから、生きられるはずがありません。栄養失調ですよ。私は見届けていませんが、おんぶしてたお袋が途中のトウモロコシ畑に埋めてきたって言うんですね。みんなが弱ってましたから、妹が一人いなくなって悲しいなんて感情も起きなかったです」

相当数の犠牲者を出していた中川開拓村の一団が、ソ連軍に捕まって武装解除されたのは三江省方正県の有山地区に入ったときだった。武器を棄《す》てた団員はソ連軍に連行され、同じ方正県の伊漢通《イカンツウ》開拓団の本部建物に収容された。

すでに九月に入り北満には秋風が立っていたが、夜具もなく乏しい食糧から栄養失調による死者が後をたたなかった。それに加え中国人による子どもの略奪とソ連兵による〝女狩り〟が昼夜を問わず頻発《ひんぱつ》し、助けを求める女の悲鳴が絶えなかった。

「女であれば昼間でも夜でもおかまいなしですよ。銃を突き付けられて四人も五人もで犯すんですから。泣き叫ぶ声を毎日何回も聞いたです。いくら助けを求められても手を出すことができない。敗戦国民ってのは情けないもんです。それと、伊漢通の収容所では、よく子どもがさらわれましたよ。中国人の間では日本人の子どもは優秀って言われてましたからね」

中川村の団員が八月十六日開拓村を離れた時点、その数は堀口団長以下三百三十八人だったが、逃避行を続けた一行が伊漢通の開拓団跡に収容されたときは、六十四人が死亡または行方不明となり、生存者は二百七十四人に減っていた。

中川開拓団の銘々は行動を共にしてきた他の開拓団員とともに、家主のいなくなった開拓団本部で、冬を越すことになったが、日ごと寒さが加わっても、暖房の設備はおろか、マッチすらない状態だった。だから、原始生活同様、木と木を擦《す》り合わせて火種を作り、わずかに支給される高粱をゆで、飢えを凌《しの》いだ。

十月に入り寒さが増すようになると、団員の中には近くの中国人のもとに働きに出るものも出はじめていた。働いた分を食わせて貰《もら》う——生きるための非常手段だった。高野さん母子もそれに倣《なら》った。

「伊漢通の開拓団跡から少し離れた農家だったたです。そこの家族は、おじいさんと中年の夫婦。十七歳の男の子。十四、五歳の娘がいましてね。お袋と姉はお勝手とか洗濯《せんたく》を手伝い、私は家畜の世話をさせられたです。親切にしてくれましてね。食事も夜具もそこの家族と同じものでしたよ。着せてもくれましたし、母子五人が食べさせて貰ったんですから命の恩人です。

ところが暫《しばら》く世話になるうち姉を息子の嫁に欲しいって、そこの親が言い出したんです。姉はまだ十六歳でしたから、そんな気持になんかなれやしません。できないって断っても、どうしても嫁になれって言うもんですから怖くなりましてね。

敗戦の年が明けた二月の寒いときでしたよ。朝早い、まだみんなが寝ている隙に母子五人で逃げたんです。気づいたそこの中国人が途中まで追いかけて来ましたがね。雪が積もった寒い朝でした」

二月の北満と言えば地上のものすべてが凍り付く厳寒の季節。高野さん母子が中国人の家から逃げて、もといた伊漢通の開拓村に戻ったとき、そこでみたものはこの世とは思えぬ地獄の光景だった。

食物と子どもを交換する

「人間の死体が野ざらしで山積みにされているんですよ。冬をそこで過ごした人たちの死骸《しがい》なんです。誰《だれ》かが盗《と》ったんでしょう、着ていたもの、身に付けてたもの全部剝《は》がされちゃって、それはひどいもんです。女も子どもも裸にされた死体がカチカチに凍って材木置場みたいになっているんですよ」

母子五人のうち十歳になっていた次女の宮子さんが中国人に貰われたのは、伊漢通の収容所に戻《もど》って間もなくだった。このころになると殺気立っていた空気は一応おちつき、子どもが略奪されるような事件はなくなっていたが、困った日本人家族から子どもを貰おうとする中国人が後をたたなかった。そして多くの日本人の子どもが産みの親を離れ、中国に残された。けれど、仮に親が子どもとともに必ず日本へ帰れる、という確信を持ち得ていたら、我が子を異土に残すような親はいなかったはずである。中国に取り残された日本人残留孤児は内地への帰国はおろか、明日の生命すらわからない極限状態の中で生まれている。宮子さんもその中の一人だった。

「寒いときでしたからね。宮子は風邪を引いてしまって。寝ていても食べるものはないし、そんなとき中国人が食べものを持って貰いに来たんですよ。お袋は『このままにしてたら死んでしまう。生きていてくれさえすればいい』そんなふうに判断したんですね。宮子が貰われていくとき、お袋だけ貰われ先へ付いて行ったです。相手は豆腐屋さんだったっていいますがね。別れるとき宮子は『お父さんが（兵役から）帰ったら迎えに来てね』って、お袋に言ったそうです。お袋がこのとき米と味噌を貰ってきたのを覚えてるんです。宮子は私たちのもとを離れるとき赤いクーニャン服を着てたように思います」

宮子さんが家族のもとを離れ、幾日かがたつうち寒さも緩み、寒さを避けてあちこちに散っていた難民家族も、次第に戻ってくるようになっていた。

間もなく春が来て伊漢通の開拓団跡に草木が淡い緑の芽を付けたが、避難民は先を争ってそれらを摘み、空腹を補うために口に入れた。春が来ても開拓村の飢餓は緩和されなかった。

中川村を脱出してから内地への引き揚げを念じて団を取り仕切っていた堀口団長は、ソ連軍の武装解除のとき連行され、以後、団の組織は解体していたから、残された団員はそれぞれ家族単位で、生きのびるための知恵を編みださなければならなかった。

哈爾浜《ハルビン》まで出れば帰国できるかも知れない――意見がまとまって伊漢通開拓団跡の収容所を出発したのは二十一年の五月。逃避行の苦しみは以前と変わらなかった。

次男で六歳の実ちゃんが宮子さんと同様、中国人のもとに貰われていったのは、高野さん母子が旧浜江省《ヒンコウ》延寿《エンジュ》県の、加信子《カシンシ》という集落まで移動したときだった。


「伊漢通を出てからは治安がいくらか落ち付いて、殺される危険はなくなりました。けれど、食べるものがないから空腹と疲労でいつ死ぬかわからない状態なんですよ。途中、中国人の村を通るようになって、私たちが村に着くと、必ず大勢の中国人が集まってきて、子どもをくれって言うんです。饅頭《マントー》とか、いろいろな食べ物を持ってきて、子どもをくれってね。飲まず食わず、飢えた人間は食べるものに眼《め》がくらむんですよ。もう食べさせて貰えればいいって。食べ物に釣《つ》られて貰われて行く子どもがずいぶんありました。実もひもじかったからでしょう、食べられるんなら行くって、自分から進んで貰われてったようなところがありました。

相手方は王連樹っていう大工さんで、姉弟《きょうだい》で育てたいからって、同じ開拓団にいた岡田さんの娘さんが一緒に貰われたんです」

二人の妹弟と生き別れ、母親のタツノさん、姉のタニコさんと三人になった伊喜夫さんは、その後も母子で逃避を続け、哈爾浜市の近くまでたどり着いた。そして、中国人の肉屋、飯店（食堂）などで働きながら、行動を共にしてきた同僚と引き揚げの機を待った。

哈爾浜市の郊外に散らばっていた生き残りの団員と高野さん母子に、内地引き揚げの情報が伝わって、哈爾浜駅から列車で錦州《キンシュウ》の葫盧島《コロトウ》に向け出発したのは昭和二十一（一九四六）年の八月だった。母子三人乞食《こじき》のような姿。詰め込まれた列車は荷役用の無蓋車《むがいしゃ》だった。

安堵《あんど》、そして後悔

「哈爾浜から葫盧島まで一カ月かかったです。走り出したかと思うとすぐ止まる。一度停車するといつ走り出すのかわからない状態でしたけど、降りたら最後、帰れるかどうかわからない――そう言われて丸一カ月、雨ざらしの貨車で寝起きしたです。

列車が停車すると中国人が食べ物を売りにきて、それを買って食べたです。哈爾浜の郊外にいたとき働いて溜めたお金がいくらかありましたからね」

高野さん母子が葫盧島を発《た》って九州・佐世保《させぼ》港に着いたのは、昭和二十一年十月六日だった。北満の開拓村から逃げて一年一カ月、厳しい寒さと飢え、現地民の襲撃をくぐって内地へ生還できた中川村団員は、敗戦時、現地にいた四百七十人のうちわずか百八十八人にしかすぎなかった。この数字をみても高野さん母子にとって内地への帰還は幸運中の幸運だった。それだけに日本の土を踏めた喜びは大きかった。けれど、その喜びも郷里の秩父におちつくころにはすっかりさめたものになっていた。内地へ戻ることができた実感と引き替えに、中国に残してきた宮子さんと実さんへの悔恨が高野さん母子の心の中で増幅していたからだ。

「生きて内地へ帰りたい——ただそれだけでしたから、佐世保に上陸したときは嬉《うれ》しかったですよ。でも、おちついてからは二人のことが気になりましてね。

無理したからでしょう、お袋は引き揚げて、たった五カ月目の昭和二十二(一九四七)年二月二十三日に亡《な》くなりました。シベリアに抑留されていたおやじから『帰る』って言う電報を受けながら待てなかったです。苦労しましたから残念でした。おやじはお袋が死んで二カ月後に帰ったんです。そのおやじも昭和四十二(一九六七)年に亡くなってますが、おやじもお袋も、残してきた子どものことは最後まで頭を離れなかったと思うですよ」

中国に残留し死亡宣告がなされていた宮子さんと実さんのうち、実さんの身元が判《わか》ったのは昭和五十一(一九七六)年八月だった。実さんは黒竜江省延寿県安山で預けられたときの養父、王連樹さんと養母、邵風栄さんに、王喜の中国名で育てられ、やはり、現地に取り残された日本人孤児、川村拓子（中国名、張桂芳）さんと結婚して、五人の子どもの父親になっていた。

実さん家族は五十二年十月、兄の伊喜夫さんが住む埼玉県秩父市へ永住帰国したが、このとき養父の王さんはすでに逝《い》き、実さんは妻の拓子さんと五人の子ども、それに養母の邵さんを連れて引き揚げた。が、邵さんは中国奥地からの長旅と慣れない環境が災いしてか、日本へ来て二カ月後の十二月五日急死し、遺骨は高野家の墓地に埋葬された。

実さん家族はその後、親族の援助のもと、日本の生活に溶け込みつつある。しかし、一方の宮子さんは生き別れて三十九年が過ぎた今もなんの手掛りも摑めていない。

「実の方はいい養父母に恵まれて、日本人同士の結婚も養父母が勧めたらしいんです。宮子は生きているのか死んでしまっているのか、全く消息が摑めません。

東京に嫁いでいる姉（タニコさん）が敗戦翌年の冬、伊漢通で中国人の世話になったときのこと――その家の主人から『嫁になれ……』って迫られたことをよく口にするんですがね。もし、あのとき、そのまま受け入れていたら家族がばらばらにならずにすんだかもしれない。だから宮子は私たちの身代りになったんだってね。

もし生きていたら、すぐにでも飛んでいって会いたいです」

▲渡満した入植者は山間僻地からの農民が多かった

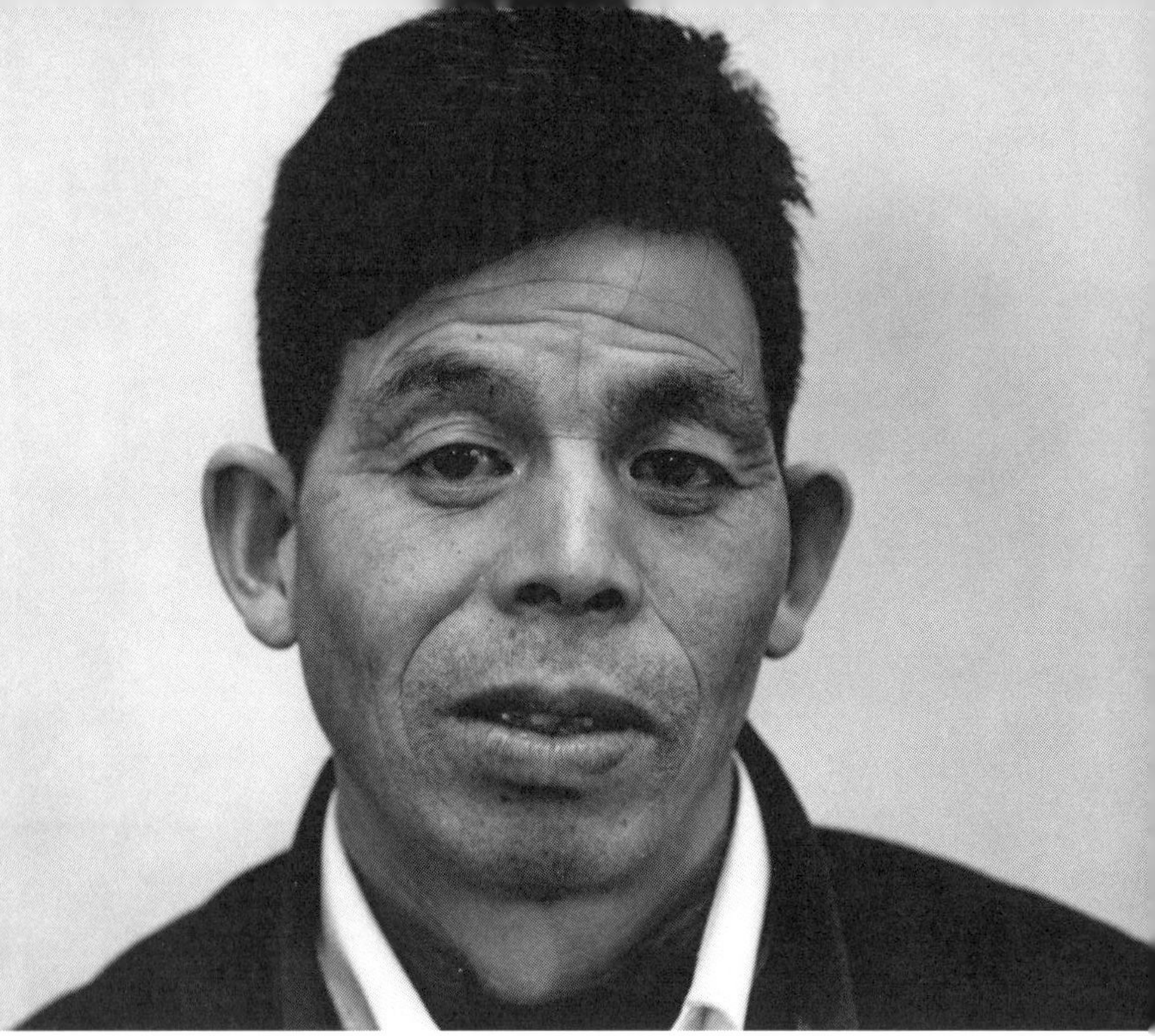

羅永祥（ロゥ・ヨンシャン）

黒竜江省方正県

日本の家族は旧三江《サンコウ》省方正《ホウセイ》県にあった開拓団の一員だったという。かすかな記憶では私の日本名は「ショウジロウ」あるいは「コキチロウ」。父母と姉の他《ほか》、内地に二人の姉と兄が一人いて、私が三歳のころ父が死亡し、母は七歳のころ行方不明になった、と聞いている。

開拓団で姉と一緒に過すうち、ソ連軍が進攻し、村の人たちとともに避難した。私はこのとき十歳ぐらいだったが、逃げる途中姉とも別れ、方正県の吉利《キツリ》という村で養父の羅景貴に保護された。農民

だった羅は温情のない人で十二、三歳のころから大人と一緒に働かされた。小さい体だったから大人の仕事にはついていけず、よく叱《しか》られた。叩《たた》かれ殴られ、そのたびに泣いた。泣いて泣いて泣くことで辛《つら》い思いを癒《いや》すしかなかった。そんなとき想《おも》い起こすのは日本のこと、面影《おもかげ》もわからない姉や兄のことだった。

　実母や逃げる途中行方不明になった姉はどうしたのか――内地に残っていた姉と兄がいたら会いたい。農業を営み二十二歳の娘を頭に一男二女がある。

　八七年二月、肉親調査に日本を訪れたが手掛りは得られなかった。

佟淑琴（トン・シュウチン）

黒竜江省木蘭県

　小さいころから周囲の子どもから「日本鬼子《リィベンクイズ》……」となじられ、いじめられた。だから自分が日本人らしいことは早くからわかっていた。けれど、それを口にするのは怖いようで養父母に質《ただ》すことはできなかった。

　義理の姉から貰《もら》われたいきさつなど聞いたのは一九八六年のこと。それによると敗戦時私には父母と姉、兄が一人いたらしい。父母は避難の途中、旧浜江《ヒンコウ》省巴彦《バゲン》県の市街で亡《な》くなり、兄はわからないが姉は同じ県の西偉鎮《セイイチン》で食堂を開いていた中国人に貰われた。私は当

時二歳ぐらいで、最初、裕福な中国人に引き取られたが解放戦争で一家が離散し、その後、蘇という中国人の世話で農民の佟宝山のもとへ引き取られた。養父母は何ごとにも辛《つら》く当たる人で、実の親を思っては布団《ふとん》の中でよく泣いた。生活が苦しかったから十七歳（推定）のとき農民の夫と結婚した。一男三女を産み、長女は結婚して孫がいる。

八七年二月、肉親調査に訪日したが身元はわからなかった。養父母は亡くなっているので、できたら日本へ帰りたい。が、肉親の手掛りもなく病弱の夫を思うと……。どうしたらいいのか悩んでいる。

李文君（リイ・ウェンヂン）

黒竜江省佳木斯市

養父母とも死亡するまで口にしたことはなかったが、私が日本《リィベン》人《リェン》、との噂《うわさ》は幼いころから近所の大人や子どもから聞いていた。けれど、私は養父母を産みの親と信じていたので、中国人のはずなのになぜ日本人なのか、この陰鬱《いんうつ》な疑問がいつも頭を悩ませた。

養父の李兆福は日本の敗戦まで満鉄に勤め建築関係の仕事に就いていたという。養母は範素琴と言い、二人には子どもがなかったので日本人の私を自分の子として育てた。養父母が私が日本人であることを最後まで隠したのは絆《きずな》へ

の配慮もあろうが、それ以上に「侵略者の子ども」に対する周囲の目を怖《おそ》れたからだ。

　養父母が亡くなった後、近隣から聞いた話によると、私の実家族は父母の他、二人の兄と姉が一人。旧三江省のどこかの開拓団にいたらしく、私は敗戦の年の九月ごろ、同省佳木斯《チャムス》市暁雲《ギョウウン》街鉄路地区の給水塔の近くで預けられたという。貰われたとき三歳ぐらい、というだけで具体的な資料は何もない。

　妻と一男一女。佳木斯市内の機械工場で主任を務めている。一九八八年二月、肉親を求めて訪日したが手掛りは得られなかった。

陳桂芳（チャン・グイファン）

黒竜江省勃利県

ソ連軍が進攻した一九四五年八月、旧三江省依蘭《イラン》県烏渾屯《ウキトン》の道端で私を拾いあげてくれたのは、近くで農業をしていた中国人の陳学だった。私は陳家の養女となったが、日本人《リィベンリェン》であることは子どものころから知っていた。

八三年三月、肉親調査の訪日団に参加した際、思い続けてきた親族と再会でき、私の日本名は坂口玲子と判明した。

戦後シベリアから復員し、新潟県・塩沢町に住む実父（原沢淳市＝旧姓坂口）によると、日本の家族は父母と姉が一人で、ソ連参戦

まで旧東安省林口《リンコウ》県の林口街に住み、満鉄に勤めていた父は敗戦間《ま》際《ぎわ》に召集を受け家族のもとを離れた。

ソ連の進攻が伝わって、母は二歳だった私と九歳の姉を連れ林口を逃げたが、逃避行が苦しかったからだろう、私は途中で取り残された。母と姉はその後日本への引き揚げを目指したが、母は途中、瀋陽《シンヨウ》の難民収容所で死亡し、一人、引き揚げ船に乗った姉は佐世保《させぼ》に上陸して五日後、市内の病院で死んだという。

六三年に二十歳で結婚し、いま私は黒竜江省勃利《ボツリ》県の勃利駅で電話交換手を勤め、主人の李瑞琪は同じ駅で貨物の業務についている。

宮下正江

吉林省梨樹県

父の名前は宮下三郎、母はあや子といった。中国へ渡る前、父は農業と炭焼きなどで家族を養っていた。郷里は長野県で家は草ぶきの屋根、裏は田んぼ、近くに炭焼き小屋があって澄んだ小川が流れていた。小学校に四年生まで通い、一九四二年ごろ父に連れられて旧東安省勃利県の開拓村に来た。家族は父母と兄、姉、妹がいたが中国に渡ったのは父と私と妹の三人だった。開拓村に来て父は農業につき、私と妹は村の小学校に通っていたが、二つ年下だった妹は敗戦前に病気で死んだ。四五年八月、

ソ連軍の進攻で開拓村を追われ奉天（瀋陽）まで来た。一緒に逃げた父は私を残して収容所で死んだ。

鉄道で働いていた中国人の尹根深に貰われたのは十五歳のときだった。六年後、二十一歳で結婚し夫の岳殿文との間に四人の息子と二人の娘がある。吉林省梨樹《リジュ》県石嶺水泥《セキリョウスイデイ》の煉瓦《れんが》工場で働いている。

――二男を連れた宮下さんは中国語で話したあと幼児のような日本語でつけ加えた。

「ニッポンノオカアサン、ニイサン、オネエサン、キットイキテルヨ……」

闇《やみ》の中の奇襲

春原《すのはら》のぶ子さん

枯野が霜で白くなる十一月初め、避難民の一行は、そこでの越冬を危ぶんで、吉林《キツリン》市方面への脱出を決めた。人員名簿を整え、犬の肉を混ぜた塩味の大根汁《だいこんじる》で久しぶりに空腹を満たし、明かりのない真暗闇の中で最後の夜の睡眠に就いた。

その夜現地民が突然襲ってきた。闇の中に悲鳴があがり、のぶ子さんは無我夢中でそこから逃げた。それまで死線の逃避行を共にしてきた母親と弟とは、このとき散り散りになって、その後の消息は跡絶《とだ》えたままとなった。

昭和十九年五月三十日出発

永島母子《おやこ》が満洲《まんしゅう》への移住を決心したのは昭和十九（一九四四）年。太平洋での戦況が日増しに悪化している最中だった。

それより三年前の十六年二月、薪炭商《しんたんしょう》だった父親の精治さんが心臓発作で亡《な》くなり、永島家族は母親のきとさんと長女ののぶ子さん、のぶ子さんの下に長男の忠次、次男の武治さんがいた。

長女ののぶ子さんは長野県上田市の尋常高等科を卒業すると、地元の鐘紡《かねぼう》に就職し、検査課の事務員として勤めていた。当時米一升が五十五銭から六十銭ぐらい。のぶ子さんの月給は十二円だった。母親のきとさんも、小さな製糸工場で糸繰《いとく》りとして働いていたが、男手のない母子家庭、生活は楽ではなかった。そんな時代に最初満洲への移住を思い立ったのは、のぶ子さんだったが、まだ少女だったのぶ子さんの夢を駆り立てたのは、先に北満に入植していた母方の叔父が里帰りの際、現地で獲《と》れた雉《きじ》を土産に持ってきて「満洲にはこんな雉が雀《すずめ》の数ほど飛んでいる」——そんな話をしてくれたことだった。

「とうさんが亡くなってから、安い給料で会社勤めしていてもしょうがないし、満洲へ渡ったらどうかなあ、と思うようになってね。だけどかあさんは賛成じゃなかったです。でも、わたしはどうしても行きたい気がして、一人でも行くって言ったら、かあさんは『お前一人でやるわけにはいかない。お前がどうしても行くんなら、かあちゃんも行く……』そういって、一家で出掛けることに決まったんです。

満洲の叔父さんとは手紙でやり取りしてました。その中で叔父さんは『甘い考えだったら来ちゃいけねえ。第一線地区だから、いつ命を落としてもいいって考えだったら来たらいい』そう言ってました。

上の弟はその年の春、高等科を卒業し、安曇野《あずみの》の昭和電工に仕事が決まってましたから、やっぱり満洲へ渡るのを嫌《いや》がったんです。でも最後には同意してくれました」

母子四人の満洲行きが決まったとき、長女ののぶ子さんは満十七歳。まだ大人になり切っていない彼女が、満洲移住をかたくなに思い詰めた背景には、叔父が持ち帰る土産話の他《ほか》に、当時巷《ちまた》に流布《るふ》されていた「大陸にはいい生活がある――」という渡満を奨励する世相があった。

「店はとうさんが亡くなって後、たたんでましたから、上田を発《た》つときの仕度は簡単でした。かあさんが役場へ行ったり、県庁へ出掛けたりして渡航の手続きをしたんです。他人《ひと》に聞きながらだから大変だったと思いますよ。もちろん、出掛けるときは、一家で満洲へ骨を埋めるつもりでした。

タンスとかいくらかの家財道具は別便で送ったです。父の位牌《いはい》と貴重品、衣類なんかを入れたトランクをあたしが持ち、弟はリュックサック。かあさんは手提げ袋とバスケット。あのときは細長い食パンをパン屋さんでいっぱい買い込んで、途中の食糧にしたんです。上田（信越線）の駅を出発したのが、終戦一年前の昭和十九年の五月三十日でした。かあさんは下にモンペをはき、上は着物で作った〝標準服〟。あたしもかあさんと同じ服装で、二人の弟は詰め襟《えり》の学生服でした。現金は七十円ぐらい持ってたように思います」

太平洋戦争の戦況が日ごと悪化していたときだけに親戚《しんせき》筋は「今更満洲でもないに……」そういって反対したし、のぶ子さんが勤めていた鐘紡の友だちも賛成しなかったから、出発には隣り組のものが見送ってくれただけで、寂しい門出だった。現在のように魔法ビンなどという便利なものは手にできなかった時代である、飲料水を運ぶために、清酒用の一升ビンに井戸水を詰め、誰《だれ》ともなしにそれを持った。

一瞬にして〝夢〟は吹っ飛んだ

新潟港からの船は「月山丸《がっさんまる》」といい、船内は満洲、朝鮮方面に渡る客でいっぱいだった。出港の六月一日はよく晴れ上り、船は夕方岸壁を離れた。

永島家族は外を見渡せるキャビンに納まり、母子《おやこ》水入らずの船客となったが、母親のきとさんは無口な性分だったし、内地を離れる感傷がそうさせたのだろう、誰も進んで言葉を交わそうとはしなかった。エンジンが始動してどのくらいたってからか、キャビンの外から「佐渡《さど》が見えるで……」そう聞こえて、のぶ子さんが丸い窓越しに外を覗《のぞ》くと、真黒い海に薄く霞《かす》んだ島影が見えた。上田の駅を発ってから船客になるまで感傷の暇《いとま》もなかったのぶ子さんは、かすかに見える佐渡の島影に内地との離別を感じて大粒の涙を流した。

「着いたのは朝鮮の清津《セイシン》でした。接岸したのは朝だったですが、最初にびっくりしたのは、荷役の岸壁に大豆とか小豆《あずき》がいっぱいこぼれていて、それを大人や子どもが箒《ほうき》で集めて拾ってるんです。物が豊かなんだなってね。それでも、やっぱり不安でした。初めての旅でしたから、無事に着くだろうか不安が、たえず頭から離れなかったです。
清津からは列車でした。客席がばかに大きくて、大蒜《にんにく》の嫌な臭《にお》いがするんですね。列車に乗ってる時間が長くって、おなかが空《す》くたびに持ってきた食パンを出して、砂糖をつけて食べたです。列車に乗り詰めですから水の補給ができないんです。だもんで、持ってきた一升ビンの水を四人でちょっとずつ大事にして飲みました」

永島母子の渡満は相談にのってくれた叔父を頼っての縁故移民でもあった。
叔父の春原《すのはら》文吾郎さんは昭和十二年（一九三七）年、旧東安省密山《ミツザン》県に入植した黒台信濃《コクダイしなの》村開拓団の一員で、家族はのぶ子さんの祖母に当たるタツさんと文吾郎さんの奥さんのよしきさん。夫婦の間に三人の子どもがいて、一家六人の住居はソ連領、ウスリー州の国境に近い黒台信濃村の七区にあった。

「叔父さんから教えられてた黒台駅に着いたのが、六月四日か五日の昼ごろでした。列車から降りたのはあたしたちだけなんです。屋根をコンクリートで固めたトーチカのような駅で、外に出てみると、緑の平野がどこまでも広がっていて、近くには家一軒ないんです。どうしていいかわからないもんで、持ってきたパンを四人で食べて、一升ビンの水を飲みつくしたんです。よくよく見ると、かすか遠くの方に家らしいものが見えるので、四人で当てずっぽうにそっちの方に歩いたです。歩いているうちに文吾郎叔父さんと同じ開拓団の岩佐さんていう人にばったり会えて——岩佐さんが言うには『よく満洲に来られたなぇ。文吾郎さんに話してあるかね』って言うから『話してないです』って言ったら『それはまあびっくりするわね』って……。

岩佐さんが話すに『向こうに見えるのが同じ村の石原さんの家だに、そこへ行って休ませて貰《もら》ったらいい』そう言ってくれたです。

石原さん夫婦もあたしのかあさんを見て『まあ、おばさん、よく来たに……』そう言って、そこで抱き合って泣いたですよ」

文吾郎さんの住宅は石原さん宅からまた暫《しばら》く離れた中国人集落の中にあって、迎えに来てくれた馬車《マーチョ》が家族のもとに着いたのは、真赤な太陽が沈んだ後だった。

その晩は配給になったという肉と、野菜の炒《いた》め物。白いご飯と味噌汁《みそしる》で持て成されたが、のぶ子さんの目に映った叔父さん家族の生活は、内地で想像していた豊かな満洲とは、ひどく掛け離れていた。

土の壁に草ぶきの屋根、ひと間しかない八畳ほどの部屋にはアンペラ（むしろの一種）が敷かれ、土間の天井に煤《すす》けた石油ランプが下がっていた。

水道もなく、入浴さえたまにしかできない、牛馬のように働くだけの土塊《つちくれ》との生活——これが七年間も頑張《がんば》ってきた開拓農民の現実だった。が、のぶ子さんの母親きとさんは、弟、文吾郎さんのそうした生活をみて嘆くでもなく、おばあちゃんのタツさんと弟の近くで暮らせる満洲の生活を、むしろ喜んでいるように見えた。

「叔父さんのもとで世話になったのは一カ月ぐらいでした。あたしは西東安《ニシトウアン》にあった関東軍二六四四部隊管轄の営外酒保《しゅほ》――酒保っていうのは、軍人、軍属のための購買部ですが、そこに事務員で働くことができたんです。与えられた官舎には電気、水道、家具まで付いていて、燃料の石炭は余るほどありましたし、月給は九十九円も貰えたんです。

暫くしてかあさんも軍人官舎の賄《まかな》い婦で働き、あたしと同じくらい給料がありましたから、貯金は面白《おもしろ》いようにできるし、ほんとに夢みたいな生活でした。

あたしたちはかあさんと、東安の在満国民学校に通う下の弟と三人で暮らし、上の弟は、そこから二十キロほど離れた信濃村開拓団の本部詰めで働いていたんです」

のぶ子さんが手にできた官舎付、月給九十九円は、内地の鐘紡で貰っていた同じ十二円と比較すれば、正に破格の金額で、九十九円のうちの五十円は天引きで貯金ができた。

のぶ子さんが勤めていた酒保には肉、魚、酒、無いものはなかった。豊富な物資はなんでも手にできた。

年が明けて昭和二十（一九四五）年の春ごろになると、内地の友人から暗い戦況を知らせる手紙が届き、日本海に機雷が浮遊する、などの情報が伝わり始めたが、国境の街、東安は平和を装い、物資が不足するようなこともなかった。が、そんな平穏な生活もそう長くは続かなかった。

内地を離れる前、叔父の文吾郎さんが手紙で伝えてきた「満洲へ渡るなら命を捨てることも覚悟しろ」という不吉な忠告が現実のものとなるまで、永島母子が東安の地を踏んで一年半とかからなかった。

「かあさんも喜んでくれたし、満洲へ渡ってよかった、そう思ってたんです。でも、喜べたのも、ほんの束《つか》の間《ま》でした。はっきり覚えてるんですが、八月九日の午前二時二十分でした。ソ連の飛行機が近くを爆撃したんです。最初は何かの間違いだろう、なんて言ってましたが、朝早く職場に出ると、もう不穏な空気なんですね。これはいけない、と思って開拓団本部の弟に連絡を取ろうとしたら、電話が通じない。結局、上の弟（忠次さん）とは連絡が取れないままでした。

昼前、十一時過ぎでしたか、二六三九部隊の見習い士官が酒保に来て『お前ら一体何やってんだ。早く逃げられるところまで逃げろ！』そう言われていったん官舎に戻《もど》り、かあさんと下の弟（武治君）を連れて逃げたんです。内地から持ってきたトランクに父の位牌と、千円ぐらいになっていた貯金通帳、それに、いくらかの着物を詰めただけですから、着の身着のままと同じです。

官舎を出るときかあさんが『これからどうなるに……』って、言うもんだで、あたしは『生きられるところまで逃げればいいに……』って言ったんです。一緒に逃げたのは同じ官舎街にいた五十人ぐらいだったと思うんです。部隊の主任クラスの人が先導して、とりあえず西東安の駅を目指したんです。普通は歩いて二十分ぐらいの距離なんですが、爆撃がひどくって、そのたびに高粱《コーリャン》畑に避難するもんですから、ちっとも前に進めない。官舎を出たのが午後の一時ごろで、西東安の駅に着いたのは夕方でした」

ソ連軍の進攻は永島母子にとっても寝耳に水だった。西東安の駅は列車を待つ避難民でごった返し、すでに混乱状態に陥っていた。

母親のきとさんとのぶ子さん、弟の武治さんの三人が、すし詰めの有蓋《ゆうがい》列車に乗ることができたのは八月九日の夜。難民を積んだ列車は闇の中を牡丹江《ボタンコウ》方面に向けて発車したが、途中ソ連軍の攻撃に阻《はば》まれて、列車はなかなか進めなかった。列車が立往生するとソ連の兵隊が列車に割り込んできて、現金、時計など、略奪がほしいままになされていた。

このときののぶ子さんの記憶は、ひどい混乱と夜のため、その後、吉林省の蛟河《コウガ》付近で下車させられるまで、列車がどの路線を走ったのかはっきりしない、が、『満洲開拓史』は、この時の情況を「八月九日軍家族、一般邦人は列車で東安駅を出発、鶏寧《ケイネイ》——牡丹江——哈爾浜《ハルビン》の経路で避難したが、その後、このうちの難民約半数は蛟河を経由して敦化《トンカ》へ南下した」と記している。

「日本の敗戦は蛟河の公民館のようなところで聞きました。ラジオで聞いたんですが、集まったみんなが黙ったままでした。三十五、六歳の女の先生でしたが、放送を聞いて『やっと主人のところへ行ける……』って言ったんです。そうしたら、そこにいた年輩の男の人でしたが『何を言ってんですか、奥さん。戦争はこれからですよ……』って言ったのを覚えているんです。満洲には八月十五日が過ぎても、日本の敗戦を信じなかった日本人が相当いたんです。

このころから腹痛がひどくなって盲腸とわかったんです。八月十八日でした。劇場跡の野戦病院でしたが、日本人の軍医さんに手術して貰い、そこに四日間いたんです。傷口が塞《ふさ》がってなかったですが、ソ連兵が入って来て、寝てなんかいられないんです。仕方なく、そこにいた十六人の人たちと敦化県の飛行場に向けて移動しました。手術の傷口を押さえて歩くんですから大変なんです。途中、ソ連兵に出会うと両方の人差指で赤十字を示して歩きました。

飛行場はあっちこっちから集まってきた日本人の難民収容所になっていて、あたしたちはそこに一週間くらいおったです」

飛行場での食糧は米を混ぜた高粱のおにぎりが一人一個、一日二回支給された。

ここでもソ連兵の略奪強姦《ごうかん》が夥《おびただ》しかった。目ぼしい物はすべて取りあげられ、目を付けた女を面前に引っぱり出して、着ているもの、はいているものを引き裂いて、三人も四人もが寄ってたかって犯すのだった。力もなく肉欲の餌食《えじき》にされた女たちは恨みも哀れも喪失し、ただ植物人間のようになって勝者の強制に服していた。

のぶ子さん母子は一週間ほどでそこを離れた。どれくらい歩いたろうか、目標もなく歩くうち、蛟河県の青溝子《チンコウズ》開拓団跡にたどり着いた。途中には、兵士か民間人か識別が付かない日本人の死体が累々《るいるい》と続き、衣服も付けないそれらの遺体は、八月の炎天にさらされて腐敗が進んでいた。

東安を離れてからトランクにしっかり仕舞っていた父親の位牌は、やはり持ちこたえられず、途中の河にトランクごと流してしまっていた。

このとき、のぶ子さんはズボンをはき、日本兵の上着を身に付けて坊主頭《ぼうず》。それがソ連兵から女を守る知恵だった。

たった一人で引き揚げ船に乗り……

「このころには盲腸の傷もほとんど治って、あっちこちから集まった、二十人ぐらいの日本人と一緒になって逃げたんです。かあさんも弟も元気でした。

青溝子には日本人の開拓団跡があって、崩れかけていた一軒家をみんなで修繕して、ここに二カ月ぐらいいたんです。まだ収穫前で稲とかジャガイモがありましたから、割合長くいられたんです。

そこに居着いてから十日ほどたって、日本軍の服装をした二十人ぐらいの群団が丘の方から来たんです。みんな最初『日本軍が来た……』って喜んだですが、それが暴民だったんですね。わあっと襲ってきて、男の人は後ろ手に縛られちゃって『持ってる物を出せ！』って。殴るわ蹴《け》るわですよ。その上、唐辛子の水を飲ませたり、あたしたちは恐ろしくて、もうぶるぶるふるえているしかないですよ。そんなして、金目のものは根こそぎ持って行っちゃうんです。

そんなことがあってからも、近くの朝鮮人の農家で働かせて貰ったり、最初はここで冬を越すつもりでした。ところが暴民に何回も襲われるし、吉林の方に出ようって話になったんです。敗戦の年の十一月三日か四日でした。途中で何人か増えて二十五、六人になっていた名前を、改めて確認し、明日出発しようという晩、最後の夜だからって、犬の肉を入れた大根汁をみんなで食べて寝たんです。

かあさんとは逃げる途中いつも『もしも生き別れるようなことがあっても、お互いに内地に向かって逃げよう』って、言ってたんですが——ランプもない真っ暗な中でみんなが寝静まったころ、九時か十時だったと思うんですよ。外がざわざわし始めて、そのうち誰《だれ》かが『匪賊《ひぞく》だ……』って。みんな我れ先に逃げたです。あたしのすぐ脇《わき》にいたかあさんが『かあちゃんのことなんかいいから早く逃げろ！』って。そう言われたことが三十九年たった今でも頭から離れないんです。

もう自分の身を守ることで精いっぱい。真っ暗な中を無我夢中で逃げたですから、一緒にいた人たちがどうなったのか。かあさんも弟もこのとき生き別れたままなんです」

十一月の満洲はすでに冬。のぶ子さんは凍《い》てつく夜の原野を目標もなく歩いた。闇の中をどこをどう歩いたのか。動転していた気持がいくぶんおちつき、何時間か前まで一緒だった母と弟がいないことに気づいたときは、もう夜が明け始めていた。

たった一人の自分に気づき「これからどうすればいいのか……」まず、そう思った。なぜか悲しみは湧《わ》かなかった。

寒さにふるえながら霜で白い枯野を彷徨《さまよ》ううち「どんなことになっても内地を目指そう」――ことあるごとに交わした母親との約束を思い起こしていた。

どこをどのくらい歩いたのかわからないが、敦化《トンカ》県額穆索《ガクボクソウ》のある集落に出て、行き当たった中国人の家に救いを求めた。

「三夫婦が一緒に住む大きな農家でしたけど、ご飯炊《はんた》きをさせてくれたんです。言葉は通じません。それでもなんとかわかるもんです。どこへ行ったのか。母と弟のことが気がかりでしたが、どうすることもできないです。

そこの中国人の家に十日ぐらい世話になりました。そのうち八路軍の兵隊にみつかって額穆索街にあった県の政府に連れていかれたです。そこの人たちはみんないい人で『そのうち日本へ帰れるから……』って。ここでも炊事の仕事をさせて貰いました。やっぱり、あたしと同じ東安から逃げて来た、平沢正子さんという二つぐらい年上の人がそこにいて、心強い面はありました。一部屋貰って住まわせてくれました。

政府の人から『日本へ帰れるようになったから……』そう言われたのは、県政府に世話になって、一年近くがたった昭和二十一（一九四六）年十月の中旬でした。

いよいよ別れるとき職員の人たちが『手紙をくれな』って餞別《せんべつ》までくれました。

引き揚げ船が出る葫蘆島《コロトウ》までは無蓋車《むがいしゃ》に乗せられて二日ぐらいかかったです。葫蘆島には方々から集まって来た引き揚げ者がいっぱいでした。

青溝子で生き別れたままの、かあさんと弟の消息はこのときちょっと耳にしたんです。気休めだったのかもしれませんが、たまたま出会った知り合いの人が『かあちゃんも武治ちゃんも、とっくに帰ってるよ……』そう言ってくれたんです」


母親も下の弟も、もう日本へ帰ったのかもしれない。いや、帰っていて欲しい――葫蘆島まで一人たどり着いたのぶ子さんは、ひたすらそう願った。そう願ったが、上の弟の忠次さんを含めた母子三人の行方不明は、一人だけ引き揚げるのぶ子さんにとって、不安をかき立てる重苦しいものだった。

一人引き揚げ船に乗ったのぶ子さんは葫蘆島を十月二十一日に発って、一週間後、九州・佐世保に上陸することができた。

服装はズボンとボロボロになった兵隊の上着。雑嚢袋《ざつのうぶくろ》を肩から下げ、逃避行の途中坊主だった髪の毛は、オカッパぐらいにのびていた。

「上田と隣り合わせの真田《さなだ》町（長野県小県《ちいさがた》郡）にかあさんの姉がいましたから、そこへ最初に行ったんです。伯母さんが出てきて顔を合わせた瞬間『かあちゃんはどうしただに、おめえと一緒じゃねえだかい……』そう言われて、伯母さんもびっくりしちゃうし、あたしも気が遠くなる思いで、言葉が出なかったです。

一カ月ぐらいそこに世話になりましたが、文吾郎叔父さんの奥さんの（春原）よしきさんが、先に帰っていましてね、開拓団の本部にいた上の弟の忠次は、ソ連が進攻して間もなく、他の開拓団員と一緒に襲って来た暴民に銃殺されたそうです。

東安で世話になった文吾郎さん一家は、文吾郎さんは敗戦間ぎわに応召して、シベリアへ抑留され、その後、無事復員できたんです。でも、開拓村であたしたちを喜んで迎えてくれたおばあちゃんのタツさんは、逃げる途中の集団自決で亡くなり、三人いた子どものうち一人は自決のとき殺され、他の二人は栄養失調でしょう、病気で死んでるんです。運よく帰ることができたよしきさんも、集団自決の中で死のうとしたんですが、死にきれず、中国人に助けられたそうです」

無事でいてほしい、そう願いながら、郷里にたどり着いて知らされた忠次さんの死と、行方不明のままの母親、きとさんと年下の弟、武治さん——のぶ子さんの悲嘆は言葉に尽くせないほど大きかった。

わずか二年半前、親戚、周囲の反対を押し切って、家族を満洲へひっぱったのは、まぎれもなくのぶ子さん本人だった。それだけに、一人生き延びてきた後ろめたさと心痛は、計り知れず、呵責《かしゃく》の念が己を責めた。呵責の気持に苛《さいな》まれるごとに、こんなことなら中国に残ればよかった、とも思った。

「他人《ひと》の言うことに耳を貸さなかったからよ……」そんな周囲の諫《いさ》めにも返す言葉はなかった。引き揚げた年、まだ二十歳《はたち》にも届かなかったのぶ子さんには過酷な因果だった。が、塞《ふさ》いでばかりはいられなかった。生きていかなければならない。

明けた昭和二十二（一九四七）年、のぶ子さんは親戚の勧めで縁談が決まり、二十歳の十二月八日伯父の仲人《なこうど》で式を挙げた。

「主人方の春原家は文吾郎叔父さんの本家に当たり、文吾郎さん家族と同じ時に黒台信濃村へ入植してるんです。

家族は両親と三男四女で、主人は春原家の長男ですが、そのうち主人とすぐ下の弟は、敗戦前に応召し、両親と弟一人妹四人のうち、両親と妹二人は、文吾郎さん家族と同様、避難の途中の集団自決で死亡し、出征した次弟も戦死してますから、結局、九人家族のうち五人が戦争で死んでることになるんです。

そんな、共通した境遇が縁に結び付いたんだと思うんです」

青溝子の開拓跡で生き別れになったのぶ子さんの母親、きとさんと弟の武治さんは、後に東安から引き揚げた開拓団関係者の証言で、四散した後、奉天（瀋陽《シンヨウ》）の富士町の旧青年学校分校の難民収容所に収容されたことが判《わか》っている。

しかし、それ以後の消息は全く摑《つか》めず、昭和三十七（一九六二）年三月、のぶ子さんは厚生省から提示された母親と二人の弟の死亡宣告書に、それを認める署名と捺印《なついん》をした。

遺骨が届くわけでもなく、いつどこで死亡したかも定《さだ》かでない死亡認知には、哀惜と割り切れない空虚さが残った。が、これが現実の浮世ならば――のぶ子さんは国からの死亡宣告を契機に、弔いを施すことで懺悔《ざんげ》の心を、手に届かない三人に手向《たむ》けようと思った。

長野県上田市小牧、結婚して春原と改姓したのぶ子さん宅は、そこの閑静な集落にある。冬枯の季節、コタツがある居間の仏壇には、三人の戒名が書き込まれた位牌が置かれてあった。

空精室拓満大姉
俗名　永島きと　昭和二十四年十月三十一日没
行年四十九歳

空拓道忠光童子
俗名　永島忠次　昭和二十三年九月二日没
行年十九歳

空満道武光童子
俗名　永島武治　昭和二十四年十月三十一日没

「母にも弟にも申しわけないって気持がありますからね。葬式をして法事をして、できるだけのことはやりました。でも、ちっとも気持が納まらないです。年を取るごとに、特にお正月とかお盆になると思い出すんですね。

あたしが満洲のことなんか言い出さなければ、こんなことにはならなかったですし、かあさんも弟もあたしが殺したようなもんなんです。だから、いつになっても申しわけがたたなくって。朝起きますとね、仏壇に必ずお水と何かしらをあげて手を合わせるんです。

下の弟が生きていれば、五十一になります。どうしても死んだって実感が湧かなくって、結婚してどこかに住んでるように思えるんです。もし生きていましたら、死ぬ前に一遍でいいです、会って『申しわけなかった……』そう言って詫《わ》びたいです」

王威（ワン・ウェイ）

吉林省吉林市

敗戦までどこに住んでいたのか、日本のことについては父母はもとより私自身の名前すらわからない。ソ連参戦後の一九四五年九月初め、私は実母に抱かれ、旧吉林《キツリン》省舒蘭《ジョラン》県の養父、王有芝と養母、姜淑芳の家に身を寄せた。私は生後一カ月ぐらいで、実父はいなかった。農民だった二人に食べ物など乞《こ》ううち、突然暴民に襲われ母はこのとき殺されたらしいという。

養家ではちょうどこのころ生まれたばかりの実子を亡《な》くし、私はその子の身代りとして養母の母乳で育てられた。近所にも実子で通

し、成長してからも日本のことについて一切口にしなかったから、私自身、養父母を産みの親と信じていた。
　養母の姜は八三年に亡くなったが、私が実は日本人で、育てられたいきさつなど養父から聞いたのはつい最近の八七年だった。養父によると養母は亡くなる前「あの子にはいずれ必ず本当のことを教えてあげて……」と話していたという。文革中の六七年、映写技師の夫と結婚し、私は吉林省の百貨店で経理の仕事に就いている。八八年二月、肉親調査に日本を訪れたが手掛りは得られなかった。

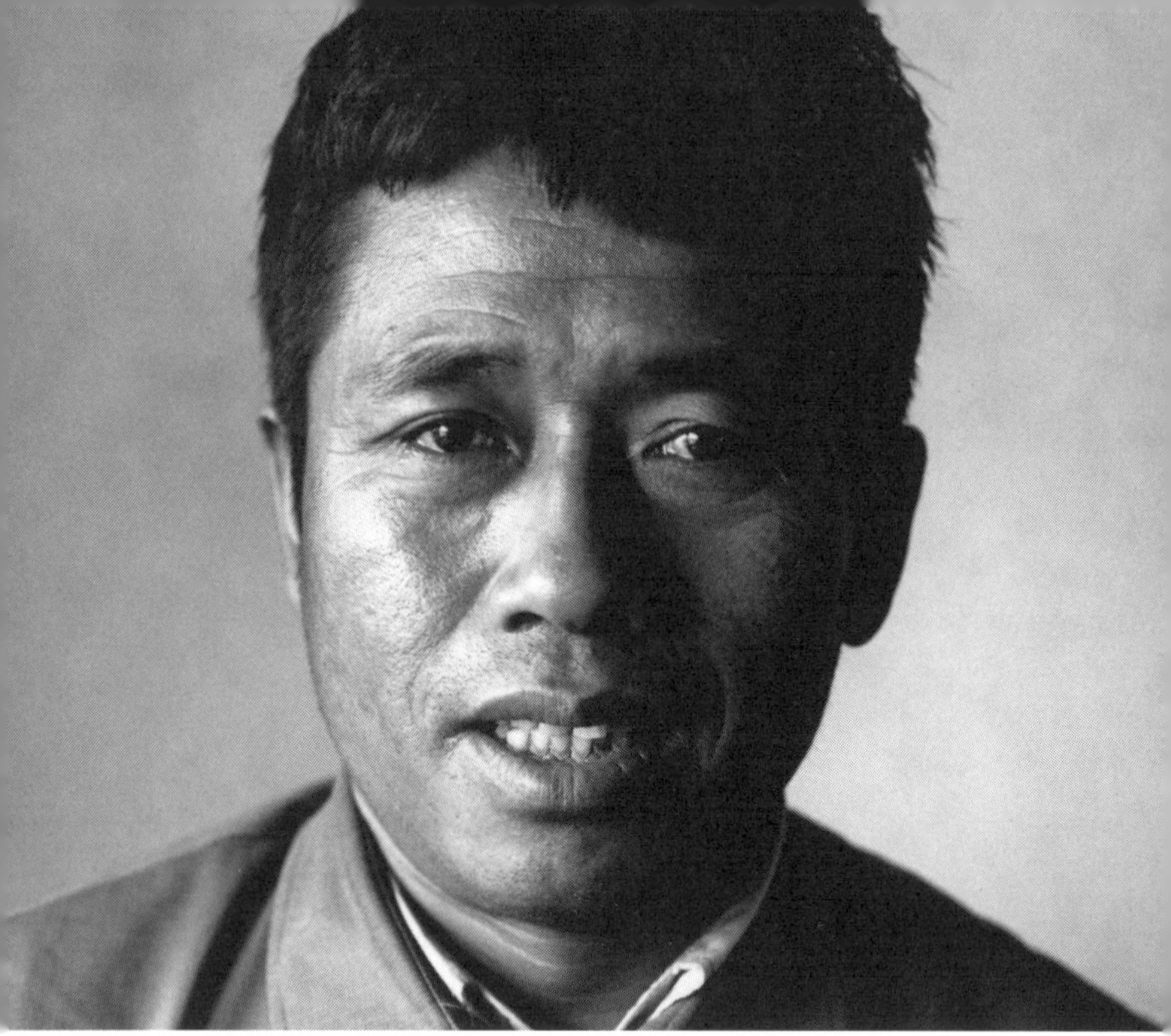

崔文傑（ツィ・ウェンジェ）

吉林省敦化県

伝え聞いたという養父の話によると、日本の家族は父母と私の三人だったという。

ソ連参戦後、私たち親子は旧満《まん》洲《しゅう》北部から吉林《キツリン》省に逃げ蛟河《コウガ》県の青溝子《チンコウズ》、塔拉《トウライ》駅を経て敦化《トンカ》県の額穆索《ガクボクソウ》に避難した。さらに私たちは他《ほか》の避難民とともに河西《カセイ》站《タン》に移り、そこのブドウ酒工場で一泊した。

父母とはこの地で別れたが、私はこのとき年齢が二十七、八歳で日本語が話せた王文玉という中国人に、奪うようにして引き取られたという。王は二歳ぐらいだったた

私を近くの呉学志に渡したが、呉家に男の子が生まれ、私は趙という中国人に渡された。このとき趙は呉に豚一頭を渡したという。

その後も三人の中国人のもとを転々とし、養父の崔慶雲に貰《もら》われたのは十二歳ぐらいのときだった。

崔家におちつくまで売られたり追い出されたりしていたから気持が休まる日は一日としてなかった。

蛟河県の人民公社で働いて、一九六四年に結婚した妻との間に二男二女がある。

八三年十二月、肉親捜しに日本を訪れたが手掛りは得られなかった。

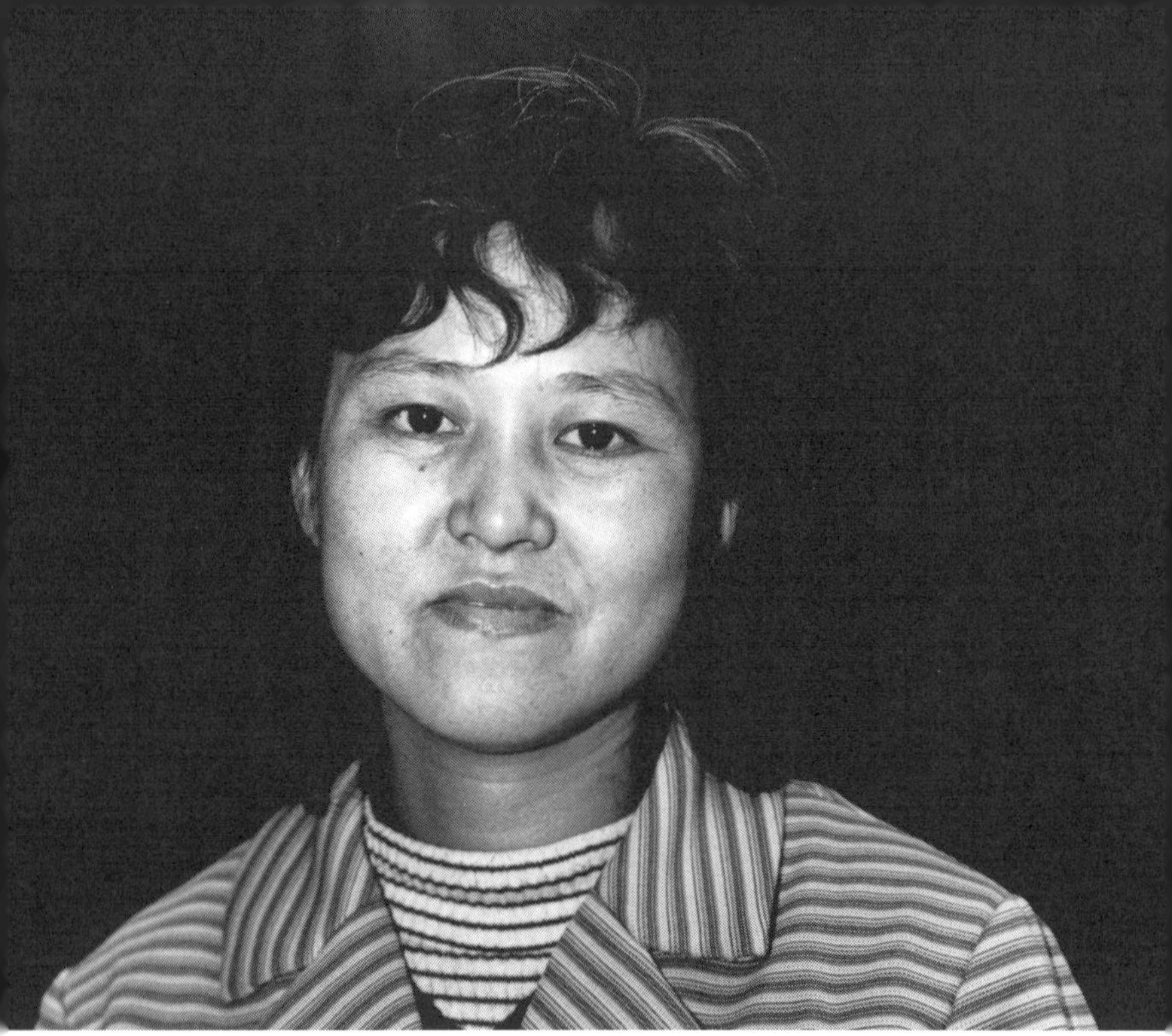

李桂栄（リイ・グイロン）

八七年六月帰国

私の家は坂の上にあって庭に紫色の花が咲き、前には川が流れていた——そんな幼いころの記憶の光景が日本だったのか中国だったのかわからない。敗戦のとき五歳か六歳だった。その年の冬、父母は私と弟を連れ旧三江省の桂木斯《チャムス》から南に向け逃避を続けていた。凍《い》てつく寒さと飢餓。途中母と弟は力つきて行方不明になった。父と二人、新京（長春）難民収容所に着いたが、衰弱していた父ともそこで別れた。父は中背で角顔だった。最初、中国人の邱福堂に貰われた。頭や体に虱《しらみ》がわき右

足の小指と薬指は凍傷で崩れていた。生気をなくしていた私を邱から貰ってくれたのは、養父母の李其昌と李尹氏だった。養父母は凍傷の指を治癒《ちゆ》し、結核で弱かった私を学校へも通わせてくれた。

長春市の中学校を卒業後、市内の病院に勤め、一九六二年に近所のおさななじみと結婚した。息子が一人と娘が二人。養父は八十五歳で亡くなり、養母は今も元気でいる。

八五年二月、肉親調査に来日し、身元はわからなかったが八七年六月、家族とともに帰国した。

王玉梅（ワン・ユイメイ）

八七年六月帰国

日本の家族は父母と兄。父は敗戦まで新京（長春）市頭道街にあった被服工場で裁断師として働き、母は満鉄病院の看護婦だったという。

私が家族と離れたのは敗戦翌年の一九四六年春。引き取ったのは敗戦まで父と同じ工場にいた王其詰と王張氏夫婦で、仲介したのはやはり同じ工場にいた丁輯五という中国人だった。日本語ができた丁は父の姓を「佐藤」と覚えていたという。

養父母には他に子どもがなく私は実の親とばかり思っていた。十

二、三歳のころから貰い子、日本《リィベン》人《リェン》と周囲からからかわれたが、心ではいつも打ち消していた。

侵略国の日本人孤児が戦後の中国でどれだけ辛《つら》く肩身の狭い思いに駆られたか、それを誰《だれ》より察知していたのは育ててくれた養父母だった。二人は決して〈日本人《リィベンリェン》〉という言葉を口にしなかったが、養母が初めて打ち明けたのは六八年に息を引き取る前だった。養父も七五年に亡くなり、製薬工場に勤めた夫との間に二男一女がある。

八五年二月、肉親を求めて訪日し、手掛りは得られなかったが、八七年六月、家族五人で帰国した。

張連忠（ジャン・リエンヂョン）
黒竜江省牡丹江市

産みの親は日本人《リィベンリエン》――それを知ったのは一九六六年、文革が始まった年だった。日本人が鬼畜のように言われていたときだから、自分の血が憎かった。一方で肉親のことがいつも脳裏から離れなかった。

それから十六年が過ぎた八二年、自分の身元がようやく判明した。

父は新潟県中蒲原《かんばら》郡横越《よこごし》村の出身で五十嵐《いがらし》権三、母はヨシミという。私は敗戦一年前の四四年十月一日、旧牡丹江《ボタンコウ》省で生まれ、五十嵐忠男と名付けられた。父は旧満洲国の警察官で、ソ連が参戦して

間もなく、勤務していた牡丹江省東寧県で何者かに襲われ殺された。母は敗戦の混乱のなか一歳前の私を連れ、牡丹江市の愛民街にあった平安寮の難民収容所に身を寄せた。が、四年後の四九年一月、母は厳寒のなか病がもとで死んだ。私は牡丹江市の孤児院に送られたが、間もなく養父母の張相閣と銭瑞祥に引き取られ、二人のもとで育てられた。

五九年に牡丹江市の小学校を卒業後、鉄道の仕事に就き、紡績工場に勤める妻との間に一男二女がある。

家族に会える喜びはないが一度父母の国に帰りたい。

長春

青麻《チンマ》畑の惨劇

高橋篤さん

旧興安省西科前旗《セイカゼンキ》（省は県、旗は郡に当たる）に入植した第十三次興安東京荏原《えばら》郷開拓団は、それまで商売を営んできた人たちが中心の、いわば素人《しろうと》の農業移民団だった。

名称が示すように母体は東京・旧荏原区（現在品川区）小山町の武蔵小山《むさしこやま》商店街商業組合で、その職種は仕立屋、呉服屋、八百屋、酒屋、菓子屋、豆腐屋、印刷屋など文字通り街ぐるみの多様さだった。

転業移住が具体化したのは昭和十八（一九四三）年の春。太平洋戦争が悪化をたどるなか、商業より農業生産を――という国策に応《こた》えての転業でもあった。

営々と築いてきた老舗《しにせ》をたたみ、勤めをやめて満蒙《まんもう》開拓に参加した東京・荏原の開拓団員は千三十九人。世帯数は約三百だった。団長は商業組合の理事長で文房具商の山崎真一さん。副団長には同じ組合の常務理事で洋品屋さんの足立《あだち》守三さんが選出された。

その年まで東京・錦糸町《きんしちょう》で理髪店を開いていた高橋篤さん、登喜子さん夫婦も、武蔵小山に住む友人から満洲《まんしゅう》行きを勧められて心を決めた一人だった。

「結婚してすぐに錦糸町に店を持ちましてね。そのうち戦争の雲行きがおかしくなって、十八年の九月には駅の改札係とか床屋とか、女でもできる仕事は、男は制限されるようになったわけですね。もうこのころには食糧が乏しくなってた、床屋なんかおちついてできなくなってたですよ。満洲の話はそんなときに出てきたわけです。家内も私も東京生まれで田舎はないし、子どもが三人いて、国民学校一年生だった上の娘を、どこかへ疎開《そかい》させろって学校からいわれても、行くところはない。いっそのこと満洲へでも行った方が楽じゃないか、思ったんですわ。満洲へ行けば腹いっぱい食べられて、少し辛抱すれば錦糸町ぐらいの面積の畑が貰《もら》える――こんないい話はないですからね。

行くって決まってから日野（東京）にあった七生《ななお》の訓練所に、一カ月入れられましたがね。満洲へ行ったら馬と一緒に歩かされる、てんで朝から晩まで駆け足ばっかりですよ。農業のことなんか、ジャガイモを切って灰をまぶすぐらいで、ろくなことは教えなかったです。とにかく体力を付けなきゃ、ということなんでしょう、毎日駆け足ばっか。高幡《たかはた》不動に近い七生の訓練所から府中の大国魂《おおくにたま》神社まで駆けさせられるんだから……」

先遣隊が決めた入植地は省都の興安街から西北へ約八キロの地点にあり、東西三十キロ、南北八キロに及ぶ広大な土地だった。そこには、昔から蒙古《もうこ》族、漢族などの現地民が農耕を営んでいたが、そうした住民を他地へ移住させての入植は、五族協和を大義名分に、満洲各地で行なわれていた拓殖の図式と全く同じだった。

生きるための住み慣れた土地を空け渡さなければならなかった現地人の憤怒は、はかり知れなかったはずである。が、指導者の吹聴《ふいちょう》に同調し、大陸の開拓に夢をふくらませていた日本人入植者に、追われる中国人の痛みを察知できるものはいなかった。そのことは移住に先立ち、荏原郷開拓団のために創《つく》られた団歌からも容易に推測できる。

一　皇国今や聖戦の
大詔《みこと》を奉じ一億が
挙る決戦態勢に
我等《われら》が結ぶ帰農開拓団
コーコー興安東京開拓団
奮《ふる》え奮《ふる》え〱

二　皇国民の矜持《きょうじ》高らかに
他の民族を指導して
国家理想の顕現に
我等総《すべ》てを捧《ささ》げなん
コーコー興安東京開拓団
奮え奮え〱

現地民を移住させた西科前旗協和地区には、十六の集落があったが、その集落に大御田《おおみた》、片敷《かたしき》、瑞穂《みずほ》、敷島《しきしま》、千歳《ちとせ》、大綱《おおづな》といった日本名を付し、まず先遣隊が昭和十八（一九四三）年十月に、続いて本隊が翌年三月から六月にかけて現地に入り、それぞれの集落に分散入植して、東京荏原郷開拓団は開村した。

襲撃を避けながらの撤退

「約千人が五回に分かれて渡ったっていいますから、私たちの組も二百人ぐらいはいたんじゃないですか。衣類などの荷物は団が一括して送ってくれましてね。神戸から出て大連《ダイレン》にあがったんですが、すでに戦況が悪くなっていて、昼間は航行ができなかったですよ。大連から列車に乗りましてね。新京（長春）を経由して、興安の駅に着いたのは確か五月一日でした。

私たちは瑞穂村に決まって。あてがわれたのは、以前、満人が住んでた泥壁《どろかべ》の家ですよ。一棟《むね》が二軒長屋になってる。家も畑も現地民から買い上げたって、私たちは聞いていましたけど、これも、どれだけ信用していいのか。

家も畑も取りあげちゃったんだから、追い出したようなもんでしょう。向こうさんにしてみれば腹が立ちますわな。

電灯なんかありゃしませんよ。蠟燭《ろうそく》か、皿《さら》に油を注いだ灯心のランプでしたね。井戸はそれぞれの村に一カ所しかなくて、銘々が汲《く》み上げるんです。

こっちは、床屋で力仕事なんかしたことがなかったですから、最初は水汲みの天秤棒《てんびんぼう》がうまく担《かつ》げなくてね。部屋はアンペラを敷いた六畳ぐらいの一間と、それに、同じくらいの広さの土間があるだけでした。

現地に着いたときが、ちょうど麦とか粟《あわ》とか、蒔《ま》き付けの時期で、瑞穂に着いて三日目に畑へ出されたですわ」

満洲の風土、気候は海に囲まれた内地とは異なっていて、そこでの生活は農業に熟練した農民にとっても厳しいものだった。まして荏原郷開拓団のように、入植まで土に縁の薄かった転業開拓民にとっては過酷だった。

入植した団員は水道もなく、風呂《ふろ》も共同でしかない原始生活にまず仰天し、村に着いてすぐに内地への帰還を希望する家族も少なくなかった。しかし、いったん入植した以上、簡単に引き返すこともできず、環境への順応と生活の知恵を編み出すことが先決だった。

春先の種蒔きが済んで夏が来ると除草に追われ、束《つか》の間《ま》の夏が過ぎるとすぐ冬。開拓団が一年目に蒔き付けた穀物の収穫は、夏の旱魃《かんばつ》がたたって、ほとんどみる物がなく、旗公署の役人から「東京の開拓団は配給を受けるばかりの乞食《こじき》開拓団」などと陰口をたたかれるほどだった。

「大御田《おおみた》って地区が村の中心になっていて、団の本部はじめ学校とか診療所もそこにあったです。私たちの瑞穂は十九世帯でしたかね。なにしろ広大な土地ですから、一人じゃなんにもできゃしませんわ。ですから畑仕事はいつも共同作業なんですね。夏が過ぎるとすぐに冬って感じで秋はほとんどありません。この冬が寒いのなんのたって……最初の年は何も知らなかったもんですから、水ガメに一杯水を張ったんですよ。そうしたら、夜中になってバシンて、でっかい音がして肉厚のカメが壊れたです。

年が明けて二十年ですわね。いくらか暖かくなって仕事に慣れはじめた、と思ったら、あっちこちの若い人に赤紙（召集令状）ですよ。出征ったたって特別の見送りなんかなかったです。ごく内輪に『じゃあ行ってくるから……』って感じですね。変だな、とは感じてました。けど、開拓団が駄目《だめ》になるなんて想像もしてなかったわけね。関東軍が控えているってことと、古い新聞をたまにみるくらいで、開拓団以外の情報はほとんど入らなかったですからね」

荏原郷開拓団の現地応召者は昭和二十（一九四五）年七月までに百七十九人にも達していたが、そんな異常下にあっても、目前に迫っていた日本の敗北を予想できた開拓民は一人としていなかった。

八月九日、開拓村にソ連参戦の情報が伝わった時点で、団の人員は八百八十人。若い男たちのほとんどが軍に駆り出され、頼れる男衆は約八十人にしかすぎなかった。

このとき高橋さん方の家族構成は戸主の篤さん三十一歳、奥さんの登喜子さん二十九歳、長女の良江さん九歳、次女、清ちゃん四歳、長男、邦治ちゃん二歳の一家五人だった。

ソ連軍の進攻が伝わるとすぐに恨みを持った現地民の襲撃事件があちこちで発生し、団員たちは難を避けて村から撤退を余儀なくされた。

高橋さん家族と同じ開拓団にいて、途中まで逃避行を共にする坪川秀夫さん（八十歳）＝東京・大田区南千束在住＝がその過程に詳しいので、その間を証言して貰う。

「ソ連機が開拓村の上を飛んで、興安の街が爆撃されるのをみたのは、八月十一日でした。興安にあった旗公署は爆撃で完全に機能しなくなっちゃうし、後でわかるんですが、頼みとしてた関東軍は南の方に下がっちゃう、我々団員は丸ごと戦場に放《ほう》り込まれたようなもんですよ。

確か十二日でした。幹部が協議した結果、こういう状態では団を一本にまとめることはできない。仕方なく自由行動に移すしかないってことになったんです。自由行動って言われてもソ連がすぐ近くまで攻めて来てるっていうんですから、どうしようもないですよ。結局開拓村のほぼ中心地に当たる瑞穂地区に全員が集まったんです。十三日の夜でした。十九軒しかない集落に八百人以上が集まったんですから、軒下からもあふれちゃって、相当の人が野宿でしたよ。

事態は悪くなるばかりで、十四日にはもう犠牲者が出る始末なんです。

集落のひとつ、大綱地区の小島っていう父子《おやこ》が貴重品を取りに家に戻《もど》ったきり帰って来ない。おかしい、てんで、私と若い人と数人で見に行きました。村に近づいて小銃で威嚇《いかく》射撃すると、略奪に来ていた満人が何人かばたばたって逃げたんです。みると、どの家も荒らされちゃって、めちゃめちゃなんですね。二人が見当たらないんで、畑の方に出てみたら親子ともめった打ちにされて、正視できないような殺され方なんですよ。顔なんか潰《つぶ》されちゃって誰《だれ》なのか識別もできないくらい。みんなに知れると動揺するんで、内密に埋葬しましたけど。このころになると周囲にいた満人がみんな暴徒化しちゃって、手が付けられない状態でした」

戦乱のもと、憎悪《ぞうお》を越えた人の情け

虐《しいた》げられてきた現地民の蜂起《ほうき》──それは団員たちにとってソ連軍の進攻に重なるいまひとつの恐怖だった。しかし、視点を変えればそうした現地民の蜂起略奪は、居住地を追い立てられた彼らの遺恨の仕打ちとも言えた。

暴徒化した現地民の略奪は最初日本人がいなくなった集落で始まったが、その矛先《ほこさき》は次第に難民となった日本人そのものに向けられるようになっていた。瑞穂の集落に結集した八百人もの団員家族の間には、緊迫感と恐怖感が張り詰めて、避難民を押し黙らせていた。

瑞穂地区に銃弾が撃ち込まれたのは八月十五日朝。重苦しい空気の中に婦女子の悲鳴があがり集落は一時大混乱に陥ったが、男の団員が十挺《ちょう》ほどの警備銃で反撃すると、十四、五人の相手は後退して、ようやく騒ぎは収まった。けれど、集団の中に直接撃ち込まれた銃弾の恐怖は、団員たちの動揺を増幅させた。

一度は自由行動としたものの、単独行動などできず、団員は結局、団体行動に頼るしかなかった。

善後策を考えるための山崎団長を中心にした幹部役員の協議は、その日も行なわれ、このまま村に留《とど》まるか、脱出に賭《と》するかで議論は白熱した。けれど、食糧の見通しも立たず孤立無援の状況下では、脱出が団員家族八百余人の死を意味するものであっても、それを選ぶしか仕方がなかった。

昭和二十（一九四五）年八月十五日、この日の正午、内地の天皇はラジオを通じて日本の敗戦を国民に伝えたが、北満の地に取り残された開拓農民にその詔勅は届かなかった。

敗戦を知らされていない一団は明けた十六日朝、援軍に望みをかけ日本軍が駐屯《ちゅうとん》する（日本軍はこのときすでに解体していたのだが）白城子《ハクジョウシ》へ向け、逃避行についた。その前夜には団の薬品係だった酒井さんが幹部とその関係者に「最悪の事態に備えて」自決のための青酸カリとモルヒネを銘々に手渡している。


「十六日はいい天気でした。夜明けを待つようにして脱出の準備にかかり、十数台の大車《ダーチョ》に病人とか年寄り、食糧など積み込んだんです。団長の山崎さんが自殺したのを知ったのは出発の準備を終えた朝六時ごろでしたよ。幸い命は取り止めたんですが、力を落として大車に乗せられる団長は気の毒でした。

なにしろ、八百人もの人間が移動するんですから大変なんですよ。それも、女、子どもがほとんどですし。全体を六班に分けたんですが、すぐに体力の有る人、無い人の差が出ちゃって列が一キロにもなっちゃうんですね。

私たちが村を出るとすぐに馬に乗った暴民が遠巻きに見え隠れしてましてね。八月も半ばですから太陽の照り付けが強くって、汗は流れるわ喉《のど》は渇くわ——私は後ろの方を警備してましたが、前の方から『ソ連の戦車が見える……』って伝わって、みんなして高粱《コーリャン》畑へ逃げ込んだです。ここはなんともなく切り抜けたんですが、暴徒が襲って来たのはその日の夕方でした。水場がみつかって我れ先に喉をうるおして、それからすぐですよ。ピューン、ピューンて弾が飛んで来たんで、みんな近くの畑へ逃げました。こっちも応戦しましたよ。二時間ぐらい撃ち合ってるうち静かになったんですが……。もう暗くなってましたが、副団長の足立さんが突然『この責任は誰が取るんだ……』って、言い出して。聞くと娘さんが自害したって言うんですね。後でわかったんですが、このときの撃ち合いで負傷したのが二人。動揺してたからでしょう、六人自決してるんです」

瑞穂の開拓村を脱出する前、服毒して果たせなかった団長の山崎さんは次第に回復しているようだった。けれど団員全体を統率する力はなく、そのことが団員一人一人の不安を駆り立てる原因にもなっていた。わずかな撃ち合いに六人もの自決者が出たことが、団の混乱ぶりを如《にょ》実《じつ》に示している。

十六日の夜は、不安が重なるなか全員で野宿。夜明けとともに六人の死骸《しがい》を埋葬し、列を整え、大車を連ねて保証のない逃避行についた。

起伏のある原野を上がったり下がったり。この間も執拗《しつよう》に付きまとう現地民の影が付かず離れず、ちらついて見えた。五、六時間は歩いたろうか、長い隊列の一団が興安南省洮南《トウナン》県の双《ソウ》明子《ミョウズ》村に着いたのは十七日の正午ごろだった。

村に入ると村民は好意的だったので、一行はそこでの休息を決め、大車に残っていた米を、そこの中国人に炊《た》き出して貰《もら》い、握り飯にして何日ぶりかの食事を摂《と》った。一行が握り飯を食べ終わるころには、眩《まぶ》しかった太陽はすでに西に傾いていた。

逃避を続けていた一団が、それまで遠巻きに付きまとっていた現地民の襲撃をきっかけに、四散壊滅の惨劇に遭遇するのは、それから間もなくである。

再び高橋さんの証言に戻る——。

「双明子って村でおにぎりを食べて、さあ出発ってときですよ。ソ連機が一機、低空で飛んできたんです。それからすぐでしたね。前の方に湿地帯があって、そこからピューン、ピューンて、いきなり弾の音がして、撃ってきたんですわ。近くに青麻《チンマ》畑があったんで、みんな必死で逃げましたわ。暴民の数は前の日よりずっと多いらしくて激しいんですよ。逃げ込んだときはまだ明るい時間でしたけど、そのうち暗くなってきて、もう駄目だってことになって、あっちでもこっちでも始まったわけね。刀で殺す人。薬を飲ませたり飲んだりする人ね。同じ瑞穂(村)にいた太田さんて人でしたけど、ご主人は出征してしまって、奥さんと娘さん一人——母《おや》一人子一人ですよ。その奥さん、娘さんを日本刀で殺《や》ろうとしたんですが、うまくいかないわけなんですね。しょうがない、今度は手で首を絞めるんですけど、力がなくなっちゃってるから、やっぱり駄目なわけ。それで近くの人に殺してくれって頼むわけですけどね……。

覚悟してるせいか、殺される方は声も出ないですよ。でもね、大きい子どものなかには、死ぬのは嫌《いや》だって逃げ回ってるのもいましたね。同じ知り合いの鈴木さんていう母子でしたけど。お父さんはやっぱり軍に取られちゃって、奥さんと子どもさんが五人。そのうち上の二人の男の子が（死ぬのは）嫌だってね。奥さんの方は、どうせ死ぬんだから一緒に死んだ方が仕合わせなんだからって、一生懸命、説得するんですけど、嫌だってね。逃げ回ってるんですよ。そのうち暗くなってしまって。日本刀が光るのと、呻《うめ》き声が聞こえてくるぐらいで、あとはどうなっているのか皆目《かいもく》わからなかったです。

私は青麻畑と、その周りを警備しながら、家族のところへ行ったり来たりしてましたがね、女房《にょうぼう》が『私たちは死ななくていいのか……』って、そう言うもんですから、『死ぬときは自然に死ねるんだから急がなくていい』そう言ったんですよ」

双明子の青麻畑で連鎖的に起きた団員の自決は凄惨《せいさん》をきわめた。服毒に苦しむもの。狂乱状態で子どもを絞め殺す母親。血の海の中で絶命しているもの……修羅《しゅら》の光景が幅約八十メートル、奥行約二百メートルの広い麻畑一帯に広がっていた。このとき自害した茌原郷の開拓団員とその家族は、三百余人とされている。その中には家長を戦役に取られた出征家族の婦人、子ども、老人が数多く含まれていた。弱者にしわ寄せされた戦禍の実相がここにもあった。自決に果てた誰もが、生きて内地に帰りたい――そう宿望していたはずである。が、人々は死を受け入れなければならなかった。

人間性より皇国を優先させた戦時下の戦陣訓に「生きて虜囚《りょしゅう》の辱《はずかしめ》を受けず」の言葉がある。が、団員家族の自決はそんな甘美な死ではなかった。祖国郷里への思いを断たれ、生への願望の一切を断絶された遺恨の死、といった方が当たっている。

麻畑で生き残った団員は、ここでも意見が二つに分かれた。このまま麻畑に残る、とするもの。脱出して生への望みを繋《つな》ごうとするもの——。後に自決する山崎団長と内地への生還者の一人、足立副団長はそのままそこに残り、脱出組は雨が降り出した麻畑を離れ、真暗な原野を歩き始めた。

高橋さん家族も家長の篤さんが次女の清ちゃんを、登喜子さんが長男の邦治ちゃんをそれぞれ背負い、長女の良江さんは自力で歩いて、最後部らしい列に付いた。

高橋さんたちが脱出した青麻畑に何人の生存者が残留し、その後どんな運命をたどったのか、その詳細はわかっていない。

脱出組が歩き始めてからの雨は夜が更《ふ》けるにつれ激しさを増し、一行はどしゃ降りの中を手探りで歩いた。このとき列に加わった団員は約二百人だったが、やがて雨が止《や》み、夜明けとともにちらつき始めていた現地民が、突然襲いかかってきたのは十八日の昼前。八月の太陽が熱を帯びたころだった。

「三十人ぐらいはいましたね。奴《やっこ》さんたち、いつ襲うか機を見てたわけなんですね。突然馬から銃を撃ってきて。二百人くらいの団員はここで完全にばらばらにされたです。弾に当たって死んだのもいましたし、ここでも自決してますからね。

私たちは最後部にくっついていましたから、一番初めに捕まっちゃって、私らだけにされたわけ。相手は四、五人ですよ。親子五人が着てる物を全部剝《は》がされちゃって。もう、裸とおんなじですよ。

近くの満人の家《うち》へ連れていかれてね。それでも可哀《かわい》そうに思ったんでしょう、お粥《かゆ》を食わせてくれましたよ。

捕まった翌日、十九日の夜は小屋のようなところへ泊めてくれて、朝またお粥をくれましたよ。その後で『お前ら勝手にどこへでも行け』って、そこで無罪放免ですわ。そこの村を出るとき、かなりのおばあさんでしたけど、呼び止めるんですよ。トウモロコシと卵が入った籠《かご》を持って近づいてきて『子どもにやれ』って言うんですね。日本人にはかかわりたくないけど、子どもが可哀そうだからって、古着と十元でしたか、お金までくれたですよ」

戦乱のもとでも、憎悪を越えた人の情けはあった。それまで地獄の逃避行を続けてきた高橋さん家族にとって、縁もゆかりもない老婆《ろうば》の心尽しは有難《ありがた》かったはずである。が、心身ともに疲れ果てていたせいか、その善意にもさしたる感激は湧《わ》かなかった。

ボロを纏《まと》い、麻袋《マータイ》を巻いて乞食《こじき》のようになっていた高橋さん親子は、生き抜こうとする積極的な意志も薄れ、目標もなくただ彷徨《ほうこう》するだけだった。崩れ落ちた廃屋の軒下に五人寄り添って雨の夜を過ごしたことがある。そんなときも明日をどう生き延びるのか、といった前向きな気持は思い浮かばなかった。三人の子どもも生気を失い、特に二歳を過ぎた邦治ちゃんはひどい下痢が治まらず衰弱が目に余った。

大型の草刈り鎌《がま》を持った三人の中国人が突然、高橋さん親子の前に立ちはだかり、子どもを要求してきたのは、情けをくれた老婆に出会って、三日ほどたってからだった。

ふたりの子どもを手離して……

「そこがどの辺だったかわかんないんですがね。小さな村の通りを歩いてたときですよ。突然、近寄ってきて『子どもを置いていけ……』ってわけなんですね。このときは、内地へ帰れる、なんて考えてなかったし、いつ殺されるかわからない状態でしたから、あんまり深く考えなかったんじゃないですか。あるいは下の子どもなんか、死んでしまうような状態でしたから、中国人に渡した方が子どものためにいいって考えたのかも知れません。

一番下の小さいのを女房が抱いてたんですが、それをひったくるようにしてね。九歳になってた長女と二人なんですよ。

連れていかれるとき下の方がね。まだ二歳を過ぎたばっかでしたけど、親の元を離れるってのが判《わか》ったんでしょう。力を振り絞るようにして泣いてるんですよ。相手は大の男が三人ですから、抵抗なんかできないし、唖然《あぜん》としちゃって言葉も出ないわけですよ。そのときの子どもの泣き声が今でも耳もとから離れないです」

長女の良江さんと長男の邦治ちゃんを強奪のような状況下で手離し、親子三人になった高橋さん家族は、その後もあてどのない逃避行を続けるしかなかった。やがて洮南県の富貴村《フキ》という小さな村を歩くうち、ある中国人が声を掛けてくれた。「小屋があるからそこを使え」と言う。慈悲を向けてくれた中国人は劉鳳山といい、その村で羊と牛を放牧する名のある地主だった。すでに八月も末、朝晩は冷風が立ち始めていたし、高橋さんは劉さんの話をそのまま受けて、集落から少し外れた納屋《なや》用の一軒家に入れて貰うことにした。小屋は牧童用に造られたもので粗末だったが、カマドやナベカマなど、一通りの炊事用具が揃《そろ》っていた。

高橋さんは小屋と食糧のトウモロコシを与えられることを条件に劉さん宅の牧童になることで、すくなくとも、それまでまとい付いていた飢餓と死の恐怖からは免《まぬか》れることができた。そして、精神的にいくらかのゆとりができると、何日か前に手離してしまった良江さんと邦治ちゃんのことが無性に気になって二人の行方を捜し始めた。

「劉っていう中国人が話のわかった人で、いきさつを話したらすぐ当たってくれましてね。上の方（良江さん）は間もなく居所がわかって、連れ戻してきましたけど、下の方（邦治ちゃん）は駄目でした。下の方は同じ村の李栄っていう中国人に連れていかれて、そこへソ連兵が来たとき泣いたもんだから殺しちゃって、カマドで焼いたっていうんですがね。売られたって話もあったり、とにかくどうなったのかわからない。引き揚げのときまでずいぶん手を尽くしたんですが、駄目でしたね」

気になるのは残してきた子どものこと

邦治ちゃんは死んだ、とする情報は劉さんから得たものだが、果たして本当に死んだのかどうか、その真偽はそのときから三十九年が過ぎた今もわからない。

高橋さん家族が日本の敗戦を知ったのは富貴村の小屋に居付いてから間もなくだった。情報は周囲の中国人から自然に伝わったし、かつては飼い犬のように柔順だった中国人の口から《日本鬼子《リィベンクイズ》》、そんな毒のある言葉が直接向けられるようになったことからも察知できた。

夏が終わり冷え込むようになると羊を襲う狼《おおかみ》が頻繁《ひんぱん》に出没し、北満は間もなく早い冬の訪れとなる。小屋にはオンドルの設備があったが真冬には十分な暖が取れず、高橋さん親子は厳寒の夜を四人が体を重ね合い、上に麻袋を掛けて寒さを凌《しの》いだ。

寒さのため、使っていた金歯を外してお金に替えて、綿入れの中国服を買い込んだこともあった。

高橋さんが富貴村の村役場で、たまに触れることができた中国の新聞の中に、日本人の引き揚げの記事をみつけたのは、敗戦の年が明けた昭和二十一（一九四六）年の五月ごろだった。

小屋を貸してくれていた劉さんは、高橋さんが日本への帰国を意思表示すると「ここに居残った方がいい……」そう言って別れを惜しんだが、内地日本への思慕がふくらんでいた高橋さんは、情報を得て間もなくの六月、家族を引き連れて富貴村を出た。

洮南県の瓦房鎮《ガボウチン》を経て白城子に出、列車で斉斉哈爾《チチハル》に着いたのが八月中旬だった。が、運命はここでも悪戯《いたずら》し、高橋さん家族が斉斉哈爾に着いた日は最後の引き揚げ列車が出発したその翌日だった。

「もう引き揚げの見込みはないって言うもんですから、しょうがない、最初は日本人会に世話になって、そのうち市街の新馬路《シンマロ》で本業の床屋を始めたんですよ。借りたところは以前、日本人の電気屋さんの店でしたけど。

このころ斉斉哈爾の残留組は五百人ぐらいいましたから、お客さんも結構ありましたよ。そのうち、そこが日本人同士の情報交換の場になったりしてね。夜になると内地の放送がラジオで聞けたです。ですから、日本がどうなってるのか、大体のことはわかりました。斉斉哈爾には日本人学校が残されていましたから、子どもは二人ともそこへ通わせたです。生徒は五、六十人はいましたかね」

日本と中国の国交がとぎれて後、両国の引き揚げ交渉がようやくまとまり、引き揚げ船の一陣が舞鶴《まいづる》に入港したのは昭和二十八（一九五三）年三月二十三日である。そして、斉斉哈爾に残留していた高橋さん家族が、引き揚げ船「高砂丸《たかさご》」で同じ舞鶴港に着いたのは、その年の七月三日。満洲開拓に夢を馳《は》せ、神戸から船出してから十年目の帰国だった。

舞鶴に上陸した高橋さん一家は、いったん東京・品川にあった引き揚げ者住宅に入り、一カ月後東京・清瀬市の同じ引き揚げ者住宅に移って、着の身着のままながら、そこにおちつくことができた。その日から足掛け三十一年の歳月が重なって、高橋さん夫妻は今、清瀬市松山の小金井街道沿いに、小さい理髪店を持って次女の清さんと共に床屋さんを営んでいる。そして逃避の途中、一度は中国人の手に渡ったことのある長女の良江さんは、都内に勤める会社員と結婚して三児の母である。


「今、満洲時代と引き揚げ後のことを考えると、人生のうちの一番いい時代を無駄にしちゃったようにも思いますけどね。過ぎてしまったことを悔やんでもしょうがない。時代が悪かったんだから……。もっとも、内地に残っていれば赤紙（召集）だったし、兵隊に取られれば死んでたかも知れない。人間の運なんてわかんないからね。

けど、こうやって平和な時代に生きててもやっぱり気になるのは、満洲に残してきた子どものことなんですね。手離したときひどく痩《や》せちゃって、下痢もしてたわけだから、おそらく死んだんじゃないかと思いますが。それでも、ひょっとして生きてるんじゃないかと思うんですよ。

新聞にたまに中国孤児の写真が出ますわね、そうすると、まず男の顔写真に目が行くんです。写真をみてその後で出身地をみる。もしかしたらうちの子が、思いましてね。生きていれば、今年ちょうど四十一になりますわ」

◀開拓民の惨劇はこの大地で起きた

劉廷久（リュウ・イェンジュウ）

黒竜江省海林県

日本の家族が何であったのかわからないが、私を引き取ってくれた養母の話によると、一家は父母と兄、姉、弟、妹の七人だったという。

ソ連参戦後間もなく母は衰弱していた私を当時、旧興安南《コウアンナン》省の興安街近くで漢方医をしていた養母の高奎栄に預けた。養父の劉清森は農民で私は預けられたとき五歳か六歳だった。劉家には子どもがなく養父母は私を実の子ども同様に育ててくれた。

中国人として育てられるうち周囲から日本人《リィベンリェン》の噂《うわさ》が立ち、小学

校に通うころから「日本鬼子《リィベンクイズ》……」と言ってからかわれるようになった。養父母は侵略国の日本という言葉を極度に恐れ、私が日本人と呼ばれるようになると決まってその地を離れた。

中学を卒業後、黒竜江省海林《ハイリン》県柴河の林業局に勤め、一九五八年に結婚した楊淑維との間に一男一女がある。

——八一年八月、柴河を訪ねたとき「私は日本人です」と言って突然現われたのが劉さんだった。その日から五年後の八六年十月、肉親捜しに来日したが手掛りは得られなかった。

馬靖葉（マア・ジンイエ）

八六年七月帰国

拾われたとき四歳か五歳だった。養父の馬忠良によると、私は敗戦時、内蒙古《ないもうこ》の上庫力《ウィルクリ》と拉布達林《ラブダリン》の中間に広がる草原の道端にいた。そこには約二百体の日本人の死体が折り重なっていた。ほとんどが女と子どもだったが、中には何体かの男と軍人らしい遺体もあった。拾われたとき私は額の右端に傷を負い、カーキ色の上着に戦闘帽、黒の革靴《かわぐつ》をはきカバンを持っていたという。

実父母についての記憶はないが、住んでいた家は赤煉瓦《れんが》に瓦《かわら》の屋根、裏には果樹が植えられ、茶色

い犬が飼われていた。

一九四八年に農民の養父母とともに住んでいた斉斉哈爾《チチハル》市を離れ鶏西市に移った。

小学校を出て仕事に就き、五七年に結婚して一男一女をもうけたが、六七年に妻は子どもを置いたまま私のもとを離れた。離婚の原因は文革の最中、日本人《リィベンリエン》を理由に職場を追われたからだった。六八年に再婚し、いま養父母を含めて十人家族。

幼いころ日本のアイウエオ……を習い日本語で〝満洲娘〟を口ずさんだ記憶がある。

八四年十一月、肉親捜しに来日し身元の確認はできなかったが、八六年七月家族とともに帰国した。

翟来玉（ヂャイ・ライユイ）

八六年十二月帰国

養父母の話によると日本の父は旧黒竜江省斉斉哈爾市郊外で米作りをしていたようだ。敗戦翌年の一九四六年二月、父は四歳ぐらいだった私を馬車夫の翟長春と于景芝夫婦に預けた。手渡した場所は市内にあった満拓公社の倉庫。そこに収容されていた家族は父母と兄、下に弟がいたが、弟は私が家族から離れるとき死亡し、父の足元に横たわっていたという。寒さと飢えで衰弱していた私は、斉斉哈爾市安寿《アンジュ》胡同《コドウ》の翟夫婦のもとで介抱され、助けられた。

四六年秋、離れていた父が私た

ちのもとに来て、それまでのお礼と日本への引き揚げの話をした。このとき翟は元気になっていた私を連れて帰るよう促したが、父はなぜかその意を受けなかったという。

市内の小学校を出て中学へ進んだが生活に余裕がなく二年までしか通えなかった。六一年に結婚した楊桂評との間に三男一女がある。

六歳ぐらいだった兄、面影《おもかげ》を知らない母と背が低く眉毛《まゆげ》が濃かったという父は日本へ帰れたのだろうか。

八三年二月、肉親捜しに来日したが身元がつかめず、八六年十二月、養母と妻子四人を連れて帰国した。

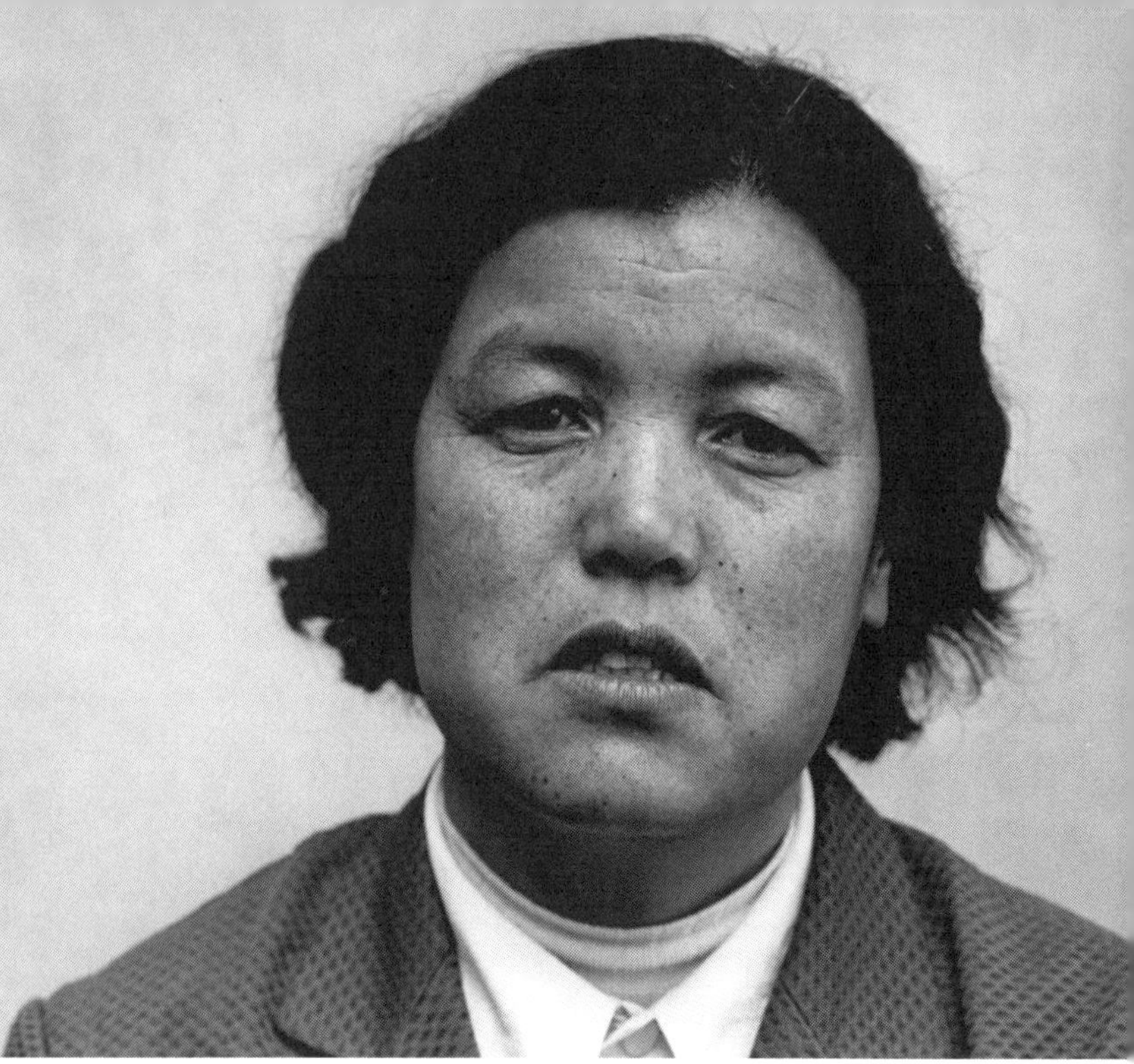

郭桂蘭（グオ・グイラン）

河北省大廠回族自治県

中国の公安当局から「あんたは日本人《リィベンリェン》――」と突然知らされたのは一九八六年七月。子どものころ「日本人の子《リィベンハイズ》……」とからかわれた記憶はあるが、それもすっかり薄れ、中国人とばかり思っていたので、最初は耳を疑った。八七年の旧正月、七十八歳の養父と七十七歳の養母に、その真偽と貰《もら》われたいきさつを初めて聞いた。

二人の話によると日本の家族は父母と姉、兄が二人いて、父は飛行機の操縦士だったが、佳木斯《チャムス》で死亡したという。ソ連参戦後、母は私たちを連れ避難したが、吉林《キツリン》

省長春県の孟家屯《モウカトン》まで逃げ、その難民収容所に身を寄せた。私は四歳ぐらいだったが、間もなく孔という中国人の世話で養家に貰われた。養父は郭翟武と言い箱作りの職人で、貰われて何日か後、八歳か九歳の兄が私のものと訪ねて来たという。

いま夫とともに農業を営んでいるが、収容所で別れたという母、姉、兄たちはその後どうしたのか——八七年二月、肉親捜しに訪日したが手掛りは得られなかった。もう四十年以上もたってしまったので仕方がないが、肉親がいたら会いたい。会って、中国で仕合わせに暮していることを伝えたい。

趙吉山（ジャオ・ジイシャン）

吉林省敦化県

敗戦のときまだ乳飲み子だった私には日本の家族のこと、中国に残されたいきさつなど何もわからない。けれど、一九七五年ごろまで近くに住み、日本に帰国した島村孝子という日本人からの手紙によると、私の産みの母は兵庫県揖《い》保《ぼ》郡に元気でいるO・Fにほぼ間違いないという。

いま六十二、三歳になるO・Fは引き揚げ後再婚したが、満洲で子どもを産んだことを内密にし、そのため島村さんに「子どものことは公表しないで……」と言っているという。

──趙さんとは一九八二年五月、中国を訪れたとき、牡丹江《ボタンコウ》市内のホテルで会った。日本の訪中団に会うため吉林省の敦化《トンカ》県からはるばる駆け付けたという。時間がなく細かいことは聞けなかったが、日焼けした顔に笑みを浮べた趙さんは「肉親が生きていたらひと目でいい、会いたい……」そう、言葉すくなに付け加えた。

生への彷徨《ほうこう》

斉藤桂子さん

敗戦のとき在満国民学校の二年生で、まだ八歳でしかなかった桂子さんには、そのとき、母親が決断した死の意味を理解できるはずはなかった。

母親が突き出した短刀が喉《のど》に当たって間もなく、桂子さんは意識を失い、いくらかの時間が過ぎて自分に戻《もど》ると、傍《かたわ》らにいた母親は、すでに自刃《じじん》に果てていた。

周囲は断末魔の呻《うめ》き声、絶命しているものも何人かいた。さながら地獄絵の中で、母親だけは苦しんだ様子もなく、瞼《まぶた》に淡い紫色がかかった死顔は嘘《うそ》のように穏やかだった。

旧興安南省のラマ教の聖地、葛根廟《カッコンビョウ》の近くで起きた、いわゆる葛根廟事件は昭和二十（一九四五）年八月十四日、婦女子を中心にした日本人避難民が、ソ連軍の戦車を連ねた銃撃と、逃げ場を失った避難民の自決によって千数百人の犠牲者を出した、と言われている。

事件から三十九年が過ぎた今、東京・品川区大井町在住の斉藤（旧姓児玉）桂子さんは、その死線を生きた奇跡の一人である。

桂子さんの父、児玉四郎さんは明治三十（一八九七）年、広島県山県《やまがた》郡琴谷に、三百年続いてきた農家の次男として生まれた。四郎さんは敗戦後旧満洲《まんしゅう》から引き揚げて後、病没し、満《まん》蒙《もう》拓殖の動機が何に所以《ゆえん》したのか、今それを知る由《よし》もないが、四郎さんは二十歳を過ぎて間もなく、内地を離れ、一時満鉄で働いたあと、旧興安総省の省都、興安街（烏蘭浩特《ウランホト》）に商事会社を設立し、農場を経営するかたわら、関東軍相手の〝御用商人〟として活動した。

昭和十（一九三五）年ごろ、知人の紹介で同郷の勝子さんと結婚し、長女が生まれたが早く病死し、桂子さんは児玉家の次女として昭和十二（一九三七）年、興安街の自宅で生まれた。

「姉を亡《な》くしてましたから〝家の柱になって貰《もら》う〟そんな期待から、最初『柱子』とし、ケイコと読ませるつもりだったそうです。ところが、役場の戸籍係が『桂子』とばかり思い込んで、そのまま登録されてしまった、と言うんです。

興安で生まれましたから、子ども心に、そこが自分の〝ふる里〟ってふうに思ってました。父の商売柄《がら》、中国人との付き合いが多かったからでしょう、中国語を使う機会が多くて、あたしは、日本語と中国語と半々ぐらいの割で話してました」

興安総省は、北満の屋根と呼ばれた大興安嶺《ダイコウアンレイ》の東南に広がる興安東省、南省、西省、北省の四つの省を合わせた総称で、満洲西部のほぼ半分を占めるこの地域には、蒙古族はじめ、漢族、満洲族など、ざっと二百万人の現地民が居住していたため、満洲建国以来特殊行政地区に指定されていた。

古くから王爺廟《オーオンチ》と呼ばれた興安街は、近郊への日本人開拓団の入植が始まった昭和十五（一九四〇）年ごろから、活気をみせ、近くには関東軍の第四十四軍が駐屯《ちゅうとん》し、蒙古人の士官学校と、関東軍直属の混成部隊も置かれていた。

市街には日本の警察学校、在満国民学校、放送局、電話局など公的機関の他《ほか》、民間の商店、工務店などが軒を並べ、省都としての機能を整えていた。

「家は事務所を兼ねていて、街のちょうど真ん中にありました。すぐ前に、中国人の公衆浴場がありましてね。たまに、母に連れられて行きました。学校も家のすぐ近くでしたけど、まだ低学年だったせいか、思い出らしいものがないんです。夏か春か、いつごろでしたか、年ごとに葛根廟の広場で蒙古人の相撲大会があって、着飾って、家族揃《そろ》って観《み》に行くんですね。この日ばかりは中国人も、蒙古人もみんな一緒になって楽しんでました。

興安神社って呼んでましたけど、目抜き通りから少し離れたところに、お宮さんがあって、敗戦の年の元旦《がんたん》、母が三十三の厄払《やくばら》いにって、母に連れられて初参りしたことを覚えてるんです」

阿鼻《あび》叫喚の草原を突破する

太平洋に戦線を拡大していた日本軍がガダルカナル島から撤退して一年半、サイパン、テニアンと玉砕が続き、本土の主要都市が米軍B29の爆撃を受けるなど、日本の敗北がもはや決定的になっても興安の街は空襲の気配もなく、在満邦人はひたすら日本の必勝を信じていた。
そうした見せかけの平穏が突然戦乱と化すのは、やはりソ連軍が対日宣戦を布告した昭和二十（一九四五）年八月八日夜半からだった。
八月十日朝には、灰色の機体に赤い星のマークを施したソ連機が興安の上空に飛来し、爆弾投下と機銃掃射を浴びせた。ソ連機の爆撃は十一日にはさらに激しさを増し、役所に当たる旗公署、電話局、関東軍施設などが爆撃目標となった。

「家の敷地に防空壕《ぼうくうごう》を掘ったのが、ソ連軍が進攻した翌日でしたから、空襲は全く寝耳に水だったんです。十一日の空襲のとき、母と近所の人何人かと防空壕へ逃げ込んだんです。そのとたん、家の前の道路に、ドーンというもの凄《すご》い音がして爆弾が落ち、その瞬間、壕の土が崩れてきて、体が半分ぐらい埋まっちゃいました。近所の人に助けられたんですが、集団で街を離れたのは、その日の夜でした。たいしたものは持てなかったです。確か母は姉のお位牌《いはい》と衣類を少し入れたリュック。それに救急袋を持ってました。夏でしたからね。身につけてたものは、母も私もシャツとズボンだったと思います」

八月十一日の全員避難まで、興安の街に残留した日本人は、約三千人だった。が、ここでも、若い働き手の男子はすでに軍に根こそぎ取られ、残った三千人は老人、婦女子がほとんどだった。

十日、十一日の猛爆撃で電話の機能は麻痺《まひ》し、近くを通る白阿《ハクア》線も運行不能になっていた。民間人を防衛するはずの関東軍はなぜかソ連軍の進攻前に姿を消し、孤立無援の状況に置かれた一般邦人は、それぞれが自力で避難の途につかなければならなかった。

興安街にいた三千人は避難行に先だち、二つの群団に別れ、児玉親子は、公署の浅野参事官が指揮を取る群団に加わっていた。二分された千五百余人の分団をさらに七つの分隊に編成し、各隊を十人ぐらいの男子が護衛し、群団は十一日の夜にスタートした。が、混乱で思うように指揮が取れず、白城子《ハクジョウシ》へ向けた本格的な避難行は、十二日に入ってからだった。

市街を離れた群団は、十二日の夜になって、それまで住み慣れた興安の街が、ソ連機の激しい爆撃によって真赤に燃えあがるのを悪夢の思いでみた。

「父は団全体を世話する立場でしたから、一緒には行動ができないんです。あたしは母といつも一緒でした。最初のうちは、あたしだけ馬車《マーチョ》に乗せられてたんです。でも、ソ連の飛行機が飛んで来るようになってから『死ぬときは一緒に……』って、母はあたしの手を引いて歩かせたんです。まだ小さかったですから、どこをどのように逃げたのか——なぜ逃げなければならないのか、何もわからなかったです。

眠くって眠くって、手を引かれて歩くんですが、コックン、コックン……半分眠っているような状態なんです。女と子どもがほとんどですし、体力がそれぞれ違います。ですから、隊列がだんだん乱れてきて、列の前の方は丘陵の向こうに隠れてしまうくらいでした」

興安街を離れて三日目、十三日の夜は豪雨だった。一行はずぶ濡《ぬ》れのもと、野宿を余儀なくされたが、雨の中、どこともなく響いてくる銃声が不気味だった。

明けた十四日は前夜の雨もあがり、一団は日の出前から避難行を開始した。長い隊列を作って何時間か歩くうち、夏の太陽は熱を増し起伏のある広野を焼いていた。雲一片ない炎天下を、難民たちは長い列を作ってゆっくりと移動を続けていた。前夜降った雨水は大地に吸い込まれて、隊列からは土埃《つちぼこり》が立ちはじめていた。

キャタピラを軋《きし》ませて突進してきたソ連軍の戦車が、隊列めがけて、いきなり銃撃を浴びせたのは、十四日の午前十一時過ぎ。葛根廟にいま一歩という、なだらかな丘陵での降って湧《わ》いたような出来事だった。

隊列を守って重い足を運ばせていた難民は、ソ連軍の戦車と気づくと咄嗟《とっさ》に蜘蛛《くも》の子を散らすように四散したが、十数台にも及ぶ戦車の銃撃で、聖地に近い広野はまたたく間に絶叫と呻き声が交錯する殺戮《さつりく》の地と化した。


「最初、ヒューンという弾の音がしたんです。反射的に後ろを振り向くと、小高い丘に黒い戦車が見えました。誰《だれ》かが『友軍が来た』なんていいましたが、とんでもない。もうすぐにダダダ……って銃撃が始まったんです。父は護衛の方に回っていて、このときも近くにはいなかったです。戦車を目の前にして、どんなふうに逃げたのか覚えてないんですが、とにかく、近くに大人の背丈以上も深い大きな穴があって、そこへ逃げたんです。母と一緒です。母と二人でずり落ちるようにして逃げ込んだときは、何組かの家族が体を寄せ合っているのが見えました」

戦車からの銃撃は老人、女、子ども——そこに居合わせた日本人難民のすべてに加えられた。全身に蜂《はち》の巣のように銃弾を受けて即死するもの。絶命のあと戦車のキャタピラに踏みつぶされるもの——戦闘能力もなくただ逃げ惑う弱者が、戦争の意味すら理解できない幼児までがなぜ殺されなければならなかったのか——。

その現場を、当時隊列の先頭に立って避難民の護衛に当たっていた大櫛《おおぐし》戊辰さん（敗戦まで王爺廟電報電話局に勤務）は、手記『殺戮の草原』＝満洲・葛根廟事件の証言＝の中で次のように記している。

歯を剝《む》き出すようにして苦悶《くもん》の末死んでいった顔。恐怖におののき目をとび出さんばかりにして死んでいる婦人の顔。

興安を脱出する際、編成された集団は、我々とて知っている人はわずか電電関係の三、四十人たらずだったから、一人一人の死顔を改めても知る由《よし》も無かったし、また千余人もの死体を全部見て回る心の余裕もなかった。

このあたりが群団の中央部だったろうかと思われるところに、総指揮を取っていた浅野参事官が倒れていた。腰をくの字に折って喉から胸、腹へかけて無数の弾痕《だんこん》を受けていた。

後日聞いた話では襲撃してきた戦車に「我々一行は非戦闘員だ、婦女子だ、撃たないでくれ！」と手をあげて先頭の戦車に走り寄ろうとしたとき、戦車の上の機銃から一斉《いっせい》に撃たれた、ということであった。

それは情け容赦のない皆殺しの殺戮だった。が、隊列が先頭から末尾まで、ざっと一キロ半にも及んでいたから、ちりぢりになって逃げた難民の中には、銃弾から逃れられたものが数は定《さだ》かではないが、何人かはいた。

穴に逃げ込んだ児玉さん母子《おやこ》もそれに該当したが、といっても、その先の生命まで確約されたわけではない。凶弾から逃れた避難民の中には刃物で、あるいは持っていた手榴弾《てりゅうだん》に何人もがおおいかぶさるようにして、散華《さんげ》する自決者が相次いだ。

母は軍人用の短刀で自害

「逃げ込んだ穴の端に、母と二人でうずくまると、すぐ脇《わき》に確か、男の人が一人、女が三人ぐらい、子どもが二人ぐらいでしたか――首を刺したり、切り裂いたりしているんです。動かなくなっている人もいましたが、まだ呼吸のたびに首の傷口からドクッ、ドクッて血が吹き出てるんです。

その日は朝から五時間以上も歩かされていましたから、もう眠いのと疲れとで……。母が『お父さん、もう死んでるかもね……』って言ったのを覚えているんですが——うとうとっとして、痛いって感じたように思うんですよ。気がつくと、目の前に歯を食いしばった母の顔があったんです。

後でわかったことですが、母はこのとき、私の首の左右を刺して……それと下顎《したあご》の部分もわずかに切っているんですね。刺されたショックからか、疲労と眠気のためか、その後暫《しばら》く意識がなくなっちゃうんですね。

午後の三時か四時でした。気がつくとあたしのすぐ脇で母が眠っているようにしてたんです。『お母さん』って言って揺り動かして、死んでるのに気づいたんです。母はどこを刺したのか傷口の記憶がないんですが、隣の人たちが使った軍人用の短刀でひと突きだったって……。自分で手をくだしたなんて思えないくらい静かな顔でした」

自刃に果てた母親の勝子さんは、自分に短刀を向ける前、桂子さんの喉に二回、刃先を向けている。絶望と焦燥のもと、取り残される娘への不憫《ふびん》さがそうさせたのだろう。が、喉の左右に当てられた短刀の傷は、いずれも致命傷には至らなかった。勝子さんは己れの死には決断ができても、一人娘として育ててきた我子の生命を自らの手で閉ざすなど、最初からできなかったのだ。

勝子さんは享年《きょうねん》三十三。女の厄年の元旦に、娘の桂子さんとともに厄除《よ》けの祈願を済ませた無残な死だった。

「それがいつだったのか、前後がはっきりしないんですが、銃をかまえたソ連兵がすぐ近くまできて……。怖さのあまり、死んだ人たちの間に顔を突っ込んで、じっとしていたこともあります。そんなことがあってから、赤ちゃんを抱いた知り合いの……三十歳前の、確か緒方《おがた》さんていう奥さんでしたが。その人があたしのそばに来て『お母さん死んじゃったのね……』って。そんなこと言っているうちに、三カ月ぐらいの赤ちゃんでしたけど、地面に置いて、近くにあった短刀で、いきなり、その赤ちゃんの胸を……。二度目はおなかを突き刺したんです。赤ちゃんはギャッていって……おなかから内臓が飛び出すのが見えました。それから、その奥さん、自分も喉を刺したんですが、力がなかったんでしょ、『駄目《だめ》だわ』って。もう気が変になってたんですね。今度は死んでしまった血だらけの赤ちゃんを抱きかかえて、一生懸命お乳を含ませたりしてるんです」

クレーターのような穴のもとでは、逃げ込んだ避難民同士の自決が続いていた。まだ幼い年齢で十分な判断力も持たず、母親を亡くした桂子さんはただ茫然《ぼうぜん》自失、生への道を失っていた。そんな断末魔の淵《ふち》から脱出できたのは、生き残っていた父親の四郎さんが、神の加護とも言える偶然から、母親の死骸《しがい》の脇で座したままの桂子さんを発見できたからだ。

「それが不思議なんですね。母が死んでも悲しいって気持にならないんです。目の前で赤ちゃんが刺し殺されても、怖いとも思わなかった。父に会えても涙が出るでもなく『お母さん死んじゃったの』って言っただけで、特別の感情も湧かなかったです。父は黙ったままね、後ろに束ねた母の髪を切って、姉の位牌と一緒に、持っていた救急袋に入れてました。

なにしろ、その日は朝からなんにも食べてませんでしたから、喉《のど》がからからに渇いちゃって……。前の晩降った雨水だったのか、座っていた近くに小さな水溜《みずたま》りがあったんです。自決した人たちの血が流れ込んで真赤に染まってましたが、血は下の方に沈むんですね。気持が悪い、なんて、そんな余裕なんかありません。よどんだ血を除けるようにして、その水を手ですくって飲みました。やっぱり、母をそのままにして離れるのが辛《つら》かったです。でも、どうしようもないですね。母のもとを離れるとき、父は母の死骸に黙ったまま手を合わせておりました」

口のきけない父子《おやこ》に化けて混乱の中を行く

児玉父子が勝子さんの遺体のもとを離れたのは、十四日の夕刻だった。

逃避行を続けていた千五百余人の日本人難民は、ソ連軍の急襲で、そのほとんどが射殺され自害に果てていたが、わずか生き残った難民は、以後の生存を個人の体力と判断で模索するしかなかった。児玉父子もそれを余儀なくされた。

「父にくっついて歩くうち、白阿線の平台駅だったと思うんです。駅にたどり着いたとたん、銃を持った中国人が五、六人バラバラッと駆け寄ってきて、私たちが持っていたもの一切を取りあげたんです。母の遺髪も、姉の位牌もこのとき没収されました。

十五日か十六日の夜でした。駅の周辺はすっかりソ連兵に制圧されていて、いつ殺されるかわからない雰囲気《ふんいき》なんです。危険を本能的に感じたからでしょう。あたしがおびえて泣き叫んでいると、そこにいた中国人が早く逃げろって……。

父は駅にさえたどり着けばなんとかなる、そう判断したようです。ところが、それが全くの誤算でした。街は危ないとわかって、また真暗闇《まっくらやみ》の畑の中に逃げたんです」

敗戦前、国策のレールに乗って開拓に夢を託した人々の中に、中国への進出を他人の国への侵略と受け止めた日本人が何人いたであろうか。〝王道楽土建設〟という大義を合言葉にしていた時代である。他人の国へ土足で踏み込む、という罪の意識を持ち得た邦人は皆無だったに違いない。

軍人はもとより、官吏も民間人も、日本人の誰もが、神国日本への過信と、現地中国人に対する優越意識に溺《おぼ》れていた。それだけに敗北による在留邦人の屈辱は大きかった。

ソ連軍の殺戮をくぐり抜け、なお死の淵に追い込まれた難民の中には、肉体的苦痛と心労に耐え切れず、自決という非常手段によって自らの生命《いのち》を断った日本人も多くいた。が、その反面、敗北の屈辱にさらされながら、なお生への迷路を解きあかそうとした日本人もいる。どちらの選択に価値の本質があったのか。敗戦から四十年近くがたち、戦争の実相が風化した今、第三者にその判断を下せる資格はない。生死の淵に立たされた人間にとって、生も死も精いっぱいの選択に変わりはなかったはずだからである。

死線に立たされた児玉父子は、生きる道を選んだ。戦乱の地で敗北の民が生き残る知恵は、自我を忘れ、屈辱に目を瞑《つぶ》ることだった。

「街は危ないってわかって、口のきけない父子に化けて、小さな集落を物乞《ものご》いして歩いたんです。あたしは中国語ができましたが、言葉ができない父が『俺《おれ》がしゃべったら見破られてしまうから……』そういって、口のきけない物乞いを考え出したんです。着てるものも履いてるものもぼろぼろ。父はフンドシ一枚の姿でしたし、二人とも裸とおんなじでした。履いてるものも破れちゃって縄《なわ》でゆわいてる状態。その履き物も歩いているうち、中国人に捕まって『脱げ！』って脅されて……それからは二人とも裸足《はだし》でした。生きることが精いっぱいでしたから、恥とか外聞などありゃしません。なにしろ父は口がきけない役ですから集落が近づくと、どうやって食べ物を振舞って貰うか、前もって打ち合わせておくんです。

葛根廟からそんなに遠くない村でしたが、ある中国人の農家で食べさせて貰い、お礼を言ってその場を離れようとしたときなんです。『私を置いていけ……』って。捕まえて放そうとしないんです。私を取り返そうとする父にそこの中国人が、大きな鎌《かま》を振り回して『帰れ！』って。『置いてけ!』『返せ!』争ってる隙《すき》にやっとの思いで逃げ出したんです。

そんなことがあってから、今度は、以前日本人にひどい目に合わされたって言う中国人に、父が袋叩《ふくろだた》きに合いました。何にも抵抗できない父を殴ったり蹴《け》ったり、ひどいもんですから『お父さんを助けて……』って泣いて頼んだんですが、集まって来た中国人は遠巻きに見ているだけで、助けてくれる人はいませんでした。

父はいつ殺されるかわからない——そう思ってでしょう、『お父ちゃんにもしものことがあったらここがお父ちゃんの郷里だから』って、〈広島県・琴谷〉の地名を口ぐせのように教えておりました」

再び、収容所で地獄に会う

興安で生まれた桂子さんは、それまで満洲が〃よその国〃など思ってもいなかったし、日本人の満洲進出が、中国の現地人にとって何を意味するのか、など理解できなかった。父の仕事の関係で、敗戦まで家には大勢の中国人が出入りし、平穏に暮らしていたから、突然の空襲以後、なぜこんな辛い目に遭わなければならないのか、興安の街で三羽烏《がらす》のうちの一人、と言われるほど気丈夫だった母親を亡くし、九死に一生を得てからも、なぜこうも周囲の中国人から罵《ののし》られ、暴行まで受けなければならないのか、無垢《むく》な桂子さんには意味が全くわからなかった。理解できないまま降りかかってくる屈辱に、ただ耐えるしかなかった。

〃口のきけない乞食父子〃を隠れ蓑《みの》に生きながらえていた児玉父子が、かつて親交があった中国人に巡り会い、手厚い親切を受けてから、治安がいくぶん落ちついた興安の街に再び戻れたのは、北満の厳寒が和《やわ》らぎはじめた敗戦翌年、昭和二十一（一九四六）年の三月末だった。

「まだ寒いときでした。もと居た興安街が安全とわかって、二人で戻ったんです。知り合いの中国人が世話してくれて、一軒家を借りて住みました。そのうち、生き残っていた日本人が一人二人と集まってきて、十三、四人が一緒に住むようになったんです。もと興安にいた人とか、近くの開拓団から逃げてきた人たちです。このときも食べるものがなくて、父は知り合いの中国人のところへ出掛けては、何かしら貰ってくるんです。興安にいたのは半年たらずでしたが、大勢で住むようになってから、父は『子どもを見に行ってくる……』そういって奥地へ出掛けたことがありました。子どもっていうのは、親が死んだり逃げる途中置き去りにされて、中国人のもとに身を寄せた子どもたちです。父は引き揚げのとき一人でも多く連れて帰りたかったようですが結局、望みがかなえられなかったんです。

帰国の見通しがついて興安を出たのは、二十一年の八月末か九月の初めだったと思います。このとき街に残っていた人は三十人ぐらいじゃなかったかしら。屋根のある貨物列車に乗せられて、興安の駅を離れました」

奇跡的に生きた生存者にとって、引き揚げは喜びそのものだった。が、それが、そのまま内地への帰還に直結していたわけではない。

列車が興安の駅を出発して後、同行の日本人は斉斉哈爾《チチハル》でいったん下車させられ、駅からそれ程遠くない、敗戦まで関東軍が使っていた倉庫に全員収容された。三十人の中の何人かの女性が、ソ連軍兵士たちの〝玩具《おもちゃ》〟に供されたのはこのときだった。

兵隊たちの暴行は昼も夜も見境がなかった。隠れた場所での強制はまだ救いがあった。同行者の目と鼻の先で犯される女性もいたからである。女たちがその苦痛に声をあげても、男たちはただじっとしたまま視線を背《そむ》けているしかなかった。

これが王道楽土、五族協和の喧伝《けんでん》に踊らされた日本人の逆夢《さかゆめ》、中国侵略の代償でもあった。

母は今でも夢枕《ゆめまくら》に立つ

父親に引き連れられた桂子さんにとって、興安の街を発《た》って母国、九州・博多《はかた》に上陸するまでの一カ月半は、他の引き揚げ者同様、飢えに苛《さいな》まれた日々だった。飢餓の日々、母親を忘れていた桂子さんが死別後はじめて母親を想《おも》い出し、涙したのは、父親に手を引かれて広島県・琴谷の郷里にたどり着いてからだった。

「内地にやっと帰れたっていう安心感からでしょう、船が九州に近づいて、初めて日本を見たとき、島影をみたとたん、自然と涙が流れたのを今も覚えているんです。

博多から広島へ直行して、父の実家に一週間世話になったんです。母を想い出して泣いたのは、その最初の夜でした。

その夜はまだ元気だったおばあちゃんに抱かれて寝たんですが、夢に出たらしく夜中になって『お母ちゃん、お母ちゃん……』そう言って長い間泣きじゃくってたって、おばあちゃんから聞きました」


親一人、子一人、児玉父子《おやこ》はもちろん着の身着のままの引き揚げだった。だから、何はさておき生活の糧《かて》をみつけることが先決だった。四郎さんの仕事の関係で桂子さんは、とりあえず、大阪の叔母のもとへ預けられることになり、二人は別の生活を余儀なくされる。

叔母のもとから市内の朝潮小学校に通うようになった桂子さんが、実母がいない寂しさのもと、子ども心をひどく傷付けられたことは、周囲の子どもたちから投げつけられた〝引き揚げ者〟という揶揄《やゆ》偏見だった。

不自由な家庭ながら父子が水入らずで暮らせるようになったのは、引き揚げから二年後。東京に出た四郎さんは桂子さんを呼び寄せ、東大井の都営住宅に居を定めた。

「東京に出て、父と一緒に暮らせるようになってからも貧乏のどん底でした。父は根っからの商売人でしたから、勤めなんかとてもできやしませんし、だからといって、お金がなくちゃ商売だってできません。ですから、それは貧乏のどん底。

貧乏のまま父は昭和三十九（一九六四）年の六月、六十八歳で亡くなりました。父は亡くなるまで、中国に残ったままの子どもたちのことが、ひどく気掛りだったみたいです。興安を引き揚げる少し前、残された子どもたちをみつけに奥地へ出掛けましたが、そのとき出会った子どもたちに『おじさんたちが帰るときには必ず迎えに来るから……』そういって約束してきたらしいんです。連れて帰れなかったことが悔やまれて、酒を呑《の》んで酔うたびに、子どもたちのことを口にして、涙ぐんでおりました。そんな父が亡くなって二十年になります。母が死んで三十九年になりました。

結婚して子どもを持ち、平穏な生活をしてますと、母はやっぱり、あたしたちの身代りになったって思うんですね。母は今でも夢枕に立ちます」

呂永和（リィ・ヨンフウ）

内蒙古自治区呼倫貝爾明鄂温克旗

はっきりした記憶はないが私は虐殺《ぎゃくさつ》事件があった旧興安南省・葛根廟《カッコンビョウ》近くの現場で助けられた。そのとき私は五歳ぐらい。左の大《だい》腿部《たいぶ》を銃弾で撃ち抜かれ動けなくなっていたが、救ってくれたのは中国人の養父だった。

養父は農民で、養父母は自分の子どものように大事にしてくれたが、自分が日本人《リィベンリエン》ということは、近所の中国人から「日本人の子《リィベンハイズ》」と馬鹿《ばか》にされたりしたので、早いうちからわかっていた。職に就いてからも日本人とわかると昇進にさしつかえたから、いつも身分を

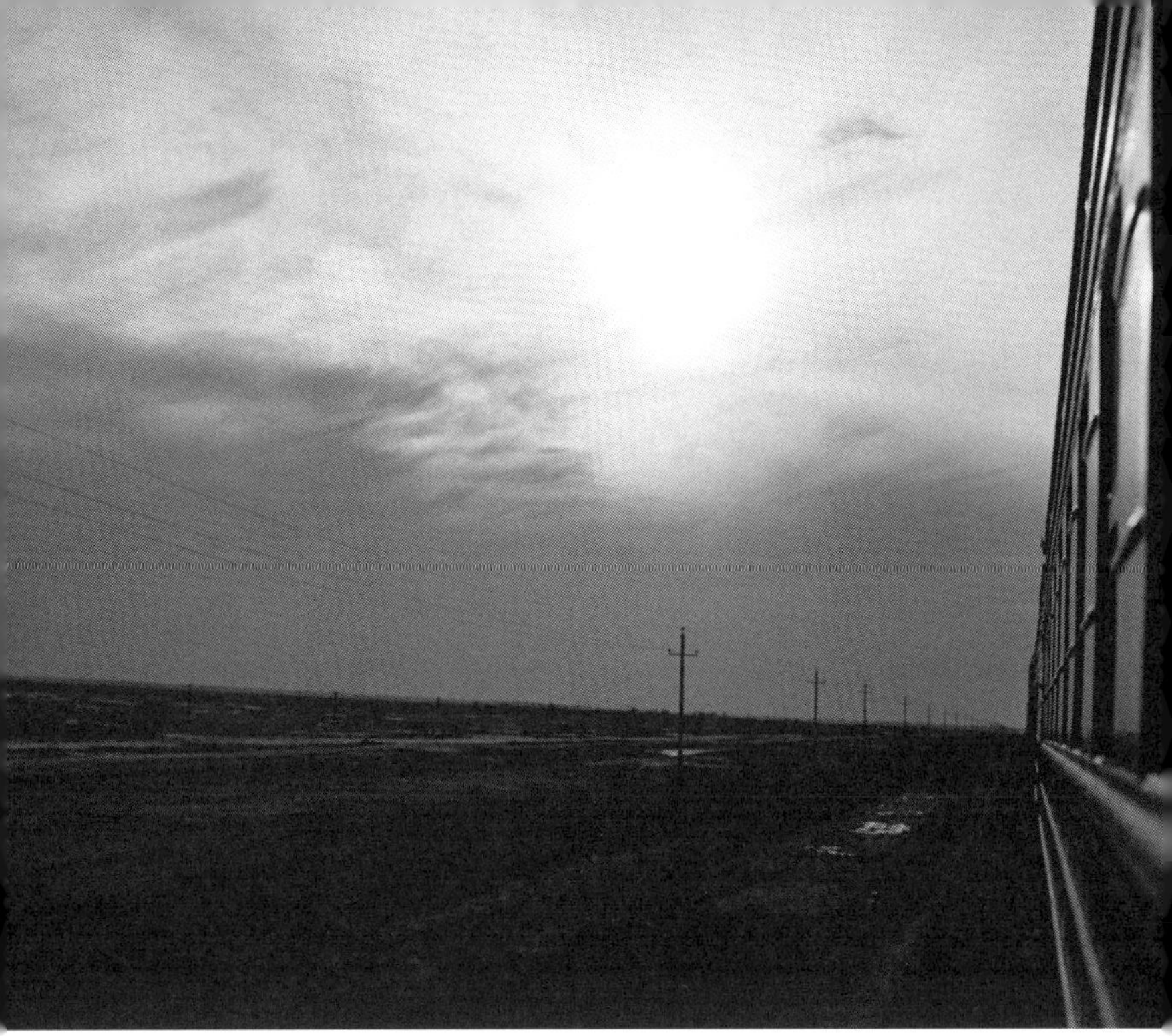

隠していた。が、大人になってからは日本の父母は、兄妹《きょうだい》は——そのことがいつも頭から離れなかった。
　八七年二月、念願かなって母国を訪れたが、肉親とのめぐり合いは果せなかった。私の日本名は「田中」か「田平」と養父から聞いているが、家族は亡《な》くなったのだろうか。生きていたら会いたい。肉親がわからない今、日本への永住帰国をどうするか、まだ決めていない。

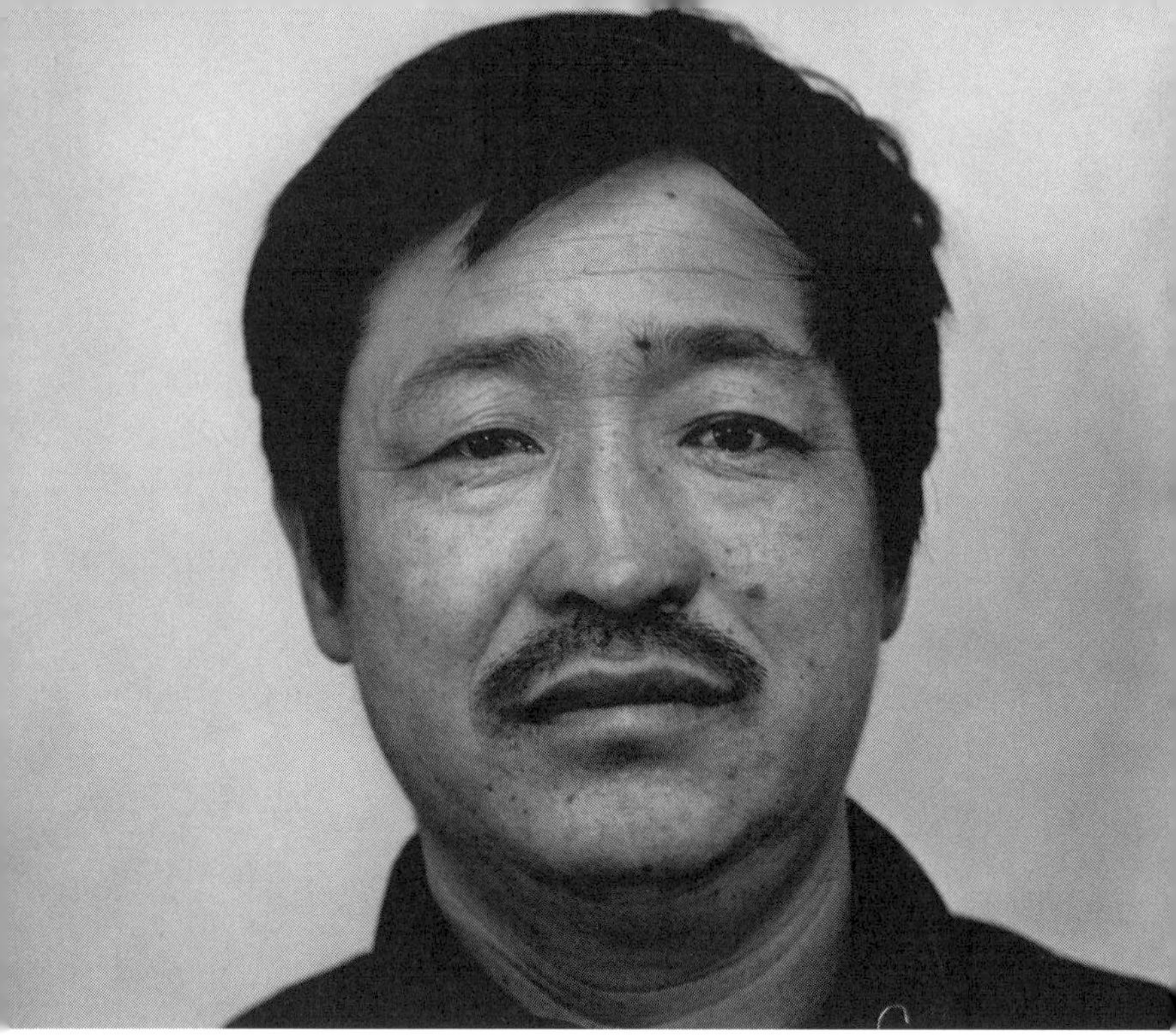

徐偉（シイ・ウエイ）

黒竜江省斉斉哈爾市

養家に貰《もら》われたとき生後わずか七カ月ぐらいだったという。そんな私が日本の家族のことを知る由《よし》もなく、日本人という噂《うわさ》については半信半疑のまま聞き流していた。けれど、一九八四年になって何人かの知人に真偽を聞き、自分がまぎれもなく日本人ということを確かめた。

その話によると日本の家族は父母と兄が一人いて、父は「中山太郎」といい敗戦まで斉斉哈爾《チチハル》市の第一監獄長を務めた。

私が養父に引き取られたのは敗戦の年の九月ごろで、呉展生とい

う中国人の世話で、養父の徐万発が私の実父母から直接預かった。このとき実父母は馬車引きだった徐に日本製の戸棚《とだな》を、仲介役の呉には花瓶《かびん》を贈ったという。

六九年に結婚し仕事は溶接工。八七年二月、肉親調査に日本を訪れたが手掛りは得られなかった。

体を流れる血は日本人だが言葉や習慣は中国人。魚が水から離れられないように育ててくれた中国を離れるつもりはない。ただ十八歳になる息子が近い将来日本で学び、やがて二つの祖国の掛け橋になってくれれば――そんな夢を抱いている。

馬福蘊（マア・フゥウエン）

黒竜江省斉斉哈爾市

家族はどこかの開拓団にいたのかもしれない。私はソ連参戦後間もなく、養母の母親に拾われ助けられた。拾われたのは斉斉哈爾市郊外の昂々渓《コウコウケイ》の駅。着古した緑色のセーターを着、生後一年ぐらいの乳飲み子だった。

養母は潘玉珍といい衰弱しきっていた私を、すぐに斉斉哈爾市にいた日本人の医師に見せた。このとき医師が衣服に付けていた名札を見つけ、私の日本名と生年月日を潘に教えたという。潘は特に書き留めもせず日本人であることを隠すため、衣類など身に付けてい

たすべてを焼き捨てたという。
　養父は馬同票といい弁護士だったが、私が貰われて間もなく馬に愛人ができ、潘は別居を余儀なくされ、私は潘のもとで育てられた。
　一九六二年、哈爾浜《ハルビン》工業学校を卒業し、その後楊子友と結婚したが、潘から私の実の親が日本人だったことを知らされたのは、七八年に潘が重病を患《わずら》ったときだった。潘の告白は悲しかったが、そのときから肉親のこと日本のことが頭から離れなくなった。
　自分が誰《だれ》なのか、身元を知り肉親に会えたらと思う。夫の楊もそれを望んでいる。

孫世芳（スン・シィファン）

吉林省長春市

母は趙成文といい敗戦の日より二カ月ぐらい前、私を産んだ。父は「秋山」といい、関東軍七九三部隊の軍人だった。

戦時中父は旧黒河省孫呉県にあった石景窯業《ようぎょう》に、何人かの兵隊と一緒に駐留していたという。日中戦争の最中、中国人の母と軍にいた日本人の父との出会いのもとで私は生まれた。母が私を宿したとき父が二十六、七歳、母が二十二歳だったという。

敗戦の年の春ごろ父は母のもとを去ったが、このとき母は黒い上下服とタバコ、現金などを父に渡

し、父は日本軍の慰問袋、軍用飯《はん》盒《ごう》などを残した。母が私を産んだのは父が離れた後だった。

　敗戦後、母は中国人の孫干鳳と正式に結婚し、一九四九年、鉄道に働いていた孫とともに長春に移った。

　長春市の天津《テンシン》小学校を卒業したが、十二歳から演劇を習い六八年に同じ俳優の欧陽菊輝と結婚した。

　養父の孫は六九年に亡《な》くなり母は今も元気でいる。母の記憶によると日本人の父は背が高く色白。二重瞼《ふたえまぶた》で濃い眉毛《まゆげ》。石景窯業には「太田」という日本人がいて親しかったという。

徐佐誌（シイ・ズオヂイ）

八六年十二月帰国

私が日本人《リィベンリェン》——一九七八年ごろの春節（旧正月の元旦《がんたん》）の日、そのことを耳打ちしてくれたのは、養母と仲のいい近所のおばさんだった。それから一年後、事実を認めた養母、陳松枝の話によると、実の父母は敗戦の年の八月、最初の養父、徐吉明に私を預けた。徐は哈爾浜《ハルビン》市道理《ドウリ》区炮隊《ホウタイ》街で理髪店を開いていた。子どもができなかった養父母は、まだ一歳にもならなかった私を我が子として育て、私自身も物心がつくころから二人を実の親と信じていた。

　五三年に養父の徐が病没し、養

母の陳は同じ理髪師の楊金燦と再婚した。小学校卒業後、十三歳で哈爾浜市の京劇団に入団し、胡《こ》弓《きゅう》の奏者として訓練を重ねたが、文革中の六七年、劇団を追われ、工場労働者に転職させられた。確証はないが私が徐のもとへ預けられるとき、日本の家族は父母と私の他《ほか》に兄妹がいたという。

八三年二月、肉親を求めて来日した。手掛りは得られなかったが八六年十二月、身元不明のまま妻と養父母、子ども一人とともに帰国することができた。

瀋陽

三十四年目の再会

早川あささん

三百人近い難民の集団が突然襲撃を受けた。銃弾に当たって絶命するもの。見失った子どもを気が狂ったようになって捜す母《おや》がいた。集団の一員だった早川あささんは、四人連れていた子どものうち、一年七カ月だった双子のうちの一人をこのとき見失った。

骨を埋めるつもりで大陸へ

あささんが、静岡県榛原《はいばら》郡吉田町出身の宮田正重さんと結婚して、満洲《まんしゅう》へ渡ったのは昭和十七（一九四二）年九月。その前の月の八月十八日に結婚式を挙げ、九月六日には住み慣れた町を離れるあわただしい旅立ちだった。

「お父さん（主人）が三十三歳で、私が三十一でしたよ。私はね、七人姉弟《きょうだい》の二番目で父が早いうちに亡《な》くなったもんで、姉さんが嫁入りしてから母さんを助けて百姓の手伝いをしてました。そんなもんだで、狭い日本で百姓するよりも、広い大陸の方がいい思ってねえ。それまでにも、ずいぶん縁談があったです。けど、なかなか縁に恵まれなくて。ところが、お父さんの縁談《はなし》はすぐに決まったですよ」

入植地は静岡県磐田《いわた》郡福田町の分村として開拓していた旧竜江省鎮東県《リュウコウ チントウ》の竜山《リュウザン》福田開拓村で、正重さんはそれより半年前現地入りし、受け入れ態勢を作っての嫁探しだった。正重さんには先妻との間に二人の息子、それに母親がいたが、あささんは正重さんとの縁談をためらいなく受け入れ、大陸での開拓に夢を託した。

出発の日、最寄りの駿遠《すんえん》線・吉田駅では、両家の親族と隣り組の人達《たち》から見送りを受け、九月八日、当時、渡満の玄関口だった下関《しものせき》から船に乗った。

「内地を離れる以上、満洲へ骨を埋めるつもりだったもんだで、いざ港を離れるときになると急に寂しくなってねえ。下関を朝離れましたけんど、いよいよ船が岸壁を離れて町が見えなくなったときには、悲しくなって涙が出たですよ」

二人が乗った船は最初釜山《フザン》港に着き、釜山から乗った列車は乗り詰めで北朝鮮の新義州《シンギシュウ》から満洲に入り、奉天（瀋陽《シンヨウ》）——新京（長春）を経由して竜江省鎮東県の白城子《ハクジョウシ》に着いた。

新婚の二人は白城子街の旅館で一泊したあと、開拓村に近い竜山駅に降り、九月十七日、迎えの馬車《マーチョ》で開拓村に着いた。あささんが馬車に揺られながら見た初めての満洲は、秋色の平原がどこまでも続き、吹き付ける風はすでに冬を思わせた。

土の壁に洋草《ヤンソー》ぶきの屋根、オンドルの煙突が突き出た〝新居〟には、六十八歳になる義母のヒロさんと二人の子どもが待っていた。生活の場となるその家は、いかにも貧しく、電灯も水道もない粗末なものだった。

北満の開拓村に戦局の報は届かず

「八畳と六畳ぐらいの部屋にアンペラが敷いてあるだけでしたよ。あんまりひどい家《うち》なもんで、最初は私、泣きました。

水道なんかないもんで遠いも遠い、とんでもないところまで、天秤棒《てんびんぼう》をかついで水汲《みずく》みに行くんですよ。まだ夏はいいですけど、冬は凍ってしまうもんで、これがきつくって、きつくって。水汲みだけじゃなくて、冬はオンドルで使う薪《たきぎ》とりね、これも大変でした」

あささん一家が入植した竜山福田開拓団は、白城子街から約三十キロ。竜山駅に近い本部を中心にいくつかの集落に分かれ、複式学級の学校に病院を備え、最盛期の入植者数は矢崎秀一団長以下三百七十二人を数えた。近在には主に静岡県人で組織された大崗《たいこう》、幸昭《こうしょう》、套保駿府《とうほすんぷ》郷《ごう》、白昭浜松郷《はくしょうはままつごう》といった開拓団が、競うように開拓を進めていた。

あささんにとって入植した地は内地で想像したような楽土ではなかった。
けれど、勤勉で何ごとにも負けず嫌《ぎら》いの正重さんは、一挙に耕地面積を広げ一、二年にして十七町歩（十七ヘクタール）のトウモロコシ、高粱《コーリャン》、大豆などの穀物畑と二町歩の蔬菜《そさい》畑、それに乳牛、豚などを持った農家に成長し、中国人の劉さん一家を家族ぐるみ頼んで、営農は順調だった。

「冬は畑の仕事ができないもんだで、家《うち》にいて、ほころびたズボンとか足袋とか、縫い物をよくしたですよ。それでも、冬が明けて四月、五月になるとすばらしかったですよ。赤茶けた野原が緑になったかと思うと、ユリ、シャクヤク、タンポポ、その他名もわからない花が一斉《いっせい》に咲くんです。二町歩の野菜畑は私の持ち分でしたから、菜っぱ、ウリ、ナスなんかをね。カボチャの種を二升も蒔《ま》いたことがありましたよ」

凍《い》てつく冬の寒さと厳しい夏の日照り、自然の過酷さと地平線まで広がる畑の作業はきつかったが、狭い日本では味わえない営農の喜びはあった。作付けの農繁期、朝、暗いうちから夕方暗くなるまで働いたあささんが、初めての子どもを身ごもったのは、昭和十八（一九四三）年の春。その年の十二月、静岡の母親のもとに里帰りし、暮れも押し詰まった二十五日、男と女の双子を産んだ。

「男なら勝ち進むの意味で勝《まさる》、女の子なら睦子《むつこ》とするように、お父さんに言われて、二人にそう付けたですよ。お父さんは満洲におりましたから、手紙のやりとりに時間がかかってしまって、町役場に届けたのは年が明けた十九年の一月。ですから二人の誕生日は一月十五日になっているですよ。

子どもが生まれる一週間前七十を過ぎていた義母《はは》が満洲で亡くなりましてね……」

あささんが初産の双子を連れて開拓団へ戻《もど》ったのは十九年五月の初め。里帰り中、義母が亡くなる不幸はあったが、一度に二人の子どもが増えて、あささん家族はまたひとつ賑《にぎ》やかになった。

このころ日本は太平洋に拡大した戦局が日ごと悪化し、その年の七月七日にはサイパン島が玉砕、東京を始めとする大都市では学童の集団疎開《そかい》が始まるなど、敗色が濃くなっていたが、北満の開拓村にはその情報は伝わらなかった。しかし、明けて昭和二十年三月には硫黄島《いおう》が米軍の手に落ち、東京にB29が爆撃を加えるようになると、福田の開拓村にも、非常時の報が伝わり、若い団員に召集令状が次々に届くようになっていた。その年、三十六歳になっていた主人の正重さんにも赤紙は届いた。

「お父さんは右の指がなかったもんだで、大丈夫とは思ってたんですが、なんで『指の一本や二本ぐらい無くったって……』そんなふうに周囲から言われたりして。出征して行ったのは二十年の四月十四日でした。なんの部隊か知りませんが、ハイラルの二十三部隊、七班とか言っておりましたがね。国民服着て出て行くとき、畑の作物のことを気遣って、十七町歩の半分は中国人の劉さんにやってもいいからって。もしも暮らしに困ったら、俺《おれ》の着物を売れとか、やっぱり、女、子どもを置いて出て行くのは心配だったようです」

主人を部隊に送り出し、双子の乳飲み子と二人の子どもを抱えて、異境の地を耕す主婦の気持はどんなであったろうか。それがどれだけ過酷な条件であっても、弱音を吐いてはいられなかった。夫の留守を守って子どもを養い、農作業を維持していくことが、開拓村に残された女たちの義務だった。

「お父さんが兵隊に行っても泣いてなんかいられなかったですよ。私らは向こうへ行ってからは案外、度胸が据《す》わってたもんだで、誰《だれ》かが殺しに来たっても、たとえ足一本でも切り落としてやる、そんなふうに、いつも教えられていたもんで、寝るときはいつでも枕元《まくらもと》に鎌《かま》とか槍《やり》とかを置いたりしてましたよ。自分がたとえ殺されるとしても、少しでも相手をやっつけてやろう、思っておりましたから」

ソ連の参戦に大急ぎで逃げ仕度をする

召集令状を受けた働き手の男たちが、歯が抜けるように出征して行くなか、村にも悲観説が流れていたが、公的機関からの情報や指示は皆無だった。

八月九日、あささんは白城子街へ買い物に行くため最寄りの竜山駅に出た。すると、軍人軍属とその関係者が乗った列車が停車しており、部外者は乗車できない、ということだった。あささんは不審に思いながら、そのまま村に戻ったが、その前の日の八月八日、ソ連が日本に宣戦を布告していたことを、翌日の朝になって初めて知った。

民間人の安全を守るはずの関東軍とその関係者は、一般邦人に情報も与えず、真先に脱出を企てていたのだった。

「十日の朝、団の朝礼のときに、ソ連が参戦してきたって言われたんですが、その日は、戦争が始まってても静かだね、なんて言うくらい穏やかでした。ところが一日置いて十二日には、団の方から全員避難の命令が出たもんで、子どもに食べさせるおにぎりとか炒《い》り米なんかを作り、これからどうなるかわからないもんだで、衣類とか防寒具とかを行李《こうり》に詰めて、大急ぎで逃げる仕度をしたですよ」

竜山福田開拓団に大崗、幸昭など、他の開拓団員が加わって、約四百人になった避難民が、まず最寄りの街、鎮東に向けて出発したのは十三日の早朝だった。女手と子どもだけになっていたあささんも、中国人の劉さんに仕立てて貰った一頭曳《び》きの馬車に荷物、子どもを乗せ、双子のうちの勝君を背負って、逃避行の列についた。このときあささんの家族は、正重さんの先妻の子どもで、国民学校五年生の修次君と四年生の泰也君。それに、一年七カ月になっていた勝ちゃんと睦子ちゃんの五人だった。

一団が村を離れるとき団の決断で、燃料貯蔵庫はじめ、村の主な建物に火が放たれ、あちこちから赤い炎があがるのが見えた。二度と村へは戻らないはずの脱出だったが、出発して一時間ほどたつと、鎮東にはすでにソ連軍が進攻した、との情報が伝わり、一団はやむなく元の開拓村に引き返した。ソ連軍の進攻は鎮東だけでなく、そこから三十五キロほど離れた白城子街にも及び、もはや日本人は近づけない、などの情報が入り、団員の間には刻一刻、絶望的な空気が流れ始めていた。

成人女子は丸坊主《ぼうず》になって

「最初、大崗の団長さんが、ここは間もなく戦場になるだで、とても生きられないからみんな一緒に死んでくれって……。今夜は最後の夜だから安らかに眠ってくれ、そう言われましたよ。一夜が明けて誰が言い出したのか、どうせ死ぬんだから最後の〝血祭り〟をするって……。死ぬ前に豚を殺して、おいしい物食べよう、って言われましたけど、私はとてもそんな気持にはなれなかったですよ。

　誰しもがいつ殺されるかわからない。そう思ってたもんだで、みんな正常な精神状態じゃなかったですよ」

　殺気立った空気のなか団員の意見は、逃げられるところまで逃げる、とする脱出組と、自決もやむ無し、とする残留組に分かれてまとまらなかった。

「寺田さんという団の責任者が私のところへ来て『宮田さんはどうしますか』って聞かれるもんだで、私は逃げますよって言ったです。そしたら『大勢の子どもを連れて逃げられると思うですか』って言うだで、逃げられるところまで私は逃げるって。ここに残っても、子どもが八ツ裂きにされるのを見ているか、自分も殺されるしかないと思うから、私はみんなと一緒に逃げるってね。仮に家族の中の一人でも生き残れれば、家系を継ぐことができるけれど、このままここにいたら全滅してしまうって……」

　残留か脱出か、二分された意見を竜山、大崗、幸昭、各団の指導者が協議し、偵察《ていさつ》隊を出して逃避の可能性を探った結果、村を再び脱出して逃げられるところまで逃げる、という結論になった。脱出プランは、危険率が低いと思われる南の裏道を選び、まず京白線《ケイハク》（白城子―新京を結ぶ鉄道路線）に出て線路沿いを歩き、新京（長春）を目指す、というものだった。

出発前、ほとんどの成人女子は、外敵の略奪強姦《ごうかん》から身を守るため、髪の毛を落として丸坊主になった。

「十六日の朝六時ごろでしたよ。本部にみんなが集まって、団長の矢崎さんが言うには、果たして逃げられるかどうかわからないけれど、とにかくこれから逃げるって。だもんで銘々、食糧とか衣類をいま一度用意するようにってね。

そして、逃げるときには坊主頭の方が安全だから、そう言われるだで、私は隣の人と二人でバリカンで刈り合ったですよ。

村を再び離れるとき、子どもと私の髪の毛を近くの畑に埋め、この身はどこで果てようとも、魂だけは土に帰れるように手を合わせて拝んだです」

重苦しい空気だった。この時点の様子を『竜山開拓史』はこう記している。

〈約四百人の団員は前衛、中衛、後衛の三隊に分かれ、村を出発したのは十六日の朝九時ごろだった。馬車に水、食糧、医薬品など最小限の物資を積み、それに病人、妊婦、幼児を乗せ、外からの襲撃に備えて三八《さんぱち》式銃五十挺《ちょう》、手榴弾《てりゅうだん》十五個、大人のほとんどが短刀を携帯しての脱出行だった〉

あささん宅には馬も大車《ダーチョ》もあったが、それを仕立てる余裕がなかった。やむなく、よその馬車にわずかな荷物と幼い双子を乗せて貰い、あささんと上の二人の子どもは馬車の後に付いた。

「険悪になったもんで、みんなに付いて行くのがやっとですから、何も持てなかったです。それでも、出掛ける間際《まぎわ》になって、炊《た》いてあったご飯をおにぎりにし、炒《い》り米を作りましたよ。自分では食べられなくても子どもだけには、思いましてね。ガマぐちに入っていたお金は三百円ぐらいでしたか。家を離れるとき、祀《まつ》ってあった仏様と、いざというときに、と思って剃刀《かみそり》は持ったです」

気がつくと睦子がいない

列を作り避難を始めた一行に、いきなり銃弾が撃ち込まれたのは、村を出発して間もなく。逃避行は最初から困難を予想させた。四百人の避難民はやはり婦女子、老人がほとんどで、逃避には二十歳《はたち》前の若い戦闘員が銃を持ち、列の要所の護衛に就いた。

銃弾による犠牲者は、村を出た最初の日から出て、途中の湿地帯では逃避を悲観した老人の自決者も出た。

その日の午後、一行は同じ静岡県人が開拓した駿府《すんぷ》開拓村に着いた。が、団員の姿はなく、日本人が脱出したその村には、すでに中国人がいるらしく、一行はその日の夜、村を遠巻きにして野宿を決めた。四人の子どもを連れたあささんは、双子のうちの一人をヒモで背負い、他の一人を前に抱き、上の二人は脇《わき》に置いて、夜露のもとで仮眠をとった。
明けて十七日は洮児川《トオル》という難関が控えていた。橋は落ちていたから、一行は小舟を何度も往復させ、渡らなければならなかった。物資を積んだ馬車は馬を外し、車は車輪と本体を分解して綱で渡し、馬は泳がせての渡川だった。

「小さい舟だで、全員が渡るまでに半日ぐらいはかかりました。川を渡ってから二十人ぐらいで歩いていたら、いきなりどこからか撃ってきたですよ。びっくりして近くの堀《ほり》のようなところへ飛び込んだです。気がつくと一間(一・八メートル)ぐらい先にいた銃を持った男《ひと》が撃たれちゃって。頼める人がいないから、双子の二人を重ねるようにおんぶして、上の二人は手を引いて高粱《コーリャン》畑の中へ逃げたです。何も食べていないもんで、力がなくなっちゃって。そのうち、マクワウリを見つけて——子どもが腹を空《す》かせて、マンマよ、マンマよって泣くんですけど、食べなければ私の方がまいってしまうもんだで、子どもに食べさせる余裕などなかったですよ。

同じ村の人が、四歳になる女の子と三歳の男の子を亡くしたのはこの日ですよ。もう殺してしまった方が子どものためにもいいと思ったからでしょうよ。お父さんが殺そうとするもんだで、奥さんの方は耐えられなくて、子どもをおんぶしたまま逃げたそうですよ。ところが男の力にはかないません。奥さんは死んだ子どもを前にして思わず手を合わせたって言うですよ」

十七日は夕方から土砂降りだった。列を立て直した一行は、ずぶ濡《ぬ》れで洮児川に近い中国人の農家に立ち寄り、連れていた馬と交換に、夜の宿を借りることができた。母屋《おもや》に入り切れず、家畜のような扱いだったが、雨を避けられただけでもありがたかった。

五百人の敵に包囲されている――そんな流言が伝わったのはこの夜だった。空腹に疲労が重なり、前途を悲観した団員の中には「子どもは処分する」とする戦闘員に、我が子を預ける親もいた。

「今夜こそ暴民が攻めて来る、言うだで、私はいつ殺《や》られてもいいように、小さい二人の子どもを膝《ひざ》の上に乗せ、大きい方は両方の手で抱えるようにして、そのときを待ったです。ところが、うとうとってしているうちに外が明るくなって……殺されずに済んだもんだで、みんな喜び合いましたよ。けれども、この晩、戦闘員に預けられた子どもが、十一人ばかりでしたけど、一つの場所に集められて殺されているんです」

十七日の夕方からの雨は明けて上がり、十八日はよく晴れていた。一行は中国人の農家を出て、どうなるとも知れぬ逃避行についた。

中国兵か現地民か、相手はわからなかったが時折、しかも遠巻きに撃ち込んでくる銃声は、朝、出発したときから止《や》まなかった。不気味な音に脅《おび》えながら、三百人を越す一行は京白線に沿って東へ進み、その日の昼ごろ舎力《シャリキ》という名の駅に接近した。舎力に入る前、矢崎団長以下、若い戦闘員らが目前の舎力の非常線をいかに通過するかを協議し、その結果、一行は非戦闘員であり、平和裏に通過できるよう相手方に伝えるため、最初、使いの者を出すことになった。その申し入れが成功して、一団が移動を開始したのは午後三時ごろ。安全に通過できる保証として、相手方の中国人が一行を先導してくれることになった。ぼろをまとった敗残者の群、一行はゆっくりと移動を始め、最初は静かだった。無事に通過できるかに見えた。が、惨劇は前方の列が舎力の駅を通り過ぎたころ、降って湧《わ》いたように起きた。駅舎の方向から銃弾が一斉に撃ち込まれたのだ。隊列から悲鳴があがり周辺はたちまち修羅《しゅら》の場と化した。四人の子どもを連れたあささんは、激しい銃声に我を忘れてその場から逃げた。どのくらいの時間がたったのか、気づくと双子のうちの睦子ちゃんがいなくなっていた。

「上の二人は歩かせて、双子のうち勝の方は肩に背負って、睦子は脇を走る馬車に乗せていたですよ。いいあんばいに通れるかと思って……。私はこのとき、神様お助けくださいって、心の中で祈ったですよ。睦子は寂しそうな顔して私を見てましたけどね。そのうち急に鉄砲の音がして、睦子が乗った大車の馬が音を立てて倒れたです。咄嗟《とっさ》のできごとなもんで、びっくりしちゃって、みんな蜘蛛《くも》の子を散らすように逃げる。どうしようもなかったです。飛んでくる弾の音が恐ろしかったもんだで、何がなんだか夢中でしたよ。そうして気がつくと睦子がいないんです。そろそろ薄暗くなっていましたけど、睦子を捜そうと思って元のところへ戻ろうとしたら、五人ぐらいの戦闘員が見えたもんだで『子どもが……』って言ったら『止《や》めろ！』って言うですよ。私が気が狂ったようになって『行く！』って言ったら、戦闘員たちは銃を構えて取り巻いてしまったですよ。今、戻ったら生きては還《かえ》れないからって……。気持を静めようと思い、持っていた水筒の水を口に含んだら、全身がガタガタ震えだして止まらなかったです。仕方がない、私は大声を張りあげたです――『睦子、堪忍《かんにん》しておくれ、お母さんは先に帰るでね……』って。大声で二回ばかり叫んだですよ。そうしたらどうです。驚いたことに、暗い中から、どこかの子どもがね、やっと歩けるくらいの子どもでしたけれど、四人も五人も私のところへ駆け寄って来たですよ」

恐怖と絶望の下、主人との再会を喜ぶ

舎力での犠牲者は竜山福田組だけで二十人を越していた。安全を約束されたはずのその場所で、なぜ、このような悲劇が起きたのか。原因は今もってわからない。

あささんは睦子ちゃんを見失ってもどうすることもできず、体を引き裂かれる思いでその場を離れた。生きながらえた団員は列を作り新京へ通じる鉄道を夜を徹して歩いた。

同胞を失い、ぼろぼろになっての逃避行は十九日、二十日、二十一日……と続いたが、幸い、周辺からの襲撃、妨害はなかった。

郷里へ生きて帰りたい――そう、ひたすら願って逃げて来た一行に、かすかな希望が見えたのは八月二十五日。竜江省大賚《タイライ》県の大賚駅に着いたときだった。

矢崎団長以下数人が、平穏な通過を念じて大賚駅へ交渉に行くと駅の改札口に、偶然にも一人の日本人が立っていた。その人こそ団員が顔見知りだった元鎮東駅の駅長だった。

日本はやはり無条件降伏したという。その悲報に団員は力を落としたが、元駅長から伝達された「全員護送します」との報は、銃撃のたびに念仏を唱えてきた団員にとって、まぎれもなく天佑《てんゆう》と言えた。

「日本は負けたって言われて、大賚駅で武装解除させられたです。もう、疲れ切っちゃって、目が見えなくなるくらい衰弱してたもんだで、手を引いていた二人の子どもに『お母さんの手を引いてくれないか……』って言いましたよ。ところが子どもの方も疲れているだで、引いてくれるどころか、しがみ付いて来る……あの苦しみは地獄以上のものでした。私だけじゃなく、団の人たちみんなが同じでしたから、大賚駅に着いて、汽車に乗せて貰えるって聞いたときは、みなさん喜びました。あたしゃ、思わず嬉《うれ》し泣きに泣いたですよ」

二十六日朝、あささんたち一行は、大賚駅を無蓋車《むがいしゃ》で出発し、いったん吉林《キツリン》省の前郭旗《ゼンガッキ》で列車を降り、そこで五日間の休養を取ったあと、再び無蓋車に乗せられて南下した。新京（長春）を通過し、懐徳《カイトク》県の公主領《コウシュリョウ》駅で降ろされて、近くの醸造工場に収容された。ようやく、銃撃のような危険は遠のいたが、そこには飢餓という苦が控えていた。

開拓団の組織はすでに機能を失い、難民となった団員は、各人が自力で生きる術《すべ》を考えなければならなかった。それまでの逃避行も同じだったが、ここでも、苦難をより強《し》いられたのは、家長を兵役にとられた出征家族だった。

公主領の収容所で一週間ほど過ごすうち、約七十人の出征家族だけが、そこから離され、新京へ移った。あささん母子《おやこ》もその組に付いた。新京の収容所は公園に近い旧商業学校だったが、ここにも長くは留《とど》まれず、五、六日が過ぎると、今度は公主領の南、四平《シヘイ》省の四平街に移送され、収容所に当てられた旧満鉄官舎に再収容された。

それより半年ほど前の二十年四月、応召していた主人の正重さんが、あささんの前にひょっこり姿を現わしたのは九月二十六日。冬が近づいていたし、三人の子どもを抱えたあささんには、正重さんとの再会は、ことのほか嬉しかった。

「満鉄の官舎は四平の駅から、歩いて二時間ぐらいの距離でした。終戦まで日本人が住んでたところですから、畳は敷いてあるし、電気、水道もある。ナベとか茶わん、箸《はし》まで支給されて、たまにはお米もいただいたです。

そうこうするうち、お父さんが帰ってくれたもんだで、やっと助かった、思いましたよ。それでも、周りではお年寄りや子どもが栄養失調で一人、二人と死んでおりましたから、じっとしていたら生きられない、思って、冬には縫い物をしたり。わずかな稼《かせ》ぎですけど、いなりずしのようなものを作って、売ったりしましたよ」

緊張は解けなかったが、脱出当時の恐怖を思えば四平の空気は穏やかだった。平穏であればそれだけ、あささんには舎力で見失った睦子ちゃんのことが悔やまれてならなかった。あささんは四平の収容所で睦子ちゃんの夢を幾度か見た――水辺で遊ぶ睦子ちゃんに、あささんは何度も声を掛けた。が、睦子ちゃんはただ黙するだけ、何も答えてはくれなかった。一度は大勢の人前で、お経をあげて貰う睦子ちゃんの夢だった。あささんはその夢の中で「これで睦子も仏様になれる……」とつぶやいていた。

七月二十二日、博多に上陸する

難民家族に、引き揚げの朗報が伝わったのは、昭和二十一（一九四六）年の六月ごろ。収容所を離れる日は七月一日と決まった。

けれど、あささんは睦子ちゃんのことが頭から離れず、一人、中国に残って捜し出すことも考えた。が、夫の正重さんが「女、子どもを残して男が先に帰れるか」と主張し、結局、正重さんがそこに残り、あささんが一足先に帰国することになった。上の二人の子どもは正重さんが預かり、二歳半になっていた勝ちゃんは、あささんが連れて帰ることにした。

「七月一日の夕方、四平の駅を出発して、錦州《キンシュウ》の葫盧島《コロトウ》まで汽車でした。なんという名前の船でしたか、覚えていませんが、なんでも二日ぐらい航海して、一週間ほど海にいてから七月二十二日に九州の博多に上陸したですよ。

博多から列車に乗って、親戚筋《しんせき》がある島田（静岡県）の駅に着いて、駅で弟と会ったときは嬉しかったですよ。私の方の兄妹《きょうだい》がよくしてくれたもんだで、郷里の吉田町におちつきましたけど。引き揚げるときに、おなかの子どもが三カ月になっていたもんで、翌年の二月に三人目が生まれたですよ。ですから、向こうから連れてきた子どもと二人を養いながら、お父さんの帰るのを待ったです。

お父さんは、子どもが生まれた二十二年の十月に帰って来ましたけど、やっぱり睦子の消息はわからなくて……」

睦子は生きていた

あささんの戦後は、引き揚げ者の生活苦に、正重さんとの離婚が重なって、苦労の連続だった。生活を賄《まかな》うため、地元で獲《と》れるシラスとか干物《ひもの》の行商をやり、闇米《やみごめ》の商いに手を染めることもあった。生活はいつも苦しかった。子どもを抱え、苦の娑婆《しゃば》だったが、あささんは生き別れた睦子ちゃんのことを忘れたことはなかった。睦子ちゃんの安否を占い師にみて貰い「頸《くび》を刺されて殺された……」などと告げられたが、あささんには睦子ちゃんが死んでいるとはどうしても思えなかった。

そんな母《おや》の思いが天に通じたのか、睦子ちゃんが生存していたことが判明したのは、昭和五十一（一九七六）年十一月。睦子ちゃんと同様、引き揚げの途中現地に取り残され、昭和四十九年七月、里帰りした竹林あやさんという、同じ開拓団出身の女性が、現地で肉親を捜し求めていた睦子さんを捜し当てたのだった。

家族の絆《きずな》を引き裂かれて三十二年、睦子さんは舎力の銃撃現場で生き残り、現地に住む徐蘭庭さんの養女として育てられた。中国名、徐洪芝。小学校の教職に就き、一男の母になっていた。

「なにしろ三十年以上も過ぎていたもんだで夢のようでした。神様のご加護でしょうよ。ずっとあきらめ切れずにいたもんだで、身元が判《わか》ったときは嬉しかったです。居所が判ってから睦子は、昭和五十四年の十二月に一度里帰りをしましたけど、話を聞いてみると、親の名前も自分の名前も判らなくても、子どものときから日本人ということは判っていたもんだで、物心が付いたときから日本のことを思い、親のことを考えていたそうですよ。私たちにとっても睦子にとっても、巡り合えるまでの歳月は長かったです」

張宝硯（ヂャン・バオイェン）

八七年二月帰国

私たちはソ連の参戦まで旧興安南省王爺廟《オーオンジ》の北の地に住んでいた。敗戦の年五歳か六歳だったのではっきりした記憶ではないが、家族が離散する前、家には父母と姉がいて、父は自動車の運転手だったように思う。

それが誰《だれ》だったのか、顔、名前は思い出せないが、避難したのは五人だった。五人のうち大人は四十歳ぐらいの男、それに三十歳と二十歳くらいの女。子どもは私とまだ一歳にも満たない女の子だった。

五人であちこち逃げるうち私だけが竜江省・洮南《トウナン》街の北にあった

小さな村の農家に預けられ、暫《しばら》くして養家の張のもとに引き取られた。

一緒に逃げた人達《たち》は無事だったろうか——。そこがどこだったかわからないが、家族とともに中国へ渡ってから、母に手を引かれ、日本人が建てた神社にお参りしたことをぼんやりと覚えている。

一九八四年二月、肉親調査に日本を訪れ、身元はわからなかったが八七年二月、妻と子ども四人とともに帰国することができた。

張恵娟（ヂャン・ホェヂェン）

黒竜江省哈爾浜市

日本の家族はソ連参戦まで旧興安東省布特哈旗《ブトハキ》博克《ヘト》に住み、父母の他《ほか》、弟が二人、妹が一人いた。敗戦時私は八歳で日本名が「福重満津子」、父は「金男」、妹が「美栄子」とはっきり覚えていた。その結果八八年二月の訪日肉親調査で母方の叔父＝北海道・木古内《きこない》町、農業、山本昭吉（五九）＝の身元が判明した。

対面での話によると私の母（キクヨ）は一九三六年に満洲《まんしゅう》に渡り、現地で二男二女を産んだが四三年に長男が病死、敗戦時一家五人で哈爾浜《ハルビン》へ逃げた。その年の九月母

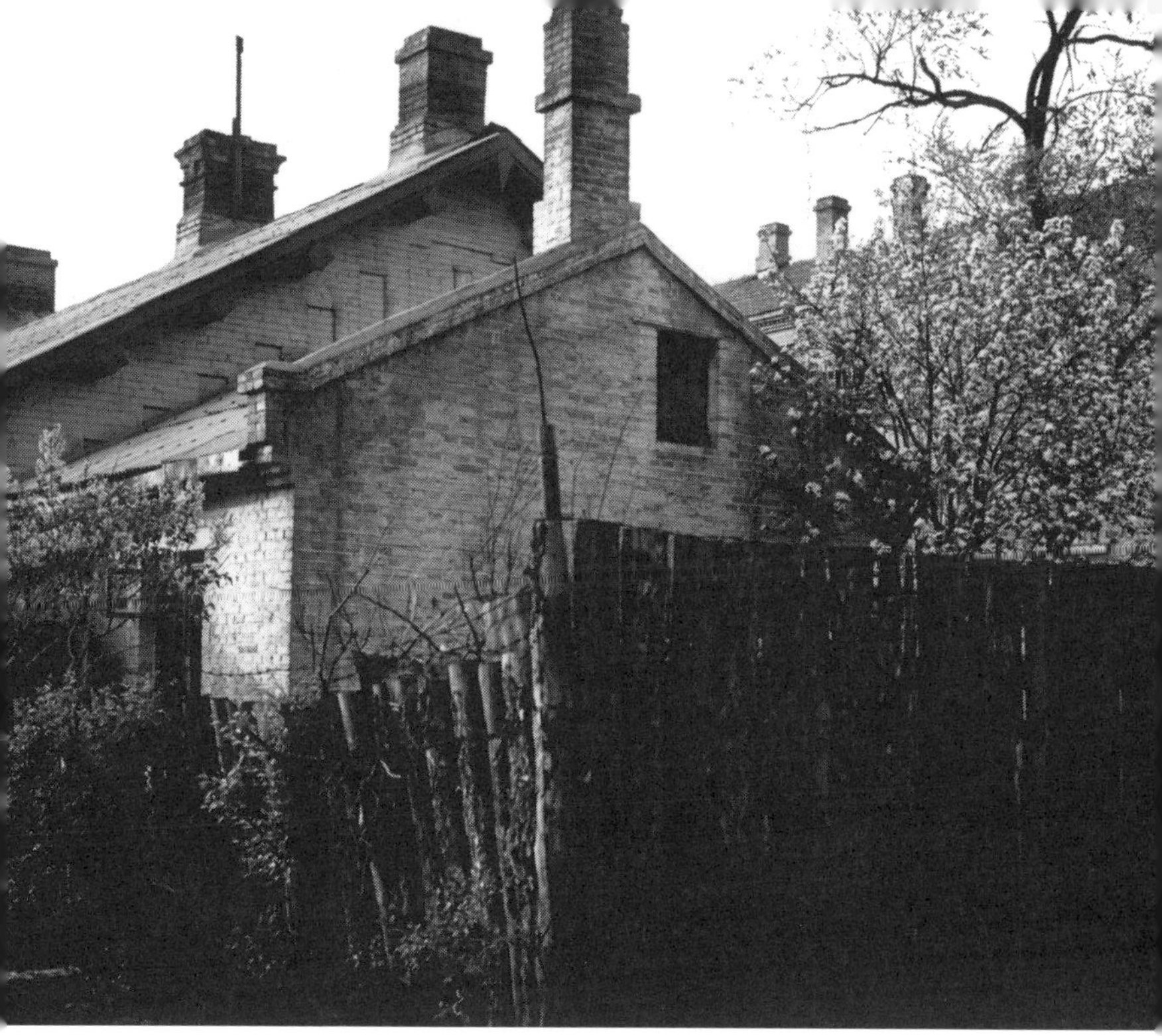

は収容所で三女を産んだが、飢えと病気で子どもとともに死亡。弟と父も翌年四月亡《な》くなった。

父が死んで二カ月後、私はある日本人女性の紹介で当時、自動車運転手だった張に貰《もら》われ、妹は他の中国人に引き取られた。

経理専門学校を卒業後、哈爾浜市内の鉛筆工場に長く勤めたが、すでに退職して、夫との間に一男一女がある。中国で仕合わせに暮しているので、日本に永住帰国するつもりはないが、日本人である以上、戦時死亡宣告を受け抹消《まっしょう》されていた戸籍だけは一日も早く取り戻《もど》したい。

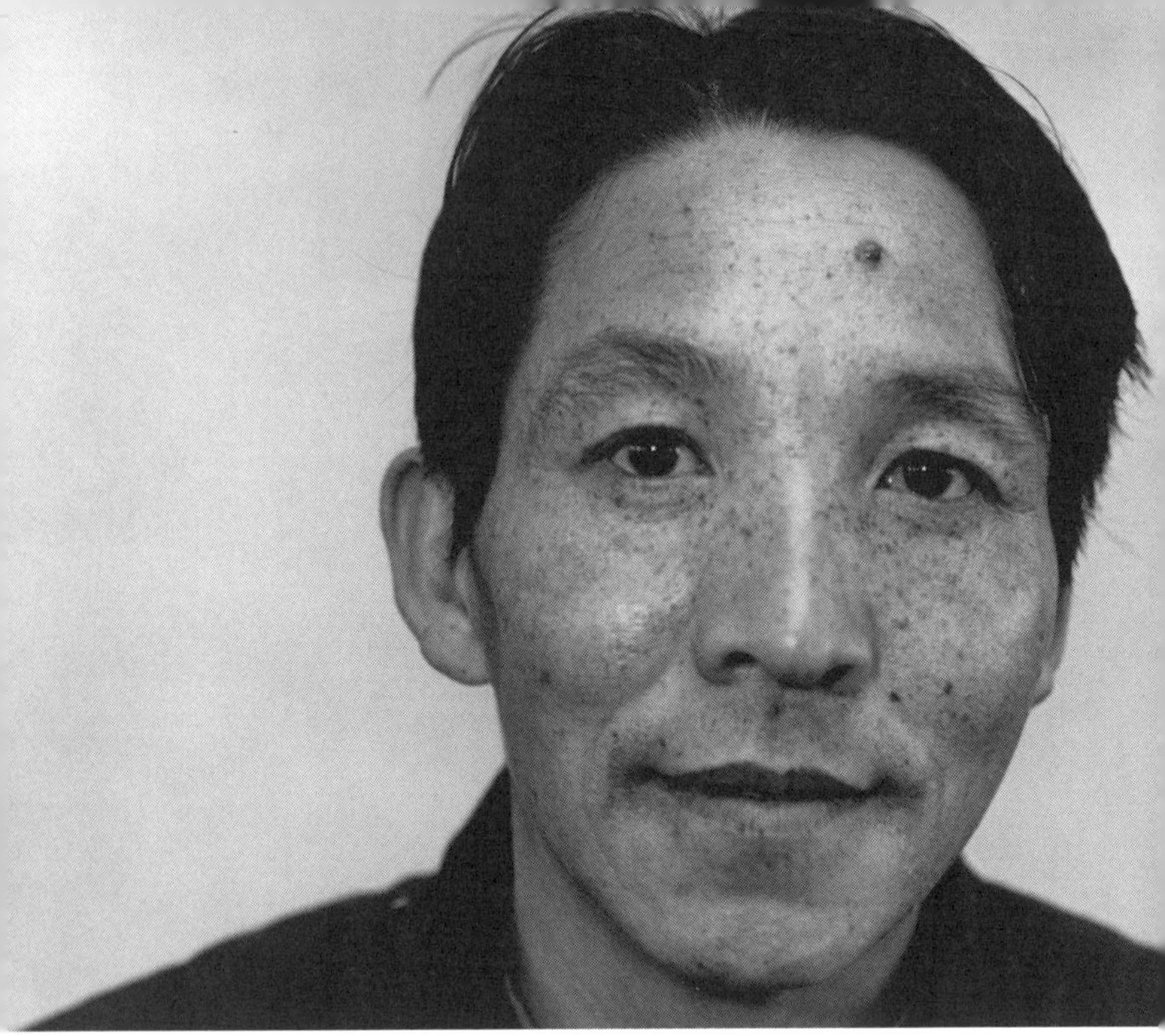

張世清（ヂャン・シィチン）

黒竜江省甘南県

私が日本人《リィベンリェン》だったことを初めて知ったのは四十歳（推定）になった一九八三年。中国公安局の調査で養母が、その事実を打ち明けたからだ。まったくの寝耳に水だったので気持の動揺は大きかった。日本人と知り産みの親より育ててくれた中国の親にまず敬慕の念がわいた。

　養父はすでに亡くなり、当時の事情を伝え聞いていた養母の話によると、日本の家族は旧黒竜江省甘南県にあった義和開拓団にいたらしい、という。ソ連参戦直後の四五年八月、私は義和開拓団近く

の空家の中に一人置き去りにされ、そこを通りかかった養父の張に拾われた。年齢は二歳ぐらいでベージュ地に赤の花模様のついた上着を身に付け、布団《ふとん》に包まれていたという。義和開拓団は近くを川が流れ、対岸には中国人の集落があって養父母はこの村で菓子などを売る雑貨店を営んでいた。

八七年二月、肉親調査に日本を訪れたが身元はわからなかった。けれど、今は日本人として大国の祖国を誇りに思っている。できたら一日も早く日本に帰りたい。ただ、そうする前に育ててくれた養母の恩にむくいるつもりでいる。

于桂香（ユィ・グイシャン）

吉林省吉林市

私が日本人《リィベンリェン》とわかったのは一九五〇年、七歳のころ。近所の子どもから「日本人の子《リィベンハイズ》……」とよくからかわれたので養父母に質《ただ》したところ、そこで初めて告白された。

旧吉林省新京（長春）市の電業局に勤めていた養父の話によると、敗戦の年の十一月、私は新京市の太平街近くで野菜売りをしていた楊という中国人を介し、実父母から直接預けられた。その際、養父母は食糧に困っていた実父母に高《コー》粱《リャン》と他にいくらかの食べ物を与えたという。

最初の養父はその後、病気で亡

くなり、養母は再婚して二人は今も元気でいる。養母は朝鮮人、養父は中国人、私は日本人なので三つの民族が一つの屋根の下で暮している。二十四歳（推定）のとき結婚した夫は京劇の俳優で、私も一時同じ劇団にいたことがある。

八七年二月、肉親調査に日本を訪れたが身元は判明しなかった。が、子どもの将来のためにも日本に永住したい。夫もそれを望んでいる。

最近、訪日肉親調査を打ち切る、という話もある。が、私の近辺にはそれを望みながらかなえられずにいる日本人孤児が何人もいる。

張俊英（ジャン・ジンイン）

吉林省長春市

養父の張海山には二人の妻がいたが私を養ってくれたのは本妻の張範氏だった。養父母とも亡くなったが、生前の話によると日本の父は軍人で、兄妹が多く私は末っ子だったという。

敗戦翌年の春、私は父の知人だった孫振という中国人を介して旧吉林省南新京西中華路にあった養家に貰われた。

中国人と思っていた私に「あんたの本当の親は日本人……」と耳打ちしたのは仲介者の孫さんだった。実父と親しかった孫さんは家族が日本へ引き揚げるとき、父か

ら「杏評」と書いた掛け軸を貰ったという。

養母はなにかと辛《つら》く当たる人で、ことあるごとに叱《しか》られ、殴られることもしばしばだった。自分が日本人とわかってからのそんなとき、日本の父母のことが脳裏に浮かび涙が出た。

小学校を卒業してからゴザなど作る工場で働き、一九六一年に結婚したが配偶者にも恵まれなかった。ひどい酒乱に耐えられず、結婚して八年目に別れ、今は再婚した夫との間に男の子がある。

八五年九月、夢にまで見た祖国を訪れたが肉親の手掛りは得られなかった。

肉親への鎮魂

清安悦郎さん

飢餓のもとで考えたことは、まず自分が食にありつくことだった。母親のことも妹のことも考える余裕などなかった。飢餓から逃れ、人間性を回復したとき、取り返しのつかない罪の深さに気づいた。

旧牡丹江《ボタンコウ》省から逃避行を続け、旧奉天省の撫順《ブジュン》市に着いて間もなく父親を、続いて母親と下の妹を亡《な》くし、撫順を引き揚げるとき上の妹とも生き別れた清安悦朗さんは、敗戦のもとで自ら体験した人間の魔性を、言葉をつまらせながらとつとつと話した。

哈爾浜《ハルビン》駅で敗戦を知る

北海道磯谷《いそや》郡磯谷村字能津登《あざのつと》出身の清安さんの父、斧一《おのいち》さんが樺太《サハリン》の王子製紙会社で働いたあと、旧安東《アントウ》省の安東市に一家で渡ったのは昭和九（一九三四）年。それより二年前の昭和七年には、日本の傀儡満洲国《かいらいまんしゅうこく》が建国され、国民の間では「五族協和」「王道楽土」を謳《うた》い文句にした大陸移住の勧誘、奨励が盛んなときだった。

このとき清安さんの家族は、父親の斧一さん以下母親のハナさんと七歳で兄の栄三さん。それに、樺太で生まれ、数え年で三歳だった悦朗さんの四人だった。

安東市は朝鮮との国境を流れる鴨緑江《オウリョッコウ》で発達した都市。そのころすでに国策と民間、合わせて約百の日本企業が操業を続けていた。清安さんの父、斧一さんは樺太での仕事を生かし、安東市内にあった民間企業、鴨緑江製紙に、パルプの製造技師として職に就いた。

「最初は自分で事業をやろうと思ったらしいんですよ。ところがなかなかうまくいかなかったらしいんだね。おやじはパルプの原料を作る技師でしたから、そこにいた先輩に招《よ》ばれたらしいです。

安東には私が六つになるまでいましたか。鴨緑江の向こうに朝鮮の新義州《シンギシュウ》がみえて、おやじの休みの日に、船を使ったり橋を渡ったりして遊びによく行きました」

四人家族だった清安家に長女の克子さんが生まれたのは昭和十二（一九三七）年。盧溝橋《ロコウキョウ》事件をきっかけに日本と中国が全面戦争に突入した年だった。父親の仕事の都合で一家が安東から牡丹江に移ったのは克子さんが生まれて間もなくだった。

父親の斧一さんは牡丹江市樺林《カバリン》にあった満洲パルプ会社に、以前と同じ製造部の技師として勤め、家族は一時、牡丹江の市街に住んだあと、市街から少し外れた樺林の社宅に居を移した。

「最初、牡丹江市の円明《エンメイ》小学校に入りましたけど、大東亜戦争が始まった昭和十六年に、樺林の在満国民学校に転校して、そこを卒業してから、市内にあった牡丹江中学へ通ったです。樺林の駅から毎日汽車で通うんですが、軍事教練はありましたけど、戦争になるなんて空気はなかったです。

白いご飯は食べられたし、味噌《みそ》、醤油《しょうゆ》は開拓団の人たちが造ってましたから、不自由はなかったです」

太平洋に広がった戦線は次第に敗色を濃くしていたが、樺林にはその緊迫感は伝わってこなかった。

日本人が建てた樺林神社では、毎年恒例の祭りがあって、祭りの日にはミコシが出、笛や太鼓の音が響き、夏の盆踊りには、パルプ会社の社宅広場に民謡の輪ができた。異郷の地で繰り広げられた祭りや盆踊りの光景は、内地のそれとほとんど変わらなかった。

昭和十九年ごろの斧一さんの月収は三百円ぐらい。内地の勤め人の平均月収がせいぜい百円だったから、家族の生活は楽だった。

「牡丹江の街にはそば屋はある、酒屋はあるね。肉は会社の購買部で安く買えましたから、いい生活ができたですよ。

パルプの盆踊りに妹の着物を着て、仮装で出たり。すぐ近くを牡丹江が流れていて、おやじに連れられて、釣《つ》りによく出掛けたです。フナとかコイがよく釣れたですから」

樺林では昭和十五（一九四〇）年に次女の美子さんが生まれている。その二年後、三男の悟朗ちゃんが生まれ、暫《しばら》くして病死する不幸はあったが、清安さんの家族にとって樺太から安東に移り、牡丹江、樺林で過ごす約十年間は平和な生活が続いた。そんな平穏が音をたてて崩れたのはやはり昭和二十（一九四五）年八月のソ連参戦のときだった。

このとき両親以下、兄の栄三さんは軍属として勤務につき、悦朗さんは牡丹江中学の一年生。長女の克子さんは樺林国民学校二年生。次女の美子ちゃんは数え年で六歳になっていた。パルプ会社の社宅街に避難命令が出たのは八月十日過ぎだった。

「周囲を関東軍が守っていてくれてるし、日本が負けるなんて夢にも思ってませんでしたからね。ところが、ソ連機が爆撃に来るってんで、川向こうの山にみんなで逃げたんです。家を出るときは、またすぐ戻《もど》って来る、くらいの気持でしたから、あまり持ち出せなかったです。預金通帳と父のコートに背広。いくらかの替え着。食糧はほとんど持ってなかったです。学校で使ってた教科書を大事に持ってたのを覚えてるんですよ」

軍に勤務していた長兄の栄三さんも、最初は家族と行動を共にしたが、家族の退避地を確認すると「部隊に戻るから……」そう言ってそこを離れた。壕《ごう》が掘られた退避地には、満洲パルプの社員家族、約二百人が集まっていた。「どうせ暫くの辛抱だろう……」タカをくっていた避難民が、重大な事態が目の前に迫っていることに気づくのは、それから間もなくだった。

ソ連の戦車が樺林の隣接駅柴河《シバカワ》まで来ている——そんな情報が伝わって、二百人の避難民は、町を避け山道を迂回《うかい》するようにして牡丹江の街を目指した。清安さん一家も他《ほか》の家族に倣《なら》った。

「鉄道の線路は危ないってことで、山を歩くしかないんですよ。おやじとお袋と妹二人の五人で歩いたです。樺林を出たのが十二日の午後でした。そのうち、夜になって歩けなくなったもんだから、降り出した雨の中で野宿ですよ。十三日は一日中歩いて、その夕方牡丹江の入口までたどり着いたんですけど、そこに軍の野戦病院と兵舎があって、真赤に燃えているんですね。反乱が起きてるってんで、近くにあった日本軍の要塞《ようさい》に入ったんです。ところが、日本軍は一人もいやしません。十七、八歳の義勇隊員が七、八人と警官が二、三人いただけでした。こんなところにはいられない、牡丹江の駅まで行こう、てことでまた歩いたです」

清安さん家族がパルプ会社の関係者とともに牡丹江駅に着いたのは、十四日の朝方だった。幸い列車はあったが、駅は先を争う難民で殺気立ち、置き去りにされたままの乳飲み子も目についた。

やっとのことで乗ることができた列車には、パルプ関係者を含めた難民の他、関東軍の兵隊が乗り合わせていた。列車は何度も緊急停車を繰り返し、十五日の夕方、ようやく哈爾浜《ハルビン》駅に着いた。一行は哈爾浜駅で降ろされたが、清安さん家族は日本の敗戦を、このとき誰《だれ》からともなく聞いた。

最初、市内の中国人学校に収容され、九月になってすぐに、哈爾浜郊外の新香坊《シンコウボウ》の難民収容所に移送された。その収容所は、かつての少年義勇隊の訓練所で、清安さんたちが収容されたとき、すでに千人を越す日本人難民が集まっていた。そこでの食糧は高粱《コーリャン》に人参《にんじん》の葉っぱを混ぜたもので、ノドを通る代物《しろもの》ではなかった。だから、そこに毎日集まってくる中国人の饅頭《マントー》売りとか餃子《ギョーザ》売りがありがたかった。

「哈爾浜に着いたとき、おやじが郵便貯金を一万五、六千円降ろしてたもんですから、新香坊のときは高粱飯は食べずに済んだんです。

昼間は義勇隊が作った畑に出て、麦の落穂拾いとか、進駐してたソ連軍の水汲《みずく》みなんかさせられました。

そのうちマンドリンていう自動小銃を持ったソ連兵が回って来て、十五歳以上の男は外へ出ろっていうんですね。私はかろうじてまぬがれるんですけど、おやじは、このとき連れてかれちゃうんです」

清安さん家族にとって父親の連行は大きな不安を募らせた。けれど、いくらかでも現金を持ち合わせていたことで、まだ恵まれていた。

難民のなかには中国人から食糧を買い求める金銭もなく、ひどい高粱飯で日に日に衰弱していく子ども、老人が多かった。そこでの滞在が二週間、三週間と重なるうち、体力がつきて息を引き取っていく人間が次々と出はじめていた。

連行され音信がなくなっていた斧一さんが、ひょっこり戻って来たのは十一月初旬。牡丹江まで連行されたが釈放されたという。

十一月の北満はすでに凍土の季節。難民の死者は寒さと飢えで数を増し、収容所の庭には死体が山をなすほどだった。

そこに「希望者は南下してよし」との通達があったのは十一月の下旬だった。

「寒さと栄養失調ですよ。体力のない小さい子どもから死んでいくんですね。十一月に入ってから五十人ぐらいは死にましたよ。

帰ってきたおやじが『こんなところにいたら一家が全滅する』そういって十家族ぐらいのパルプ会社の人たちと、収容所を出たんです。

中国人の馬車《マーチョ》を二台雇いましてね。それに荷物と小さい子どもを乗せ、哈爾浜まで歩きました。どのくらいの距離ですか、とにかく新香坊から哈爾浜まで丸一日はかかりましたよ」

五十人近くの一行が哈爾浜駅から有蓋《ゆうがい》の貨車に乗り、撫順に着いたのは十一月も終わりのころだった。移動の途中、清安さんの父、斧一さんは列車長を勤めたが、哈爾浜から撫順までの列車は比較的順調だった。

パルプ関係の家族のうち、何組かは親戚や知人を頼って途中の新京（長春）で降り、撫順まで南下したのは三十人ほどだった。

撫順駅で貨車から降ろされると、敗戦まで永安国民学校だった難民収容所に、そのまま収容された。そこにはすでに約三千五百人の日本人難民がひしめき、敗戦難民の悲惨を冬空のもとにさらしていた。

清安さんらパルプの関係者が収容された部屋は、机を取り除いた教室で、板の間にアンペラを敷いただけの粗末なものだった。

「乗ってきた貨車単位に入れられたです。ひとつの部屋に百人以上はいましたか。もう横になったら寝返りもできない状態です。パルプの関係者はほんのわずかで、ほとんどがあちこちから流れて来た開拓団の人たちでした。

そのうち、収容所からそんなに遠くない炭鉱に出ましてね。貨車に石炭を積み込むんですよ。よく知られてる露天掘りの炭鉱です。

冬の撫順は相当寒いですけど、部屋に戻っても、暖房もなかったです」

与えられた食糧は、ほとんどが、大豆が混ざった高粱飯。おかず、塩類は一切与えられなかった。新香坊の収容所と同じように建物の前には中国人が集まって、食べ物を売ったり、物々交換を呼びかけていたが、清安さん家族には、すでに持ち金も、食に換える品物もなく、高粱で空腹を補うしかなかった。寒さと飢餓で周囲の誰もが日に日に衰弱していくのがわかった。

清安さんの父、斧一さんが発熱して一週間たらずで息をひき取ったのは、敗戦の年の十二月十一日。その年、四十六歳。栄養失調に発しんチフスが重なってのあっけない死だった。チフスの蔓延《まんえん》で周囲の人間が次つぎに死んでも、そこにいた誰もが死と隣り合わせていたから、親族以外、心を動かす者は一人としていなかった。

「炭鉱病院から医者が来たんですが、もう手のつけようがないんです。ひと部屋におやじのような病人が二十人ぐらいいましたからね。それでも注射を打ってくれないかって頼んだんですけど、打っても無駄《むだ》だっていうんですよ。もっとも金はないし、相手にされませんわね。死ぬ二日ぐらい前から、うわ言をいうようになりましてね。やっぱり軍に出ていた兄貴のことが心配だったらしく『あいつはクソ真面目《まじめ》だから死ぬんじゃないか……』なんて。シラミがいっぱいわいてましてね。お袋は頭なんか冷やしてましたけど、だんだんわけがわからなくなってうわ言が止《や》んだな、と思ったら死んでたです」

斧一さんが息を引き取ったとき、清安さんの母親、ハナさんは清安さんと二人の妹を遺体の脇《わき》に呼び寄せ「お父さんが死んだんだからみんなしっかりしなさい……」そういって諭した。ハナさん自身、夫の斧一さんが物言わぬ人となっても涙を流すことも忘れていた。すぐ脇にいた知り合いが、夜が明けて気がつくと冷たくなっていたこともあったし、そんな極限状態は人間から悲しみの感情すら奪い取っていた。

このとき、遺《のこ》されていた四人もチフスに冒され、体力をなくしていたから、斧一さんの遺体は同じ部屋に残っていたパルプの知人に処理して貰《もら》うしかなかった。

収容所の状況は悪化するばかりだった。年が明けたころ餅《もち》が幾切れか支給されたが、それ以外、収容所から支給される食糧はなくなっていた。

金品を持っていた人たちは集まって来る中国人からなんらかの食糧を得、体力がある者は外に出て仕事をみつけることで食にありつけたが、衰えた者は地獄のような状況のもとで死を受け入れるしかなかった。

チフスに取り付かれながらも、三人の子どもを気遣っていたハナさんが、斧一さんと同様、臥《ふ》してうわ言をいうようになったのは、その年の二月十五日ごろ。飢えと病気に苛《さいな》まれた細い命は十八日にとぎれた。

ハナさんが息を引き取るとき、三人の子どもに遺した言葉は何もなかった。高熱にうなされながら何かを口ごもっていたが意味をなさなかった。生死の境にいた幼い子どもに、最期《さいご》の一言をも遺せないほど衰弱し切った、哀れな死だった。

犬が母親の亡骸《なきがら》に食いついていた

あるときはこみあげてくる感情を抑えきれず、大粒の涙をハンカチで受けとめながら清安さんは「このことは今まで身内にも話したことがないんです――」そういってためらい、暫く黙したあと「でもね、誰かに聞いて貰いたいと思ってたんです。話してしまった方が気持が楽になるように思えるし……」そう自分を諭すようにいって地獄の記憶を繋《つな》いだ。

「私たちはどうにかもったんですが、お袋が死んだあと、どうしていいかわかんないんですよ。氷点下何十度っていう寒中ですからね。食べるものはないし、体力だってありゃしません。二人の妹とどうやって生きようか思ってね。兄貴はどうしてんのか、なぜ助けてくんないのか、思ったりね」

◀難民家族が体を寄せ合った撫順・旧永安国民学校

両親を失っても、声を掛けてくれる他人《ひと》はいなかった。情けを乞《こ》うこともできなかった。母親のハナさんが亡くなったとき、まだ十四歳でしかなかった清安さんが、極限に追い込まれた人間のおぞましさを身をもって知ったのは、大人に、母親の死体の処理を頼んだときだった。

「死体を片付けるって言っても、こっちは子どもだし、周りの人はなかなか動いてくれないわけですよ。お金もありませんしね。なんて言われたと思います……金歯を外せっていうんですよ。お袋の口から金歯を外してね。それを売って金にすれば……そうすれば片付けてやるって言うんです。いくら死んだ人間でもね……金歯まで外せません。それでもね、どうしてもやれっていうから……やってみたけど、血がにじんでくるんですよ。死んだ歯ぐきから……。それ以上は、とてもできないから『できない』って頼んでね……」

周りの大人たちもそれ以上は強要はしなかった。垢《あか》にまみれたジャンパーにモンペ姿、哀れな母親の亡骸《なきがら》を清安さんは、大人の手を借りて収容所の裏地に運び、土に還《かえ》そうと思った。けれど、真冬の凍土は道具を受け付けなかった。清安さんは大人と一緒に、まだらに残る雪を集めて母親の遺体に掛けた。が、満洲は寒さの割に雪が少なく、土はおろか雪ですら遺体を十分おおい隠すことはできなかった。

「春になったら土に還してやろう」――清安さんは、そう思いながら二日後、母親のもとへ行ってみた。身の毛もよだつ光景がそこにあった。

「雪もろくに掛けられなかったから、心配になって行ってみたんですよ。そしたら……犬がね、犬が食っちゃっているんですよ。痩《や》せ細った体をね……もう、金歯も誰かが取っちゃって、無かったです……。

なぜこんなむごい目に遭わなくちゃいけないのか、思いましてね。情けなくて、大声で泣きましたよ。誰が悪いんじゃない、戦争がね……戦争が悪いんです……」

食糧らしいものは支給されず、その後も収容所の条件は少しもよくならなかった。

二人の妹と三人だけになった清安さんは、衰えていく妹に死を感じても、どうすることもできなかった。自分の空腹が先に立って妹のことにまで思いが及ばなかった。

七歳になっていた下の妹の美子ちゃんが、母親の後を追うように息を引き取ったのは二月末の明け方。凍《い》てつくなかの無情な死だった。

「美子が息を引き取る前の晩に『お兄ちゃん、おなかが空《す》いたよ、寒いよ』っていうもんですから、米なんかあるはずないですが『明日になったらお粥《かゆ》を炊《た》いてあげるから……』っていったんです。それが朝までしかもたなかったです。でもね、考えてみると美子は私が殺したようなもんなんです。人間ての は卑《いや》しいもんで、ぎりぎりまで追い詰められると、どうしても弱いものをないがしろにするんですよ。妹に対して私自身がそうでした。

たまに饅頭なんか手にしますとね、仮に二個あるものを分けるときは、こっちが一個を取って、他の一個を二人で分けるんですよ。一つしかないときは、私がまず半分を取って残りの半分を二人に分けさせるって具合にね。妹は妹で上の方が下より大き目に取ろうとするんです。死んだ妹はそのことを知っていて、よくいってましたよ。『お兄ちゃんの馬鹿《ばか》……』ってね。あとから考えると情けないですよ。自分が生きることしか考えなかったんですから……だから妹は私が殺したんです――。

『お兄ちゃん寒いよ……』っていう声が、今でも耳の奥に残っていましてね、思い起こすと、夜も眠れないことがあるんです」


セーターを着て防空頭巾《ずきん》をかぶったまま息を引き取り、ミイラのように変わり果てた美子ちゃんの遺体を、清安さんは自分で抱き、収容所わきの防空壕《ぼうくうごう》に納めた。

そして、発しんチフスにかかりながら死線を生き抜き、九歳になっていた上の妹の克子さんに、撫順市内の孤児院に移るよう指示があったのは三月の初めごろ。清安さんはそのまま収容所に残され、克子さんは半ば強制的に兄のもとから引き離されていった。

なんの感慨も湧《わ》かない帰国

春のきざしが見え始めた三月の末、収容所近くの空地で千体を越す日本人の遺体が荼毘《だび》に付された。このとき清安さんは、美子ちゃんを壕から取り出し、小さくなった遺体を薪《まき》と重油の炎の中に送り出すことができた。が、犬に喰《く》いちぎられた母親の亡骸《なきがら》は見届けることができなかった。

寒さがいくぶん緩み、栄養失調の体に少し力が付いたころ、清安さんは生き残った元開拓義勇隊の若い人達《たち》に付いて、撫順の街を歩き、仕事をみつけ、あるときは中国人に食物を乞うた。

「栄養失調で骨と皮みたいな体ですから、大した仕事はできませんよ。でも、可哀《かわい》そう、思ってでしょう、そこを片付けろとか、屋根を直すから泥《どろ》をこねろとか。手伝うといくらかくれるんですよ。仕事がなくても食べ物を恵んでくれたり。それでなんとか過ごせたんですが、中国人にはずいぶん親切にして貰いました」

中国人のもとで働き、小遣い銭を手にしたとき清安さんは饅頭などの土産を持って、孤児院の克子さんを訪ねた。父母を亡くし妹が死んで、悲しみの極みを強制されてきたからだろう、克子さんはすっかり無表情な子どもになっていた。面会のときも自分から話し掛けるようなことはなく、笑顔ひとつ見せなかった。

現地の居留民会から清安さんたちの収容所に内地引き揚げの知らせがあったのは、すっかり暖かくなった五月の中旬だった。孤児院にいる妹もてっきり同じ船で引き揚げられる、と思っていた清安さんは孤児院組は別の船、と聞いて、出発前の五月下旬、孤児院に出向いて克子さんに会った。克子さんは支給された新しい上着を身に付け、体力も回復しているように見えた。

「一緒の船で帰れないいっていうんで『兄ちゃんはな、一足先に引き揚げるけど、後から必ず帰って来いよ』って、そういって連絡先のおやじの出身地（北海道磯谷郡磯谷村字能津登十一番地）を布切れに書いて克子の上着に付けたんです。

収容所の責任者に、妹は小さいんだから一緒に帰してくれって頼んだんですけど、管轄《かんかつ》が違うからって、どうしても許してくれないんですよ」

克子さんとの面会は長い時間ではなかった。清安さんが別れぎわ日本での再会に念を押すと克子さんは、無言でうなずき、少女の瞳《ひとみ》に涙を浮かべていた。

生きながらえた難民のほとんどが内地への引き揚げを喜んだが、清安さんにはなんの感慨も湧かなかった。樺太に生まれ、日本を全く知らない清安さんには、父の郷里といっても頼れる人がいるわけではなかった。

両親と下の妹を亡くし、兄とも生き別れたまま、その上、たった一人になった妹を撫順に残し、その地を離れることが何よりも辛《つら》かった。

撫順の駅から無蓋《むがい》の貨物列車に乗せられ、船が出る葫盧島《コロトウ》に向け出発したのは昭和二十一（一九四六）年六月一日。貨車に乗った引き揚げ者は開拓農民の家族がほとんどだった。

「葫盧島に着いたら、満洲パルプで知り合いの薬師寺っていう人にばったり会いましてね、『一人になっちゃった』って言いましたら、一緒にいた奥さんが、死んだおやじの国民服着て、乞食《こじき》のような格好してたからでしょう。『可哀そうになあ、そんな格好してたら内地へ帰ってみっともないからな……』って、国防色のズボンと黒っぽい上着をくれました。みんな荒《すさ》んじゃっていて優しい言葉なんか掛けて貰ったことなかったですから、このときの親切は嬉《うれ》しかったです」

葫盧島の埠頭《ふとう》から引き揚げ船「白雲丸」に乗ったのは六月十二日。九州の博多港には六月十五日に着いた。

シラミ取りのDDTを全身真白に掛けられてから、現金三百円、北海道までの国鉄切符、詰め衿《えり》のシャツ、霜降りの上下服、地下タビなどを貰い、それをリュックに詰めて博多を発《た》った。街は焼け野原だったが、列車から見える田舎の風景は日本が初めての清安さんには、まるで箱庭のように見えた。

東京の上野駅で列車を乗り換え、そのまま北海道の函館《はこだて》を目指した。父の出身地には近親者は誰もいなかったし、母親が亡くなる前「函館の消防署に近藤という知り合いがいる」そういっていたのを記憶していたからだった。たった一人で引き揚げて来た十四歳の清安少年には母親から聞いた近藤さんが日本で唯《ただ》一人の知人だった。

函館駅に着き、駅前の交番で当たって貰うと、近藤さんは確かにそこにいた。が、本人は「父親の斧一さんとは面識はあったが……」そういうだけで取り合ってくれなかった。

「おやじの出身地へ行っても誰もいないんだし、どうしよう、中国人に使って貰ったみたいに、誰か使ってくれないか、食わせてくれないか思いましてね。交番のお巡りさんにそのことを話したら、そのお巡りさんが、近郊の農家を紹介してくれたんです。農家の作男《さくおとこ》ですよ。畑の肥料撒《ま》きとかジャガイモ掘り――馬の鼻取りに田植とかね。なんでもやらされました。身寄りがないから人の情けが欲しくて、食べて布団《ふとん》に寝かせて貰えれば嬉しかったです」

何軒かの農家で働き、函館で三年を過ごした清安さんは、新たな生活を求めて東京へ出た。このとき清安さんは十七歳、東京にはまだ焼け跡が残る闇市《やみいち》の時代だった。

身寄りがなかった清安さんは、上京しても空腹を満たすことが先決だった。築地《つきじ》の魚河岸《うおがし》で働き、パン屋に住み込み、ハム工場に勤めるなど、あるときはお払い箱にもなったが、より有利な条件を求めて職を替えた。

雑多な仕事を転々としながらも、牡丹江の樺《カバ》林《リン》で別れた兄と、撫順で再会を約束した妹のことが頭から離れなかった。が、戦後、日本と中国は国交を閉ざしていたし、生きることにきゅうきゅうとしていた清安さんに、二人の消息など当たれようはずがなかった。

「東京に出てもまだ十七ぐらいじゃ、どうにもならないです。最初は孤児院なんかにも入れられましてね。いろいろやってるうち、兄貴が帰ってるのがわかったのは、昭和三十年でした。夕張《ゆうばり》の炭鉱《やま》で働いてたらしいんです。会いたかったです。でもこのころは私もろくな生活してなかったし。いま少しなんとかしてから、思いましてね……」

血を分けた兄弟である、兄の栄三さんも弟との再会の願望は清安さんと同様だったに違いない。が、当時清安さんはある事情から再会を喜び合える状況にはなかった。家族と離別した後、シベリアに抑留され、昭和二十三年に引き揚げて北海道・夕張の真谷地《まやち》炭鉱で働いていた栄三さんも、清安さんと同じような境遇だったらしい。

帰国の音信を耳にしながら再会を果たせなかった栄三さんに、清安さんが初めて対面できたのは消息を知ってから十五年を経た昭和四十五（一九七〇）年。栄三さんはその前年に死亡し、位牌《いはい》に向かっての慟哭《どうこく》が、清安さんが気に病んできた栄三さんとの、別れて初めての対面だった。

「後でわかったんですが、兄貴も苦労したようです。人員整理か何かにひっかかって、これからは炭鉱《やま》なんかにいるもんじゃない、そう思って炭鉱を離れたんですね。その後、連れ合いの郷里の西宮《にしのみや》（兵庫県）で、電気屋かなんかを始めたんですが失敗してしまって。虫が知らせるっていうのか、気になってしょうがないので調べてみたら、杉並《すぎなみ》（東京）の区役所に前の年（昭和四十四年）に、なんで死んだのか、死亡届けが出てたんです。

　こっちも『生活が安定してから会おう……』思い、兄貴のほうも『いま少しなんとかしてから弟を招《よ》ぼう……』そういってたらしいですがね。お互い日本に引き揚げながら、一度も会わずじまい。葬式にも出られなかったです……」

罪の意識に苦しめられて……

　中国から引き揚げて三十九年、奥さんと一女、家族三人の清安さんは今、丹沢山がすぐそこまで迫る神奈川県秦野《はだの》市に住んで仕合わせそうに見える。が、生き別れた克子さんの消息は今もわからず、その心の苦は死別した親族への悔恨と重なって、過ぎた歳月にかかわりなく鬱積《うっせき》したままである。


「今の日本は物資は豊かですし、戦時中から比べたら恵まれた時代でしょう。それだけに死んだ両親とか妹が不憫《ふびん》に思えるんですね。敗戦記念の八月とか命日には必ず思い出して、眠れなくなることがあるんですよ。

　撫順で別れた克子も死んだのか生きているのか――生きていれば四十八になりますか。もし、生きていたら会いたいです。会って『兄ちゃんだけ帰っちゃって申しわけなかった……』って、土下座してでも謝りたいです。

おやじやお袋が死んだときのこと、妹と別れたときのこと、あれこれ思い起こすと、自分のことしか考えなかった呵責《かしやく》というか、罪の意識に苦しめられましてね。いっそのこと、みんなと一緒に死んでいた方がよかった、なんて思うこともあるんですね。

ひとりよがりで生き残った罪は、どんな信仰にすがっても救われやしません。死ぬまで引きずっていくしかないんです。

満洲で生き残った日本人は、みんな同じような気持でいると思いますよ」

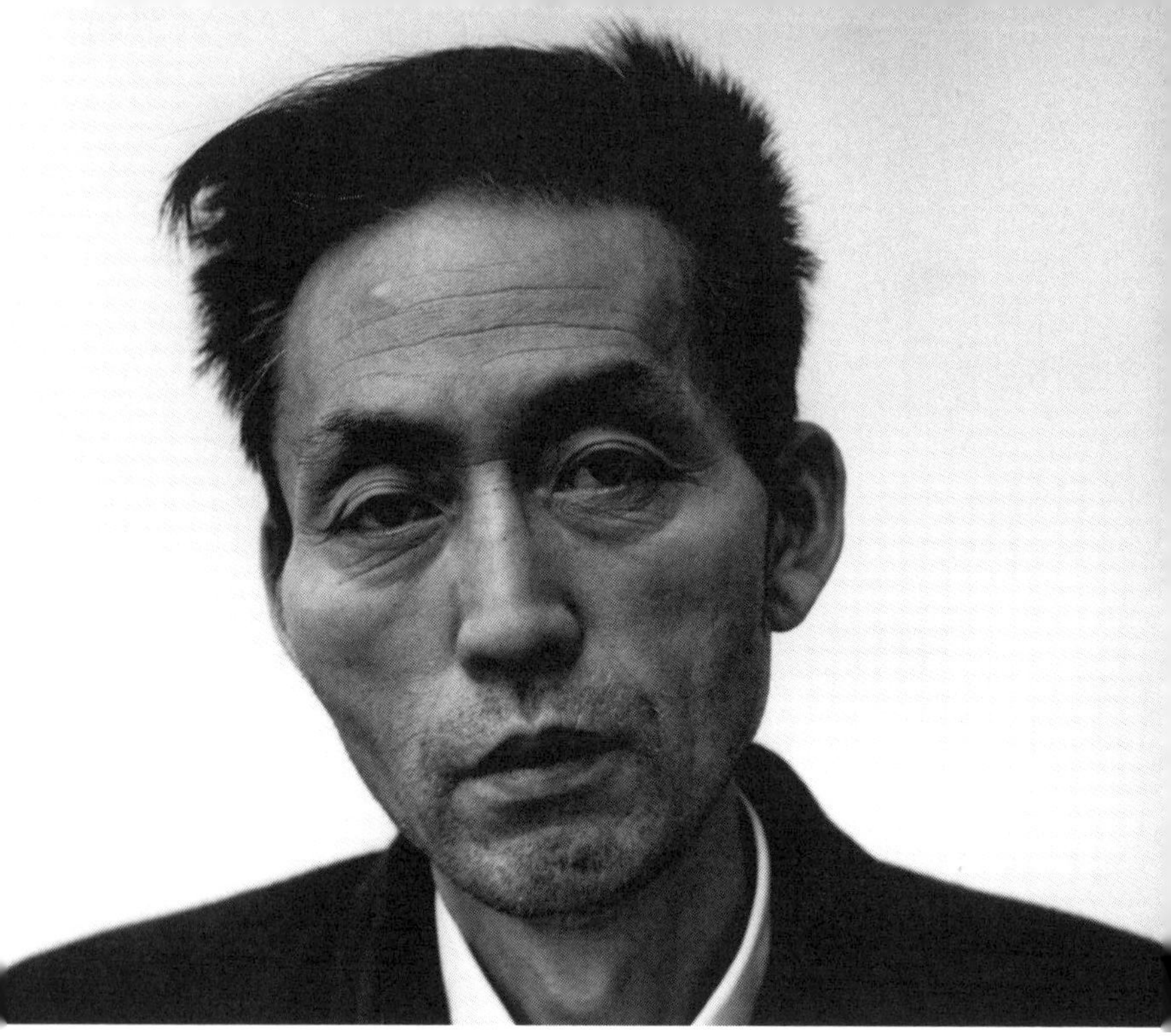

林徳民（リン・ダアミン）

黒竜江省海林県

どこの地かわからないが日本の家族は開拓団に住んでいたように思う。一九四五年八月、ソ連軍が攻めたとき、家にいたのは母と私と弟の三人で父の姿はなかった。私たち母子《おやこ》は大勢の日本人とともに避難の途についた。その年の秋、母子三人旧牡丹江《ボタンコウ》省寧安《ネイアン》県の拉古《ラコ》まで逃げたが、母がくるぶしに大けがをし、歩行ができなくなったため、古い煉瓦《れんが》造りの建物に身を寄せた。食糧もなく死の淵《ふち》にいたとき、一緒だった軍人の世話で、私は牡丹江市で郵便配達をしていた林景栄のもとへ、弟は農家で同

姓の中国人のもとへ貰《もら》われていった。このとき私は八歳前後、弟は六歳ぐらいだった。

　応召したらしい父、動けないまま生き別れた母、農家へ引き取られた弟はその後どうしたのか――いずれも消息はわからない。

　そこがどこかわからないが、敗戦になる二年ほど前、父母の生地に里帰りした記憶がある。

　小学校を卒業後、電話局に勤め、文革中に結婚した妻との間に一男一女がある。

　八八年二月、肉親調査に訪日したが手掛りは得られなかった。

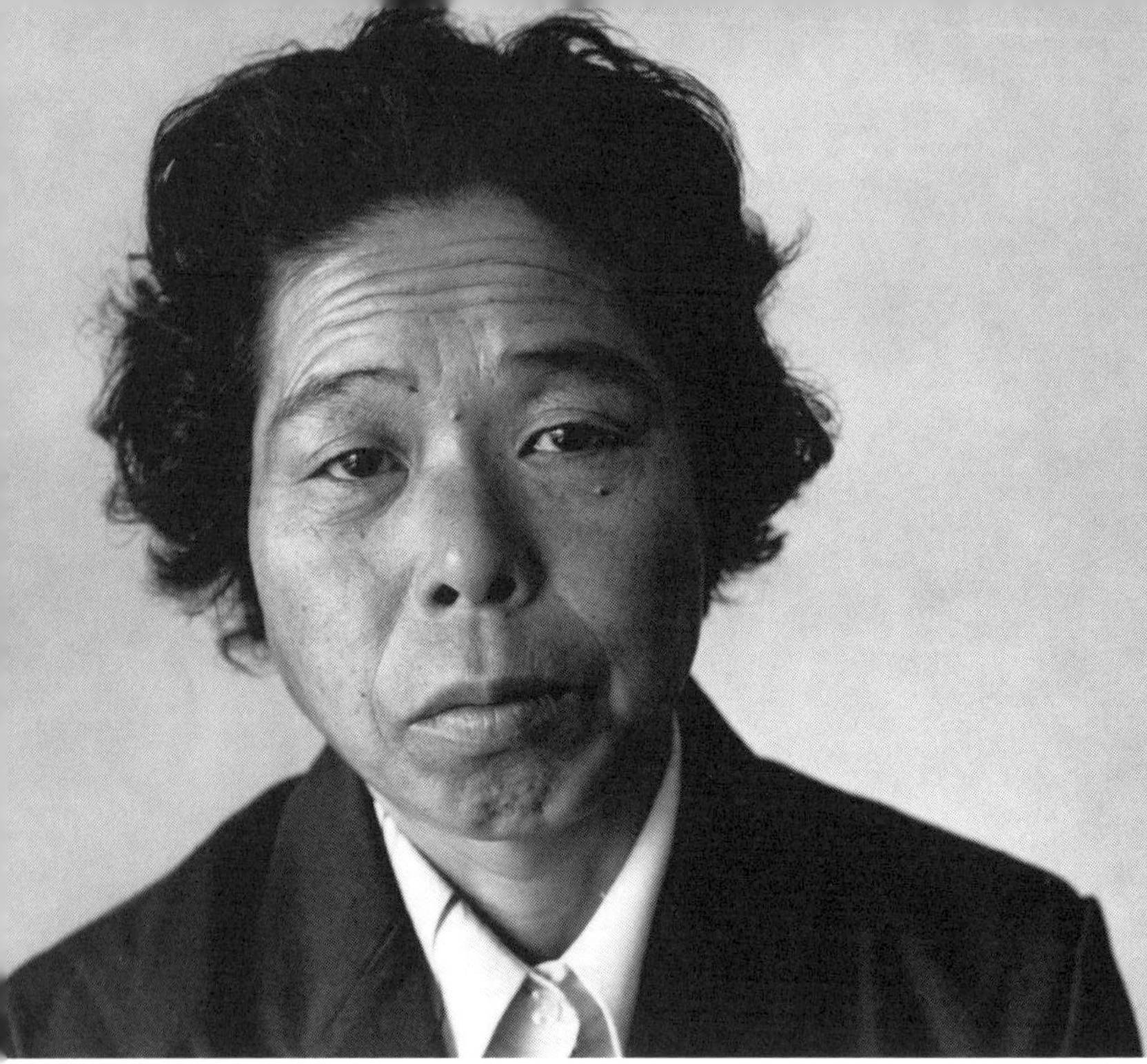

馬玉珍（マア・ユイヂャン）

八七年二月帰国

どこかの開拓団にいたのだと思う。家族は父母と私、二人の姉がいた。上の姉が二十歳、下が十五歳。私は七歳ぐらいだった。村を離れて真暗な中を逃げる途中、父の姿がわからなくなった。逃げて撫順《ブジュン》に着き、難民収容所になっていた永安国民学校に収容され、入って二十日ぐらい後、母が死んだ。敗戦の年の十一月、飢えに寒さが加わり、周囲の人たちがばたばたと死んでいくなか、二番目の姉が私を撫順南駅の鉄道工夫だった袁福財に預けた。

どのくらい過ぎてからか、同じ

姉が「日本に帰るから……」と言って袁のもとを訪ねたが、私を手離したくなかった養父母は姉に引き合せなかったという。

養母は私が預けられて三カ月後に死亡し、養父も私が十三歳（推定）のとき亡《な》くなった。再婚の李は農民で最初の夫との間に五人、李との間に二人の子どもがある。

そこがどこだったのか、ソ連参戦まで煉瓦の建物の二階に住んでいた。廊下の奥にトイレがあり廊下からは街並みが見渡せた。

八四年二月、肉親調査に来日し身元はわからなかったが八七年二月、家族とともに帰国した。

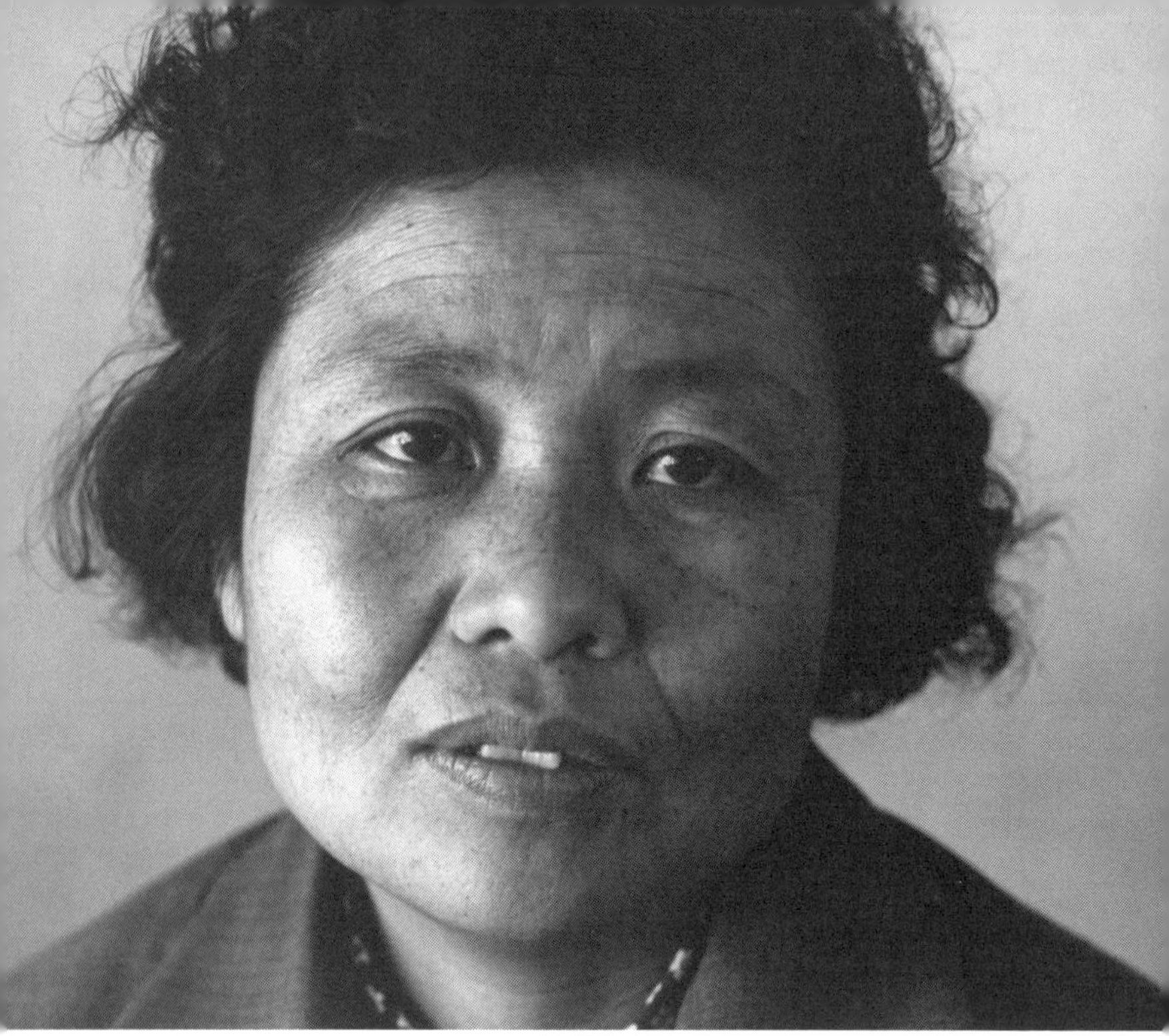

沈玉鳳（チャン・ユイフォン）
八七年六月帰国

一九四五年の春、父母と弟の四人で中国へ渡った。住んだところは牡丹江市で、わが家は洋風の建物の三階にあった。間もなく二人目の弟が生まれ敗戦前の家族は五人だった。

ソ連参戦後、父母に連れられ避難したが、途中、庭のような場所で日本人の女性がソ連兵に殺されるのを見た。一家は旧奉天省の撫順市まで逃げ、それまで在満国民学校だった南台難民収容所に収容された。間もなく生まれたばかりの弟が死亡し、年が明けた四六年二月、私は厳しい寒さと飢えのな

か新撫順四丁目に住んでいた沈のもとに預けられた。

　養父の沈はその後、収容所を訪れ、困っていた父母に高粱《コーリャン》一袋と百元を差し出したが、父母は高粱だけを受け取ったという。

　日本への引き揚げのときだったのか、母はその年の七月ごろ私のところに来て、父と弟の死を告げ「日本へ帰ったら手紙を書きます……」そう言って家を離れたという。

　中学校の教師を勤めた主人との間に三女がある。

　八二年二月、肉親調査に来日し、手掛りは得られなかったが、八七年六月、家族とともに帰国した。

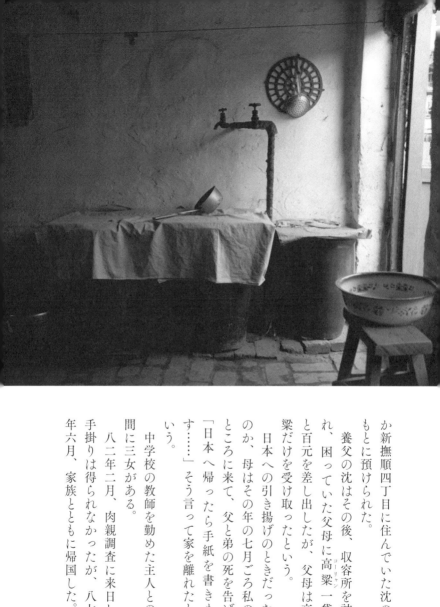

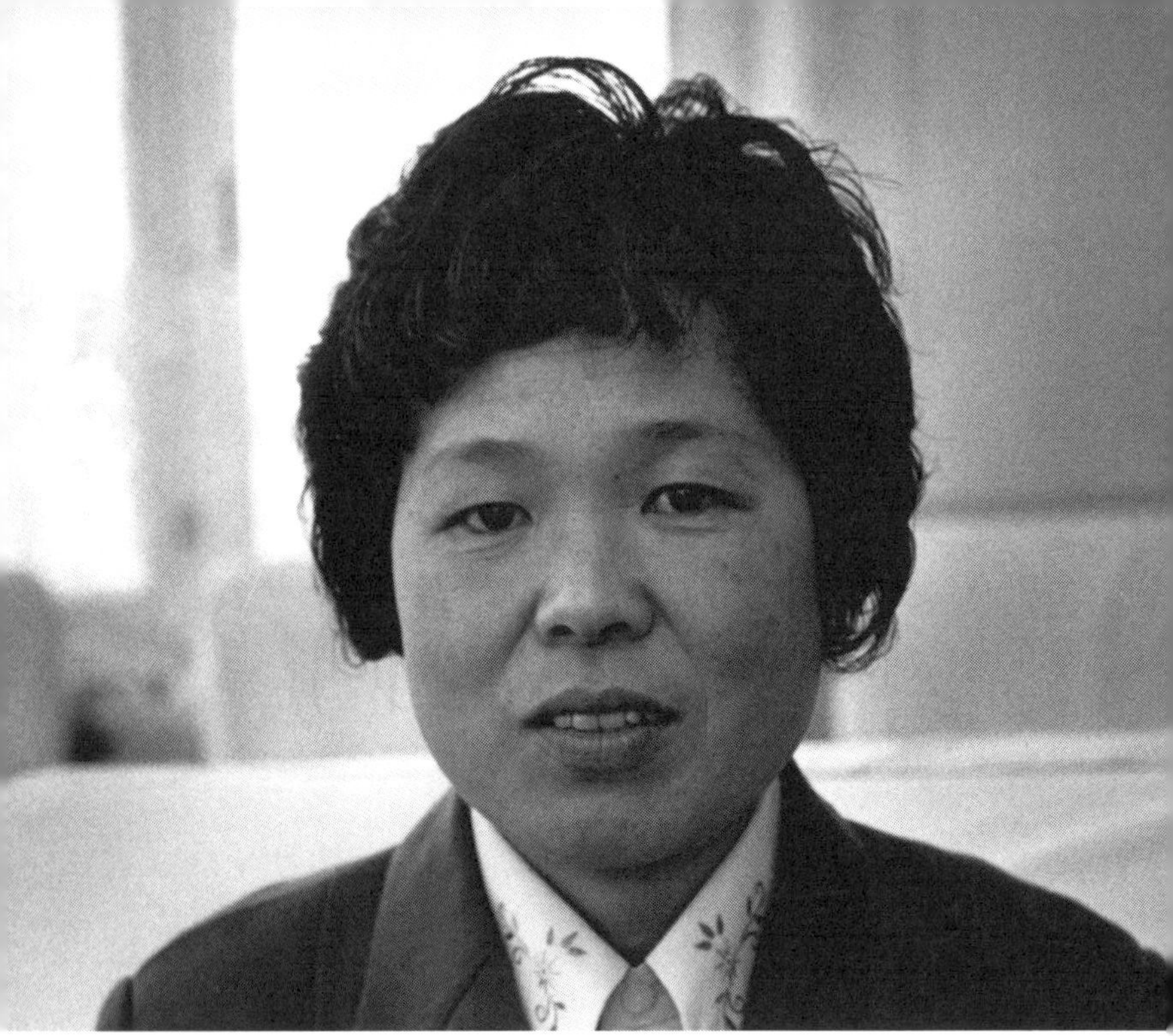

程玉蘭（チャン・ユイラン）

遼寧省大連市

日本の家族は敗戦まで大連市《ダイレン》旧伏見町の住宅街に住んでいて、父母と姉、私の下に弟が一人いた。父は警察官だったらしいが面影《おもかげ》などの記憶はない。

ソ連参戦後のある日、私は十三、四歳だった姉に連れられ、中国人の程紹科のもとに来た。このとき私は六歳で、緑色のスカートに赤い鼻緒の下駄《げた》をはき、頭はオカッパだったという。

貰われて二日目、私は母恋しさに程の家を出、伏見の家族のもとに帰った。が、すぐに程の息子が呼びに来て連れ戻《もど》された。

その後、姉が弟と他《ほか》に一人友だちを連れ、私たちのもとを訪ねた。養父は三人に餃子《ギョーザ》を作って与えたが、このとき姉は「食べる物がなくて困っている。弟も預かって貰えないか……」と頼んだという。私が貰われた当時、養父の程は大連市の廃品回収などの仕事で生計をたてていた。

まだ平和だったころ、私は短い袖《そで》のワンピース姿で記念写真を撮ってもらったことがある。母や姉が生きていたら、笑い顔のこの写真をきっと覚えていてくれるに違いない。

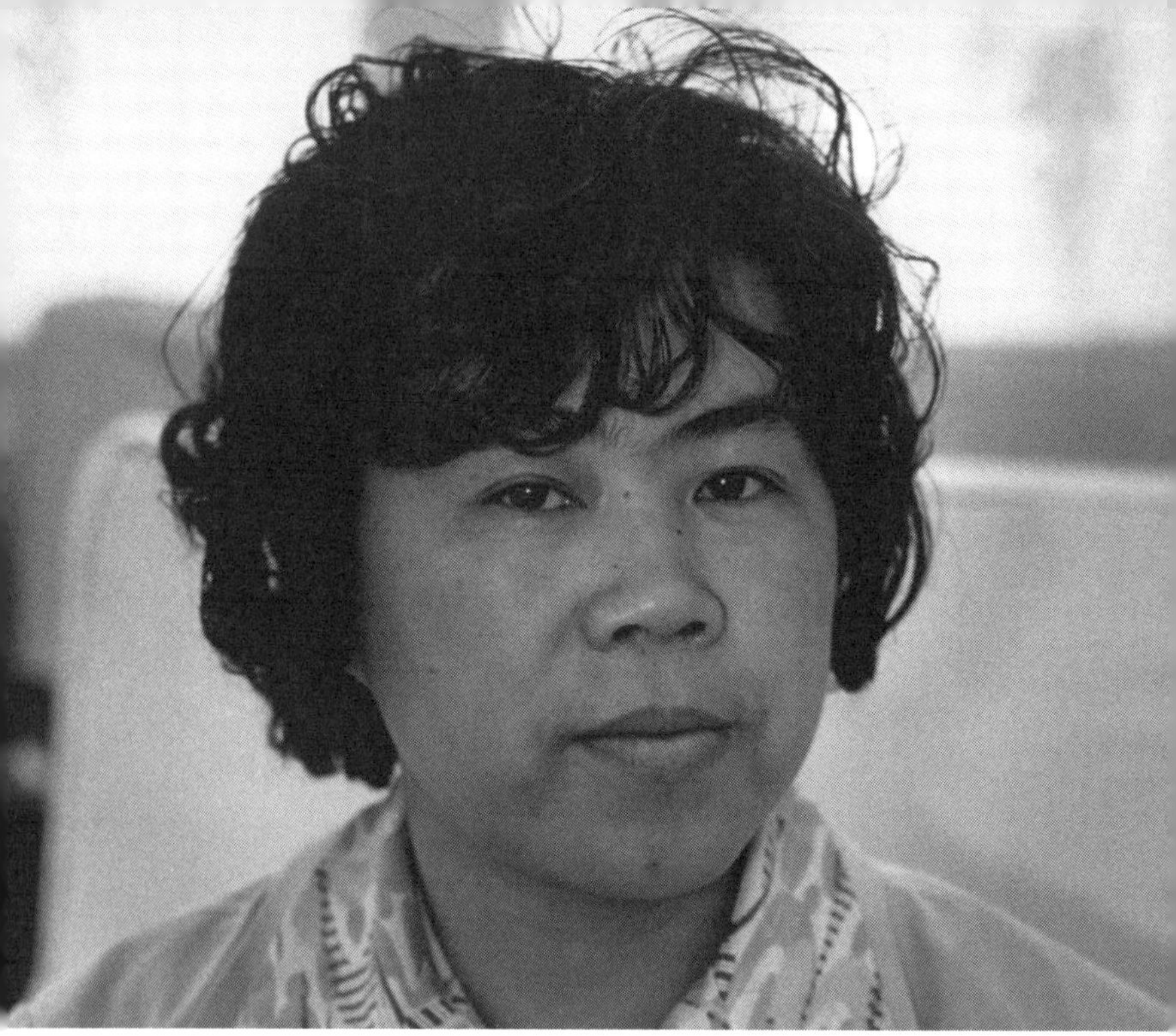

姜連巧（ジャン・リェンチャオ）
遼寧省大連市

私たち一家は敗戦後の混乱期、日本人の難民収容所に当てられていた大連市の沙河口《シャカコウ》神社にいた。

食糧難と伝染病の蔓延《まんえん》で死者が続出していたころ、父母は四人いた子どものうち、七歳の私と六歳の弟を、大連市の旧栄町に住んでいた中国人に預けた。私は姜梅亭のもとへ、弟は劉大枝のところへ貰われて育てられた。

私については「貰われたとき七歳」としかわからないが、弟は劉家に預けられたとき上着の胸に「佐々木又八郎」の名札を付けていた。

別れた家族のうち収容所にいた父は、私たちを預けて間もなく死亡し、どれくらいしてか、母は日本への引き揚げの前、私のもとを訪ねたという。

母と他にいたという兄弟は日本へ引き揚げたのだろうか――二児の母になった今、日本の母のこと兄弟のことが頭から離れない。

八五年十一月、肉親捜しに日本を訪れたが手掛りは得られなかった。

撫順

一人ぼっちの祖国

Aさん

父親は敗戦の一年ほど前亡《な》くなり、母親はソ連軍が進攻した戦乱の中で死んだ。

上と下にそれぞれ三つ違いの兄弟がいた。そのうち、弟との離別については全く記憶がないが、兄とは難民収容所で一緒に過ごすうち、いつの間にか生き別れた。

敗戦のとき七歳か八歳だったから、その記憶は濃い霧の風景のように薄れた輪郭でしか浮かんでこない。

家族の名前は父がヨシサブロウ、母がはるえ、それに兄がヨシロウ、弟は秀夫といった。そう記憶する本人自身、両親から貰《もら》い受けた名前はある。けれど、肉親のいない内地に引き揚げ、四十年が過ぎた現在、妻と二児を持つ身になって、本名を伏せなければならない事情がある。ここでは仮にAさん、と呼ぶことにするが、他《ほか》の人物も含めて匿名《とくめい》とした理由は、読み進めていただくうち理解されるはずである。


敗戦のときまだ幼かったAさんの記憶によると、Aさんの家族は昭和十九（一九四四）年ごろ、父親が亡くなるまで旧関東州旅順《リョジュン》市に住んでいた。父親のヨシサブロウさんは、現地の船舶会社に勤めていたらしく、作業中の事故が原因で亡くなっている。

「旅順駅に近い社宅みたいなところに住んでた気がするんだけど。おやじが関係していた中国人の苦力《クーリー》(労働者)がよく可愛《かわい》がってくれて、肩車なんかしてくれたりね。おやじが亡くなったのは夏か秋ぐちだったかね。葬式のとき一緒に働いていた中国人がいっぱい集まったのを覚えてるのね。叱《しか》られた覚えもないし、おとなしいおやじだったわけ。お袋の方はヒステリーみたいな勝気な性格でね」

Aさん母子《おやこ》は父親が亡くなると、それまで住んでいた社宅用の住宅を出て、動物園が近い長屋のような家屋に住み、Aさんは兄のヨシロウさんと共に市内の伏見町にあった旅順第一国民学校に通った。

一家の働き手を失って、母親のはるえさんはすでに働きに出たが、仕事を終えて家に戻《もど》ると、よく耳鳴りを訴えていた。

Aさんは弟の秀夫さんについては、名前以外ほとんど記憶がないが、兄は口数が少ない内気な性格で、学校帰りのけんかなどではいつもAさんが主導権を握っていた。

敗戦が近かったし、生活の辛苦が重なってだろう、母親のはるえさんが親戚《しんせき》の人の手を借りて、どこかの病院に入院したのは、引越してからそれほどたたなかった。

Aさんにとって整った顔立ちと和服姿の、そして、激しい気性だった母親の面影《おもかげ》は、母親のはるえさんが入院した時点で跡切《とぎ》れている。

「弟の印象が薄いんだけど、お袋さんが入院したときどこかへ遣《や》られたと思うのね。そのうちソ連が入って来たでしょォ。いつ移動したのかはっきりしないけど、敗戦の前後に大連《ダイレン》に移るのね。大連の収容所で兄貴と一緒だったの覚えてるけど、弟はこのとき、もういなかった。誰《だれ》からだったか、お袋さんが死んだって、知らされたのは収容所にいたときね。悲しいなんて思わなかった。子どもだったせいか、悲しんでいる余裕なんかないのよね。引き揚げてからも経験しているけど、人間ね、悲しいとか寂しいとか、涙が出るうちはまだ恵まれてんのよね。人間、とことん追い詰められると、涙なんか出なくなる。感情なんか無くなっちゃって〝もの〟っていうのかな、植物みたいになっちゃうのよ。お袋のこととか、兄弟のことより、自分が生きるのが先だから」

両親と死別し敗戦の混乱の中に投げ出されたAさんは、頼れる身内がなかったから、その日から生きる術《すべ》を身に付けなければならなかった。腹が空《す》くと大連の目抜き通りとか市場を彷徨《さまよ》い、空腹の足しになるものを漁《あさ》った。乞食《こじき》の身と同じだった。徘徊《はいかい》に疲れ、市場の片隅《かたすみ》で夜を明かしたことがある。棟《むね》が並ぶ軒先で夜の雨を凌《しの》いだこともある。暗闇《くらやみ》の中で幼い体を丸くしていたときも母親のことを思い起こすようなことはなかった。というより、そんな余裕などなかった。

いくらか落ち着いてからだが、市内の難民収容所を根城にしていたとき、誰に教えられるともなく、目抜き通りに出てピーナッツ売りとか饅頭《マントー》売りをしたことがある。

「子どもだからって甘えてるわけにいかないのよ。食べなくちゃしょうがないでしょォ。誰が教えたのか『この子は孤児《みなしご》だから……』っていう意味の札を首から下げて、同情を集めるのよ。ピーナッツは新聞紙で作った袋にいれてね。

ピーナッツの他にサツマ芋の粉で作った芋饅頭もやりましたよ。買ってくれたのはほとんどが日本人だったけど、中には、可哀《かわい》そうにって、品物持たないでお金だけ置いてった人もいたわね。同じころだったけど、魚の行商してた日本人のおじさんに見込まれて、やっぱり道端で魚売るのまかされたのね。ところが、おなかが空くもんだから、売りあげたお金をごまかして、買い喰《ぐ》いしてるうちに、それがバレちゃって、追い出されちゃったのね。小さいお金だけど、悪いことに手を染めたの、これが最初だった」

極限状態に追い込まれた人間は、大抵、排他のおぞましさを剝《む》き出しにする。Aさんはそれを身をもって体験したが、澄んだ心根《こころね》の人とも巡り合えることもあった。

たまたま街頭で声を掛けてくれた、新聞記者と自称する日本人がいた。初めて出会った中年のその人は、浮浪児同様のAさんに「腹が減ってるな……」そう言って飯屋に連れ込み、野菜を揚げた天ぷらを食わせてくれた。

それまで高粱粥《コーリャンがゆ》とトウモロコシばかり食べてきた育ち盛りのAさんには、その天ぷらが臓腑《ぞうふ》に染《し》みるほど旨《うま》く思えた。

日々、食にありつくことばかり考えていたAさんは、いつの間にか兄のヨシロウさんとも生き別れ、天涯《てんがい》の孤児になっていた。

父母と死別し、兄弟と生き別れてから、海に近い大連の日本人難民収容所に入れられたことがある。

そこで幾日かを過ごすうち、敗戦の年の秋、隣に居合わせた中年の夫婦が「一人か？」そう、短い言葉で話しかけてくれた。

どうしてもなじめなくて家出の連続

二人は長野県東筑摩《ちくま》郡今井村出身のT夫妻でAさんが孤児とわかると哀れを感じてだろう、着ることと食べることを何くれとなく気遣ってくれた。その親切がよこしまなものではないことは、まだ幼かったAさんにもよくわかった。

「Tさん夫婦とは引き揚げる前、三カ月ぐらい暮らしたと思うのね。そのうち奥さんが『おばちゃんたちと内地へ帰らないか。内地に行けば白いご飯がおなかいっぱい食べられるから……』って。後でわかったんだけど、夫婦には子どもが無かったから、一緒にいるうち子ども（養子）にしようって気になったらしいのね。

私の方は内地へ帰る、いったって家族がいるわけじゃないし、親戚もわかんないでしょォ。だから帰るって気持じゃないのね。いつも腹を空かせてたから、食べさせて貰えるんならどこでもよかったわけ」

難民収容所に日本人引き揚げの知らせが伝わって、大連港の埠頭《ふとう》に行くと、船を待つ難民が恐ろしいほど集まっていた。Tさん夫婦に引かれてすし詰めの引き揚げ船に乗り、佐世保《させぼ》港に着いたのが昭和二十（一九四五）年十二月十六日とAさんは記憶している。が、大連の岸壁を発《た》った日が何日だったか覚えていない。船の名前は確か「永徳丸」といった。

いざ船が大連港を離れる段になっても、Aさんの脳裏には特別の感慨は湧《わ》かなかった。死別した父母と生き別れたままの兄弟と——肉親が残る土地との別れだったが、それを悲しみとして感じ取るには、Aさんはまだおさなすぎたのだ。

引き揚げて来た船上の日本人は、やがて現われた祖国の島影をみて誰もが涙を流していた。けれど満洲《まんしゅう》に生まれ、内地に帰っても親族に会えるでもないAさんは、その感情も湧かなかった。

佐世保港に上陸したときAさんは八歳ぐらい。本籍は全くわからず、記憶に残っていたことは自分の姓名と、うろ覚えの家族。生年月日が昭和十二年二月十一日、とされていたが、これも敗戦のときの年齢から逆算して決めた架空の誕生日でしかなかった。

「Tさんの村は松本から少し田舎に入ったところで、夫婦とも猫《ね》可愛《こ》がりって言うのかね。Tの姓で名前も付けてくれたし、服は新調してくれるわ、なんでもしてくれたわね。年齢《とし》の上では三年生だったけど、引き揚げ者ってことで地元の小学校に二年から入って。Tさん夫婦にしてみれば、跡継ぎとして育てるつもりだから、甘えて貰いたいわけね。ところが、こっちとしては〈お父さん〉とか〈お母さん〉て言葉がどうしても出てこないの。そうすると可愛げがないってね。何か説教されるときも自分は真面目《まじめ》に聞いているつもりでも、相手にはふくれ面《つら》していると取られてしまうでしょォ。やっぱりなじめないのよね。どうしてもなじめなくて、家を飛び出すようになっちゃうわけ。大連のときから親切な人にも出会って、ずいぶん世話になったけど、どういうわけかみんな裏切ってきてるよね」

Aさんの家出に特別な理由はなかった。家族の枠《わく》から抜け出したい。その単純な生理だけが家出に走らせた、としか言いようがない。家を出ても行く当てはなかったから村の麦畑で野宿を決めたこと、神社の境内で夜を明かしたこともあった。村人にみつかって家に連れ戻されても、また同じことを繰り返した。Tさん夫婦の親心がなぜ素直に受け入れられないのか、子どものAさん自身、深く考えたことはなかったが、Tさん夫婦が仮に生みの親であったらどうだったろうか。

Aさんが何回かの家出を繰り返した後、いつもより遠い松本市まで足をのばし、国鉄の松本駅にいたところを、松本警察署のI刑事に補導されたのは、T家に貰われて二年目の昭和二十二（一九四七）年七月だった。

Aさんは刑事の事情聴取でもTさん夫婦のことは一切口にしなかったから、警察に補導された時点でT家との縁組関係は断ち切れてしまうことになる。

売春婦相手にチリ紙売ったり……

「その刑事さん、復員したばかりの人で『住職している戦友がいるからそこへ行くか』って紹介されて、そこへ預けられるのね。

松本はそんなに遠くない本郷村稲倉《しなぐら》ってところがあって、そこでお寺の和尚《おしょう》さんだわね。当時三十歳の独身でしたけど、ここでも二年世話になったわね。最初、生徒が二十人ぐらいいる村の分教場の四年に入れられて、五年生から本校に通うんだけど、和尚さんを〈兄さん〉て呼べるくらいよくしてもらったわけ。あんまり細かいこと言わなかったし、後になってみると、この時代が一番仕合わせだったみたいだね。悪戯《いたずら》がひどかったから、たまには叱《しか》られて境内の立木に縛り付けられたり、仕置もされたけど、泣いたことないのね。Tさんの家でも悲しい思いしているはずよ。だけど、どんな悲しい思いしても、涙がにじむ程度で泣いたことなかったね。満洲でおやじさんが死んだころから辛《つら》い思いばっかしてきたから、感情が麻痺《まひ》しちゃってるって言うのか……」

Aさんが〈兄さん〉と呼べた和尚さんも、実は身寄りのない人だった。だから、厳格さの反面、孤児であるAさんの心情をちゃんと読み取れる優しさがあった。

食事の仕度、寝具の上げ下げなど、与えられた日課はあったが、日々の生活に不満は何ひとつ無かった。けれど、幼いときから生活の術《すべ》を身に付け、他人の心を読むに機敏だったAさんは、和尚さんが親代わりとしていくら胸襟《きょうきん》を開こうとしても、Aさんには相手の心を拒絶する何かがあって、そのふところに心身のすべてを委《ゆだ》ねることはどうしてもできなかった。その何かとは意識の範疇《はんちゅう》を越えた血の掟《おきて》としか言いようがなかった。

Aさんが T 家のときと同様、特別な理由もなく、和尚さんのもとを飛び出したのは、お寺へ落ちついて約二年後の昭和二十四（一九四九）年の夏のころである。

「前と同じように松本に出たんだね。そうして、以前和尚さんに連れてって貰ったことのある知り合いの家に行って、そこで五百円くらい借りたかね。

ターザンだったかなあ、映画みたり買い食いなんかしているうちに警察に補導されちゃうのよ。松本の近くにあった波田学園ていう教護施設、そこへ入れられるんだわ。非行性のある子どもが集まっているところで、施設の回りに畑があって、草むしりとか、一般の農作業だね。集団生活ですよ。

こっちは畑仕事が嫌《きら》いだから、とにかく、そこに居たくないでしょォ。辛いから何回も脱走するんだけど、すぐ捕まっちゃうわけ。それでも、友だち三人ぐらいだったかな、逃げ出して上野に出たんだわ。これが二十四年の秋ごろ。お金、持ってないでしょォ。ホームの柵《さく》から入って列車（中央線）に乗ったけど切符なんか持ってないから、検札が来るとトイレに隠れるとか、途中の駅で降りちゃって、次の列車に乗り換えるわけね。新宿で一度降りたかな、上野に着いて地下道の回りをふらふらしてるうちに、また新しい友だちができて、おなかが空くからしょうがない、上野の山で置き引きとかかっぱらいね、覚えるわけ。

地下道に寝泊まりして、シューシャインボーイなんかもやったけどね」

監視とか補導に耐えられず、施設を脱走したAさんは、その日からひもじさを自分の手で補わなければならなくなるが、このときまだ十二歳でしかなかったAさんには、それを手にできる正当な術《すべ》を持っているはずはなく、結局、空腹を満たすための非行に深入りしていくことになる。

Aさんが踏み込んだ当時の上野は善と悪が逆さになった、札付きの人間には居心地のいい場所だった。ここでは善などという概念は通用しなかった。悪が肯定され、悪をよりふくらますことが仲間内の〝顔〟になる条件だった。

浮浪者グループの〝顔〟として振る舞っていたAさんは、地下道にたむろする仲間から「お前は悲しむ身内が無いからなんでもできて羨《うらや》ましい」そう言われたものだ。

Aさんにとっての上野は孤児《みなしご》としての自分の負を優越感に変えられるまたとない場所だった。

「売春婦相手にチリ紙、売ったりね。親切にしてくれた浪曲師の家から物を持ち逃げしたり、いろいろあったわね。そのうちサツの狩り込みにひっかかって、上野の児童相談所から山梨県の日川村（当時）にあった愛生園ていう養護施設に入れられたわけ。ここに三カ月くらいおったかな。学校へやらされるってことになったもんで、とにかく枠の中へ入れられるのが嫌《いや》なわけだから、そこも逃げ出して。いったん松本に行くんだけど、今度は長野の相談所から北佐久《さく》郡の軽井沢学園、ここも養護施設よね。ここへ入れられて『お前そろそろ少年法にひっかかる年齢《とし》だからよく考えろよ……』っていわれたわね。

本郷の和尚さんのもとを離れてから、あっちこっちの施設を歩くことになるわけでしょォ。それで、そこを逃げ出すと、決まってそこ（本郷村）へ足が向くのよね。後になってもその気持、ずっと変わんない」

お前は悲しむ身内がいないから仕合わせよ

本郷村稲倉はかつてAさんが背を向けた土地だった。なのになぜそこに拘泥《こうでい》するのか。Aさん自身、はっきりした因果はわからない。が、敢《あ》えてその根を捜すとすれば、満洲から引き揚げて暫《しばら》く、そこに生活の場を持ち得たことが、自分の出生地も、実父母の生地ともわからないAさんに拠《よ》り所としての土地意識を植え付けた、と言えるし、忘れたままの母体の感触を、無意識のうちにその土地に求めようとしたのかも知れない。

それが何であれ、Aさんは施設を飛び出すと必ず本郷村に足を向けた。村へ足を踏み入れたが、顔さえみせれば、きっと優しい言葉をくれたはずの和尚さんに、直接会おうとはしなかった。というより、寺を飛び出したことに始まる和尚さんへの背信と、重ねてきた非行の後ろめたさが先に立って、会うことができなかったのだ。

「なんとなく恋しくなって村まで行くでしょォ。お寺の近所をうろうろしたり、裏山からお寺の様子を眺《なが》めたりね、するけれど、和尚さんには会えなかったね。突っ張ってた反面、内心は寂しかったから、和尚さんに会いたくて、見つけてくれんかなぁ思うんだけど、自分からは訪ねて行けないわけ。それでも村に行くと気持が安まるちゅうのか、自然と足が向いたわね」

軽井沢学園に入ってからもAさんの非行は収まらなかった。収まるどころかエスカレートするばかりだった。規則の生活を逃れ、自由な身になりたかったAさんが、学園の教師のお金、一万円ほどを盗み脱走を企てたのは昭和二十六（一九五一）年の夏。間もなく警察に捕まり、長野家庭裁判所で虞犯《ぐはん》とされたあと長野少年鑑別所、そしてAさんが初めて経験する少年院生活、群馬県・大胡《おおご》町にある赤城少年院に送られるのは同じ年の七月である。このときAさんは、孤児が故《ゆえ》に降りかかる人の世の不条理、非情を全身が震える激怒のもとで感じ取っている。

「何が悔しいってね、赤城へ入れられるとき感じたんだけど、普通、鑑別所を出ると保護観察ってのがあって、引き取り手があれば大抵家庭に戻れるわけよね。ところが私は親も親戚もいない。引き取り手が誰もいないでしょォ。虞犯ていうと、罪を犯す危険性があるってことだから、引き取り手がいれば当然、少年院なんか持ってかれなくていいわけ。かっぱらいとか、強盗とかやってるのが出られて、なぜ俺《おれ》一人が持ってかれるのか思って、このときばかりは頭にきたね。カーッときてね。怒鳴り散らすわ、ガラスをぶっ壊すわ……。甘えるつもりはないけど、このとき親がいたら俺はもっと違った生き方ができたんじゃないかって、思うよね」

矛盾した大人社会に恨みをぶっつけながら、少年院送りとなったAさんは、そこに収容されてからも歪《ゆが》み切った人間集団をみた。

院内の少年たちは完全なタテの関係で組み込まれていて、新人は二年組に、二年組は三年組に、といったステップで先輩に従うことが暗黙の掟《おきて》になっていた。

先輩には絶対逆らえなかったし、教官に習うより、先輩に従うことの方が先だった。教官に習って一日も早く真人間になる――仮にそんな考えを表面に出そうものなら、仲間から寄ってたかってなじられるのが落ちだった。

「お前は悲しむ身内がいないから仕合わせよ……」

少年院に移ってからも、そんな揶揄《やゆ》とも煽動《せんどう》とも取れる言葉を周囲から差し向けられて、A

さんは暴動、脱走の先頭に立ち、教官への反抗をエスカレートさせた。その度に千葉県・印旛《いんば》、神奈川県・久里浜《くりはま》、同・小田原などの少年院を転々と移動することになる。

「少年院なんてところは悪《わる》の集団だからね、反抗する、逆らう、悪ぶることが勲章でしょォ。まともな人間になろう、なんて態度したら回りからチンコロって言われて、なぶられるからね。規則があるから暴動とか脱走とか、やっちゃいけないことわかっているけど、別に守らんでも、むしろ守らん方がハクが付くっちゅうか、そんなふうに思ってたよね。ところが脱走したりして捕まるでしょォ。教官にも凄《すご》いのがいてね。捕まったら最後、こてんぱんに殴られるからね。バットでもってケツはひっぱたくわ、顔だって変形するくらいやるからね。

悪いことしたときの懲罰は一週間ぐらい続くけど〝落下傘《らっかさん》〟とか〝セミ〟とかね――〝落下傘〟てのは、壁に中腰で寄りかかって、水が入ったバケツを頭の上にのっけとくの。〝セミ〟ってのは柱によじ登って、ミーンミン……てセミの真似《まね》するやつ。柱にしがみついてミーンミン、ミーンミンってやるんだけど『ミンミンが小さい！』とか『そんなセミの声があるか！』とか。疲れちゃって降りたりしようものならビシッてひっぱたかれるしね。

こういうときは耐えることで精いっぱいだから、なんにも考えないわね。みんなと一緒のときはあんまり余計なこと考えないわけ。ところが、悪いことして独房に入れられるでしょォ。こんなときはやっぱり考えるね。母親のぬくもりっちゅうもの知らないから、そんなことをね。それと、やっぱりこたえたのは、面会とか手紙。身内があれば面会にも来てくれる、手紙もくれるわね。それが、こっちはぜんぜん無いでしょォ。これもきつかった」

どこの少年院も似たり寄ったりだった。どんなに屈辱を受けても、どれほどの苦痛を強《し》いられても涙をみせるようなことはできなかった。虚勢が仲間内の力関係を決める院内では、突っ張ることが鉄則だった。

赤城少年院から足掛け六年、院内生活を続けてきたAさんは二十歳《はたち》に近い昭和三十二（一九五七）年一月、最後の小田原少年院を退院した。

お袋に一度甘えてみたかった

川崎市の厚生保護会で指導されたあと、寒い最中だったが、Aさんの足はやはり長野の本郷村に向いた……。和尚さんとも音信が跡絶《とだ》えていたし、特別迎えてくれる人はいなかったが、気持が自然と長野に向いた。中央線を下り松本駅に着いたときは空腹だった。何か食べたかったがお金がなかった。工面《くめん》する当てもなく追い詰められていたAさんは、怖さで体がこわばるのを感じたが、ここでも他人の金に手を出してしまう。

「おなかが空いてんのにお金がないでしょォ。窓口で切符を買おうとしてた男から財布をひったくったわけね。ダーッと逃げたけど、駅前が凍っていたから、ころんじゃってすぐ捕まっちゃったわね。

『もうやらない――』そう思ってるんだけど、小さいときから見たりやったりしとるから、長いこと入ってたわけだし、働くったってどうやっていいかわからんもんね。だからどん詰まりに来ると、それしかないわけよ。まあ自業自得《じごうじとく》だけど。

警察に引っぱられて松本の拘置所に入った日、拘置所の人が『なんだお前、きょうが誕生日じゃねえか』って言ってたよね。

簡易裁判所で窃盗未遂、懲役一年だったかな。執行猶予《ゆうよ》が付いたから入れられなかったけど」

拘置所を出てもAさんは、その日の身の振り方がわからなかった。和尚さんに会えたら――そう思ったが長い不義理と汚れた身の負い目が甘えの気持を打ち消した。が、会うしかない。七年ぶりの再会だったが、いく度もためらい、自問自答を重ねた末の決断だった。

面会できた和尚さんは、それまでの不義理を咎《とが》めるようなことはしなかった。

Aさんがそれまでの長い歳月を話すと、和尚さんは村にそのまま留《とど》まるよう勧め、松本市内に仕事をみつけてくれて、Aさんはそこの旋盤工として働くことになった。

本郷村から松本までは自転車で通ったが、和尚さんは車の免許証を取ることまで勧めた。けれどAさんの工場勤めは仕事がうまくいかなかったせいもあって、一カ月と続かなかった。仕事が駄目《だめ》な以上、村には留まれない――そう考えてAさんは、和尚さんの目を避けて村を離れ、東京へ出た。

「和尚さんの世話で仕事に出たんだけど、どういうわけかうまくいかんのね。失敗すると緊張する。緊張するとなお駄目でしょォ。結局勤まんなくてね。和尚さんもよくしてくれたけど、このときはすでに結婚もしてたし、どこかぎくしゃくしてね。迷惑掛けてんじゃないか、無理して置いてくれてるんじゃないかとか。変な言い方だけど、俺とは人種が違うんじゃないかとかね。そんなふうに考えるようになって出ちゃったわけ。

東京に出てすぐだったね。浅草で傷害かなんかで捕まって。松本のがあったから今度は猶予ってわけにいかなくて、府中（刑務所）へ入れられちゃうのね。府中から始まって十一年になるかな。名古屋の刑務所出るまで出たり入ったり……」

引き揚げのころから少年院時代をこまごま話してくれたAさんは、話が府中刑務所以後にかかると、なぜか多くを語ろうとしなかった。

名古屋の刑務所を出所したAさんは、同じ名古屋の厚生保護会を経て、愛知県豊橋市にある自動車メーカーの下請《したうけ》プレス工場に職を拾い就職した。昭和四十三（一九六八）年の秋だった。仕事に就いて間もなく、工場近くの喫茶店でウエートレスをしていた今の奥さんと出会い、二年間の同棲《どうせい》生活の後、四十五年、正式に結婚手続きを済ませた。その年から十四年が過ぎて、今、Aさんは二人の愛娘《まなむすめ》に恵まれて仕合わせに見える。けれど、佐世保に上陸してから三十九年、Aさんはそのうちの二十年を寒々とした日陰の生活で過ごした。その不運の根はまぎれもなく、母を亡くし兄弟を散り散りにさせた戦争にある。が、Aさんは四時間余の談話のなか、戦争の責任という言葉を一度も口にしなかった。感情の高揚もみせず「どんな悲しみにも泣いた記憶がないのよね」と淡々と語っていたAさんが話を終える間際《まぎわ》に、目頭をうるませた言葉がある。

「どこで生まれたかもわからないから、本籍は久里浜（少年院）になってんの。嫁さん貰って子どもを持って、特に感じるんだけど、親もいない兄弟もわからない、ほんと寂しいもんよね。生き別れたままの兄弟がわかれば、そう思って六年くらい前、捜してみたけど、手掛りが全くないから、あきらめるしかしょうがないでしょォ。せめておやじかお袋の郷里でもわかれば、思うんだけど。

お袋の感触を全く知らないから、一度甘えてみたかったたっていうのか――お袋の愛情をなんにも知らないで、このまま死んでいくのか思うと、これが一番情けなくてね……」

◀多くの日本人が悪夢を見た中国の地。その傷痕は今も癒されていない

あとがき

長い年月、肉親捜しに貢献し〝孤児たちの父〟と敬慕されている山本慈昭《じしょう》氏の取り計らいで、初めての中国に日本人孤児を訪ねたのは一九八一年四月である。

ちょうどそのころ、日本からアメリカに渡った戦争花嫁の取材を終えたばかりで、戦後庶民史の同じフィールドにある孤児問題に自然と目が向き、風化のなかにある戦争の原罪をそこに感じたからだ。

かつて「満洲《まんしゅう》」と呼ばれ、日本人が楽土の建設などと大層な理屈で勝手な国づくりを進めた中国東北地区。最初の訪問地は大連と瀋陽だったが、二つの地とも五十人を越す孤児たちが列を作って集まり、異口同音に「自分が日本人の誰《だれ》なのか」を訴えていた。中国語でしか話せない孤児たちの肉声は、母国が放置してきた戦後処理の責任を、真向から問うているようにも聞こえた。

孤児を訪ねた中国への旅はその後三年にわたって五回を数え、大連、瀋陽のほか撫順、長春、哈爾浜《ハルビン》、斉斉哈爾《チチハル》、牡丹江、佳木斯《チャムス》と巡り、さらにソ連領に近い奥地にまで足を運ぶうち、二百人を越す日本人孤児と面会することができた。

あるときは宿舎のホテルで、ときには孤児の自宅へ通されて質問を向けると「日本の家族はどこかの開拓団にいたらしい……」という記憶の糸を差し出されることがよくあった。敗戦前、ソ連の国境近くまで入植を広げていた開拓団関係者はざっと二十七万人にも及び、満洲国内をはじめ内地の食糧補給に当たったが、これも軍国日本が領土拡大と国威高揚をはかるため国策として押し進めたものだった。

国是を信じ〝御国《おくに》のため〟に大陸へ渡った開拓民が、その地での敗戦をどんな状況で迎えたか――このことは本文の孤児たちと引き揚げ関係者の証言でもわかるように、ソ連参戦時、関東軍は本来の使命である一般邦人の安全確保を最初から放棄し、作戦を理由に南へ退いていたと言われる。その結果、辛苦の逃避行を強《し》いられ、途中死亡行方不明となった邦人は、開拓団関係者だけでも約八万人にのぼっている。

満洲の犠牲者はもちろん開拓民だけではないが、死亡または行方不明となった被災率は奥地に入植していた農業関係者が圧倒的に高く、そのうちでも秩序もモラルも喪失した戦争下の魔性を最も厳しく強制されたのが、力を持たない老人、女、子どもだった。中国に取り残された日本人孤児に開拓団関係者の子女が多いことは、こんなところからも容易に理解できる。この拙著の表題を『シャオハイの満洲』(子どもたちの満洲)としたのも、弱者にしわ寄せされた満洲侵略の原罪をこの言葉に託したかったからだ。

中国東北部の各地を巡り、長春、哈爾浜のような都市部、あるいは奥地の農村部でさまざまな境遇の孤児たちと面接した。そのすさまじいまでの生の軌跡に質問も途切れがちだったが、そうした過程で〈小日本人《シャオリィベンリェン》〉〈日本鬼子《リィベンクイズ》〉といった聞き慣れない言葉をしばしば耳にした。日本人の孤児たちが成人する前、周囲の中国人から浴びせられた〝侵略者の子ども〟に対する蔑《べつ》称《しょう》である。この声の鞭《むち》とも言える言葉には父祖からの地に勝手に踏み込んだ日本人への、中国人の怨念《おんねん》が込められている、と言っていいだろう。

この言葉が象徴するように、中国に取り残された孤児たちは戦後の長い年月、母国が犯した侵略のツケをその小さな体に課せられてきた、と言える。さらに、もう一つ私たち日本人がはっきり認識しておかなければならないのは、その過程がどうあれ、侵された側の中国人が侵した側の日本人の子どもを死の淵《ふち》から救い、立派に育てあげたという事実である。

敵国の子どもをわが子として受け入れた中国人の心の広さにはただ頭が下がるが、そうした孤児に対し母国の日本は戦後どんな対処をしただろうか。改めて触れるまでもなく敗戦後のわが国は、五〇年に勃《ぼっ》発《ぱつ》する朝鮮動乱、さらにベトナム戦争と続く特需景気をテコに、経済大国への道を走り、物質本位の価値観は孤児問題に見られる戦後処理を後手に回し、なおざりにしてきてしまった。

敗戦から三十六年目の八一年三月にようやく始まる孤児の訪日調査にしても、国が率先して進めたわけではなく、実現にこぎつけたのは冒頭でも触れた山本慈昭氏のような孤児関係者が、十数年にわたって情報収集を重ね、肉親調査の実施を粘り強く世論に訴えたからだ。

それにしても「せめて十年早かったら——」多くの孤児たちは、遅すぎた肉親捜しをそう言って嘆いたものだ。せめて十年早く訪日調査が行なわれていたら肉親の判明率も倍加したろうに、という無念がその言葉の裏にある。日中の国交は敗戦から二十七年がたって、七二年九月に回復するが、そうした長い冬の時代が孤児たちの悲願をはばんできた。けれど、国が孤児たちの訪日調査に腰をあげたのは国交回復からさらに十年が過ぎてからである。

こうした経緯で進められてきた孤児たちの訪日調査は八八年三月までに十七回を数え、総計千五百八十八人が来日し、このうち五百八十二人の身元が判明した。私が中国で面会した孤児たちも大半が訪日調査を終え、今は帰国の時代を迎えている。が、日本語の学習や社会復帰に必要な職業訓練など、国の受け入れ態勢は十分とは言えず、民間の援助に頼り掛かっている向きもある。

現在のわが国は多額な貿易黒字と財テクブームのなか経済大国をもって任じている。けれど、孤児の受け入れに見られる弱者救済の対応はお寒い状況で、とても大国などと呼べたものではない。

孤児の悲劇にとどまらず現地の中国人に対しても、日本人以上の犠牲を強制した日中戦争は、軍国日本の「侵略」と内外の歴史に明記されている。にもかかわらず敗戦から四十余年が過ぎて、それを否定する言動が繰り返され、中国から激しい反発を受けている。

すでに戦争を知らない世代が過半数を占め、歳月は歴史の事実を遠ざけているが、そうした折に、孤児の方々の負の記憶と引き揚げ者の重い体験から編み出されたこの小さな書が、戦争の罪と痛みを語り継ぐうえの、ささやかな語り部《かたべ》になり得れば幸いである。

一九八八年六月十一日

江成常夫

解説

林郁

本書のページを繰ると、一人ずつ違う顔が、言葉にできぬ何かを語りかけている。もう中年になり、白髪《しらが》やしわの出た人が、小孩《シャオハイ》（子供）の時に肉親と別れた記憶を懸命にたどり、傷や特徴を示し、「私は誰《だれ》の子？」と全身で問うている。

「私はあずけられたとき五歳か六歳。中国人として育てられるうち周囲から日本人《リィベンリエン》の噂《うわさ》が立ち、小学校に入ると、『日本鬼子《リィベンクイズ》』といじめられた。養父母は私が日本人と呼ばれるようになると決まってその地を離れた。……肉親捜しに来日したが手がかりは得られなかった」

「草原に約二百体の日本人の女と子供の死体が重なり合っていた。拾われたときは私は額に傷を負い、カーキ色の上着でカバンを持っていたという。家は赤煉瓦《れんが》、茶色い犬がいた」

こういう証言を次々読み、私はその身になってみる。自分が何処《どこ》の何者かわからないまま生きる世界を想《おも》う。しかも侵略国日本の子だということだけわかっている。これは人間として大変なことである。

やさしい養父母にもらわれ、中国人として幸せに育ち、結婚し、子供がいる人でも、ふいに「実はあたんは日本人で、親がおき去ったのだよ」といわれると動揺するという。

戦後三十年も四十年もたつと、問題は複雑になり、その裂けめや歪みが中日両国の当事者、関係者を悩ませている。日中国交正常化以後は在中日本人の肩身がかなり広くなり、さらに「四つの現代化」の中で、先進国日本をめざして大量「帰国」が進む。みんながゆくから私も、と、肉親未判明のまま故国へ帰る。養父母を説得し、やっと日本に定住したのに現実は厳しい。この新たな壁や山坂をまた乗りこえねばならない。

生き別れのあとの長い歳月がたち、やっと肉親に再会できた。そのよろこびはつかのまで次々トラブルが生じる。新たな悩みを背負わされた人々は、それでも懸命に生きつづけている。一人ずつ写真を眺《なが》め、下の文を読んでいくと、命の不思議さ、写真を通してにじみ出る存在の力なのか。そのどちらでもあるだろう。

これだけの人数が収録されていれば歴史の資料として価値があることはいうまでもない。本書には個々の人間とその総体がかもす極限のドラマがあり、想像力を引き出す表情と沈黙、事実にもとづいた著者の史観がある。淡々と平等に並んでいるようだが、著者の思い、祈りがにじみ出ている労作である。

当たり前のことだが、写真は実物に会わないと撮れないから、江成常夫さんはこれだけの人に一人ずつ会い、話を聞いたのである。電話取材や手紙ではなく、面談、調査、確認、整理、まとめに大変な時間とエネルギーが投入されている。私は聞き書きの体験からその労苦が身にしみる。苦労してもだめなものもあるが、本書は『花嫁のアメリカ』と同じく、つみ重ねによってリアリティを増し、歴史の重さを実感させてくれる。つまり、共通項と個別、過去と現在を織る手法がとられ、それにより「満州《まんしゅう》」の落し子「残留孤児」の総体に迫っていると思う。

それにしても江成常夫さんはねばり強い人である。日中の国交が正常化したあとに山本慈昭氏を中心とした「日中友好手をつなぐ会」ができ、日本側が訪中して「孤児」捜しを始めた。その人々と江成さんは早くからつき合い、何度も訪中した。いわば草分けであり、本格的に取り組んだ人である。本書ではさらに新しいデータを加え、「孤児」の最近の状況を記している。その根気で旧満洲各地から蒙古《もうこ》、日本国内まで広い範囲の、いろんな民族と共に生きた「孤児」と会った。ために偏《かたよ》っておらず、「満洲」の代表的悲劇がほとんど収録されている。「佐渡開拓団跡事件」や蒙古の「葛根廟《カッコンビョウ》事件」などに加え、「東安事件」も新たに書きおろされた。有名な事件も「開拓史」など既成の資料から引用するのでなく、子供の目、記憶をもとに、おとなの目と史料を補ってまとめている。

たとえば旧興安南省のラマ教の聖地、葛根廟近くで一九四五（昭和二十）年八月十四日、婦女子を中心に日本人避難民がソ連軍に攻められ、その銃撃と自決によって千数百人が死んだ事件があった。それを生き残り女性（当時子供）のナマの語りで伝え、興安省（蒙古地方）が「満洲国」時代は特殊行政地区だった事実などを記して、歴史を知らない人にもなっとくゆく記述になっている。

「残留孤児」といっても自分で残留したのではなく、国策移民と戦争の結果、おき去られたのだが、そんな初歩的事実さえ知らない日本人がいる。で、本書はこの問題の原因をきちんと記し、登場する人がほとんど「小日本、日本鬼子といわれた」と記している。

くり返しを避けて二人か三人だけがその言葉を口にしたような本にしたらば、それは嘘《うそ》になる。しつこいほどのくり返しをそのまま記した著者に私は信頼感を抱く。日中友好の中で、日本の悪口はあまり口にされなくなったが、日本侵略のツケを、残された子や女性が背負わされた事実が消えたわけではない。私は日本的なあっさりした世界が好きなので、正直いって、この人たちはくどいなと思った。中国人の反撃はひどすぎるとも思った。しかし、昨年また現地を訪ね、じっくり事実を聞き、中国の人々とも「残留孤児」もなんと忍耐づよいことかと思った。

ある「残留孤児」は静かにいった。

「なぜ日本鬼子か、立場を逆にして考えればわかります」

私は逆の立場の自分を想像した。

――ある日、突然、中国人が朝鮮人の大隊が私の家に来て、異国の町名に変え、銃を向け、私と家族を家から追い出し、集団部落に囲い込んだ。私は何も悪いことをしないのに家も田畑もとられ、苦力《クーリー》にされた。住みなれたわが家には見ず知らずの中国人か朝鮮人の開拓団員がわがもの顔で住んでいる。くやしい。悲しい。貧困も重労働もつらい。

うちの息子は貨車につめこまれ、炭坑かどこかへ連れていかれ、それきり帰らない。愛する娘は慰安婦にされてしまった。抵抗した人は拷問《ごうもん》され、七三一部隊に送られ……。

私たちを苦しめた中国・朝鮮人が子供をおいて去っていった。そのとき私たちはその中国・朝鮮人の子を大事におおらかに育てるだろうか。

子のない夫婦がいとしみ育てたとする。国と国は断絶した。そして……。

立場をかえれば「小日本」と思わず言う気持、国交回復後、子が日本に去ったあとの養父母のさみしさ、哀《かな》しさがわかる。強制連行され、生埋めにされた時の息の苦しさ、土の重さも感じられる。しかし子供に罪はない。そういう重層的な歴史の中で育った人々の眼《め》や小柄《こがら》な姿が戦争はいやだと訴えている。私は目を伏せる。だが目をそらすことはできない。

過去を忘れるものは未来に復讐《ふくしゅう》される。だから私は不戦のために本書を手もとにおく。本書は悲しいだけの本ではない。そばにあっても苦しくはない。そこに収録された人々は生と死の極限で生の方に転んだ人たちなのだから。養父母に育てられたから今日があるのだ。生命力と運もあったから生きたのだ。この人々は存在そのものが平和を訴えている。目まぐるしい日々の中で日本人は戦争を忘れ、いや、戦争を肯定する人々がいる。

この歴史の曲がり角で、私たちの戦争体験はこれからの生活を考える基になると私は考えている。彼らはまさに「前事の忘れざるは後事の師なり」を代表する人々なのだ。私たちは、負の歴史の逆を選ぶこと、生きぬいてきた「小孩」に学び、希望をつくることをしたい。

ある女性孤児がまだ見ぬ母に手紙を書いた。「私の母さん、戦争で苦労した。私は三児の親になり、苦労して初めて母さんの思いが目の前。私の胸の中のこと母さんに話したい。母さん、もし生きていたら、一日でも長生きしてください」

彼女は自分を中国人にあずけた母を許し、いたわっている。その情の厚さに私は幾たび胸うたれたことか。帰国する場合も、子や孫の教育のためだという。混血の子らは日本語を覚えるのは親より早いが、日本でよき教育を身につけているとはいいがたい。

本書の「佐渡開拓団跡事件」の証言者、紅谷寅夫さんに最近会ったところ、彼はきちんとスーツとネクタイを着こなしていた。中山服姿のかつての素朴《そぼく》さはなかった。しかし、虐殺《ぎゃくさつ》の生きのこりであることを少しも忘れず、「中国残留帰国者自立更生互助会」のリーダーとしてがんばっている。一九八六（昭和六十一）年春、紅谷さんの呼びかけで二十三人の元残留孤児が共同出資し、自立のための飛鳥菜館を開店、つづいて食品会社をつくり、「踏鞴人《たたらびと》の味」という二十余種の手づくり中華食品を売店や移動車で売っている。彼は六十人の社員の代表取締役である。その彼はいう。

「私たちは日中を結ぶ架け橋になりたい。昔、フイゴをもって渡来し、製鉄技術を伝えた踏鞴人のように異文化を伝えたい。私たちは哀れみを受ける立場ではなく、哀れまれるべきは戦争をして、反省をしない人たち。その人々が高額の恩給を受けていばっている仕組みです。現実は『帰国者』の半数以上が生活保護に依存しているので日本人に軽蔑《けいべつ》されています。このままだと架け橋ではなく日中間のガンになります。だから私たちは自立し、あとから来る人の役に立ちたい」

紅谷さんにかぎらず、あとにつづく人のため、子のため、孫のためにがんばりたいという帰国者が多い。二代、三代先を考え、ゆっくりと歩く姿を見ると、〝氏《うじ》より育ち〟を思わざるをえない。この大陸育ちの人々を日本人がノロマあつかいするのは正しいことだろうか。

本書の写真を眺めていると、この人々は現代社会への同化を強《し》いられる少数民族に似て見える。幼児から中国人として育ったために日本の生活様式にはすぐになじめない。在日日本人の多くは彼らのこの少数民族性（文化的異質性）を認めず、性急に同化させようとする。自然も人間ももともと多様で、多様なものが助け合う状態が豊かなのに。

中国で朝鮮族として育った「残留孤児」の女性が朝鮮舞踊の名手になっている。オロチョン族のリーダーになった日本人男性は狩りに行く姿が実に勇壮である。中国に残っているあの人、この人を想いながら本書の写真を見ると、ここにも野性の匂《にお》う人や日本人ばなれした表情がある。この人たちの考え方、習慣、特技などを知るためにも本書はベースとして役立つと思う。

（一九八八年六月、作家）

復刊によせて――歴史を教訓とするために

昭和が犯した過ちの風景が地平線まで広がっていた。北京のローカル空港を離陸したプロペラ式の小型旅客機が、遼東半島の上空に差しかかると、乗客は窓辺に額を押し付け、眼下を食い入るように見つめていた。〃戦争孤児の父〃と呼ばれた長野県・阿智村、長岳寺の山本慈昭住職（故人）率いる孤児を尋ねる「日中友好手をつなぐ会」の訪中団である。参加者はおよそ十五人。私はそのグループに参加し、初めての中国旅行に出た。機は高度を下げてまもなく、大連空港に滑り込んだ。まだ中国が今のような経済発展を遂げる前の昭和五十六（一九八一）年春。大連という中国東北部を代表する都市の空港にしては、エアターミナルの建物はあまりにも小さく見えた。中国の旅は、大連の古びたホテルに集まった、日本人戦争孤児と対面することから始まった。

その日から三十年近くになる。中国人が「偽満洲国」と呼ぶ中国東北部、奉天（現・瀋陽）の郊外、柳条湖で日本の関東軍は昭和六（一九三一）年九月十八日、謀略を図って南満洲鉄道を爆破、中国軍を奇襲攻撃し、満鉄沿線を制圧した。世界史の節目となった満洲事変は、日本が傀儡満洲国を建国する前哨戦だった。この関東軍の中国侵略は、欧米諸国の反発を買い国際連盟を脱退し、孤立の道に追い込まれることになる。そしてまた満洲事変に先立ちニューヨークの「暗黒の木曜日」に始まる世界恐慌が日本にも波及し、経済が疲弊し、地方の農村ではその日の糧にも喘ぐなど、経済的混沌の要因にもなっていた。

こうした時代の昭和十一（一九三六）年二月二十六日、陸軍皇道派の青年将校ら率いる反乱軍が天皇を中心とした「昭和維新」を図り、重臣官邸や政府首脳の私邸を一斉に襲撃した。この政権奪取のクーデターは、陸、海軍部によって鎮圧され未遂に終った。しかし、軍首脳部はこの機を利用し次期広田弘毅内閣では、陸、海軍大臣に現役武官を就任させるなど、軍事独裁体制へと突き進んだ。

その後日本は、軍部、関東軍が幅をきかせ、シビリアンコントロールが機能しなくなる中、盧溝橋事件を契機に日中戦争へと突き進んだ。対戦の重圧に追い打ちをかけるように、アメリカとの外交に亀裂が深まり、日本は伸るか反るかの窮地に追い込まれる。片や「撃ちてし止まむ！」の掛け声のもと竹槍訓練を強いる国と、マンハッタン計画のもと原子爆弾の製造を進めていた国である。その物量の差から言えば、勝敗の結果は分かっていたはずである。しかし、動いてしまった時間を止められないのが世の無情というものなのか——。

アメリカに追い詰められた日本は、国の滅亡に繋がるアメリカ、イギリス、オランダに宣戦を布告し、昭和十六（一九四一）年十二月八日（現地時間七日）、ハワイ真珠湾基地への奇襲攻撃に突っ込んだ。満洲国を力で建国し、血気にはやっていた日本の政府、軍部は昭和十一（一九三六）年、向こう二十年間に満洲へ百万戸、人口にして五百万人を移民させることを閣議で決めている。この計画は満洲国の農業生産を高め、その一方、対ソ連に向けた兵力扶植の目的も込められていた。この壮大な移民計画は、開拓生活を美化した映画まで創られ、「行け満洲へ！」のスローガンのもと全国に喧伝された。モノ不足、食糧不足の戦時である。満洲へ行けば自作の田畑が貰え、それが御国のためにもなる。そんな話が広がり、全国からの入植者が相次いだ。そしてそのほとんどが、全国山間僻地の農家や田畑を持たない次男三男で、中には吉林省舒蘭県四家房に入植した長野県・大日向村（現・佐久穂町）のように、村をあげての渡満も少なくなかった。開拓民の渡満は日中戦争に重なる太平洋戦争のもとでも続いた。大日向村と並ぶ同県阿智村では、南洋戦線への兵力を補うための若い男子が、根こそぎ動員される昭和二十（一九四五）年五月、同県下伊那郡会地《おうち》村など三村が合併した阿智郷開拓団員百四人が、前年の先遣隊に続いて東安省宝清県北哈馬《キタハマ》の入植地に向った。航海中、日本海の海面に米軍の機雷が浮遊していたという。

すでに本土空襲が始まっていた時で、国策としての満洲渡航がいかに無謀だったかが分かる。ソ連軍が攻め込んだのが、団員が現地に着いてわずか二カ月半後。言わば村をあげての開拓団家族は火の中に送り込まれたようなものだった。

この時までにソ連国境近くまで入植していた開拓団は約千カ所に及び、満洲国全土がまたたく間にパニック状態になった。一刻も早く避難しなければならない。しかし働ける男子は、どこの開拓村も根こそぎ動員で招集され、村に残された開拓民は村長や役員以外は老人、婦女子ばかりである。馬車に子どもや食料、日常品を積み、引き揚げの途についた。開拓民にとって移民は国策であって、罪意識を持つ団員はほとんどいなかった。が、土足で踏み込まれ、父祖からの田畑を、買い上げとはいえわずかな価額で取り上げられた中国人の日本人への恨みは強かった。先々で襲いかかる現地民。戦車を連ねてのソ連軍の襲撃。そうした中、望みを絶たれての集団自決、飢えと病死。引き揚げは死との隣り合わせだった。

では、ソ連軍が攻め込む寸前、開拓村に到着した阿智村開拓団はどんな運命をたどったのか。その時、現地にいた団員は先遣隊員も含め、百七十五名。そのうち引き揚げの途中で襲撃に遭い、飢餓のもとで死亡、行方不明になった団員は、百二十八名。郷里に帰れたのは、四七名に過ぎなかった。

このように、敗戦まで国策を信じ、辛苦を強いられ渡満した農業開拓民は約二十七万人。そのうち八万人が自決、殺戮、病苦のもとで亡くなっている。その引き揚げのもとでの惨状は、中国に取り残された戦争孤児と、やむなく子どもや親族と生き別れ、母国に引き揚げた母親や関係者から聞き取り、本文に纏《まと》めた通りである。

我が国は満洲の植民地化も含め、十五年にわたったアジア太平洋戦争のもとで、内外二千百万、国内軍民三百二十万人の戦没者を出す、歴史上かつてない大罪を犯した。そしてさらに戦後の日本は、もう一つの大きな過ちを重ねた。過去の過ちは未来への教師であり、それに抗うものは未来に報復を受ける。その鉄則を記憶から遠ざけてきたことである。

今年は敗戦から七五年にあたる。この間、日本は敗戦の焼け跡闇市から這い上がり、昭和二十五（一九五〇）年に起きる朝鮮戦争の特需景気にテコ入れされ、さらに池田勇人内閣の高度経済政策も手伝って、物質的には先進国並みの豊かさを享受してきた。しかし、おびただしい犠牲者を出した「戦争の昭和」とは何であったのか。表層の通史は学習しても、戦争のリアルは学校でも家庭でも及び腰で、ほとんど教えてこなかった。このように現代史を軽視、歪曲してきたことは、日本の中国への侵略を「進出」とするなど、家永三郎（東京教育大教授・当時）が自著の歴史教科書を巡り、国と長年にわたり争ってきたいわゆる教科書裁判にも如実に表れている。

「戦争の昭和」は、元年から六十四年まで続き、今年は九十五年。百年を歴史の節目とすれば昭和は五年後に百年になる。仮に嘘が隠された歴史が普遍化すれば、次の時代への救いはない。

残された短い時間である。真の歴史を残すために、遠のく時間と真摯に向かい合いたい。

そもそも、中国に取り残されてきた「日本人戦争孤児」の存在が、一般に知られたのは、先に記したように敗戦後、三十六年がたった昭和五十六（一九八一）年三月である。厚生労働省社会・援護局によると、以後、国内での身元調査は平成十一（一九九九）年十一月まで三〇回にわたり続いた。翌年からは中国での調査が四回行われた。それまでに永住帰国した戦争孤児は二五五七人に及んでいる。そのうち身元が分かった孤児は千百四人、他の千四百五十三人は身元不明になっている。

すでに年号が重なり過去を想い起こす節目の時、復刊という至福の話である。四十年前、中国東北部と日本での身元調査の際、出会った孤児の人たちが、今どうしておられるか、できれば訪ねて交歓したい思いに駆られた。しかし、過ぎた時間は無情である。願いは叶えられなかったが、謂われ無く「残留孤児」などと呼ばれてきた皆さんの幸せを祈りたい。

今回の出版は、論創社の谷川茂氏の現代史に対する深い洞察力によるところが大きい。本書は、昭和五十九（一九八四）年に集英社から単行本として出版され、その後、昭和六十三（一九八八）年、新潮文庫として加筆、再構成し発行された。双方の上梓に際しては、集英社の池孝晃、細川剛生、新潮文庫では前田速夫各氏のご尽力を受けた。復刊を含め、お力添えをいただいた皆さんに心から感謝したい。

二〇二〇年十月八日

江成常夫

関連年表

	中国	日本
1926／昭和元年	12月、国民党左派と中国共産党、武漢政府をつくる。	12月、今上天皇践祚。昭和と改元。
1927／昭和2年	4月、蒋介石、南京に国民政府樹立。	3月、金融恐慌始まる。
	5月、日本軍山東へ出兵。	
1928／昭和3年	6月、日本軍張作霖を爆殺。	2月、初めての普通選挙。3月、共産党員の一斉検挙。
	10月、蒋介石、国民政府主席となる。	
1929／昭和4年	10月、ソ連軍、東三省を攻撃。	8月、初めての全国失業調査。
1930／昭和5年	9月、王兆銘ら北京に反政府樹立。	1月、金輸出解禁。11月、浜口首相狙撃される。
1931／昭和6年	7月、万宝山事件。9月、柳条溝事件、満洲事変勃発。	東北、北海道に冷害。農家の離散が続出。
1932／昭和7年	1月、第一次上海事変。3月、満洲国建国宣言。5月、リットン調査団新京入り。10月、第一次移民団神戸から出発。	5月、五・一五事件、犬養首相暗殺。 6月、警視庁に特高警察設置。
1933／昭和8年	1月、日本軍、山海関で中国軍と衝突。	3月、国際連盟脱退。
	2月、満洲国国有鉄道の経営を満鉄に委託。	7月、政府満洲移民計画大綱を発表。
1934／昭和9年	3月、満洲国帝制実施。溥儀が皇帝となる。土竜山事件。	8月、凶作が深刻となる。
	11月、新京—大連間に特急あじあ号運転。	10月、軍の満洲経営発足。
1935／昭和10年	8月、中国共産党、抗日八・一宣言。	2月、貴族院で天皇機関説を攻撃。
	12月、北京で抗日学生デモ。	5月、戦前最後のメーデー。
1936／昭和11年	1月、満洲拓殖会社設立。	2月、二・二六事件。
	12月、西安事件。張学良らが蒋介石を監禁。	7月、満洲への百万戸移住計画決まる。
1937／昭和12年	7月、盧溝橋で日中両軍が衝突、日中戦争始まる。	11月、大本営陸海軍に報道部設置。日独伊防共協定。
	12月、日本軍、南京占領。	

1938／昭和13年	5月、日本軍、徐州占領。10月、武漢三鎮を占領。	4月、国家総動員法公布。7月、東京オリンピック返上。
1939／昭和14年	5月、満蒙国境のノモンハンで日、満軍が外蒙、ソ連軍と衝突。	10月、物価統制令実施。12月、白米禁止令実施。
1940／昭和15年	3月、汪兆銘和平建国宣言。	9月、日独伊三国同盟調印。10月、大政翼賛会発会式。
1941／昭和16年	12月、国民政府　日独伊に宣戦布告。	4月、小学校を国民学校と改称。日ソ中立条約調印。 12月、米英に対し宣戦布告。日本軍真珠湾を奇襲攻撃。
1942／昭和17年	2月、中国共産党、三風整頓運動を開始。 3月、上海反戦グループ検挙。	2月、シンガポール占領。 6月、ミッドウェー海戦で日本軍敗北。
1943／昭和18年	1月、南京政府（汪兆銘政権）の日華共同宣言。 3月、あじあ号の運転休止。	2月、日本軍、ガダルカナル島から撤退。 10月、学徒出陣壮行会。11月、大東亜会議。
1944／昭和19年	6月、蔣介石、重慶で米副大統領ウォーレスと会談。 11月、毛沢東、米使ハーレーと会談。	6月、大都市の学童集団疎開決まる。7月、サイパン島玉砕。10月、特攻隊出撃。11月、米B29、東京大空襲。
1945／昭和20年	7月、在満邦人　軍へ根こそぎ動員。 8月、ソ連軍、北満へ侵攻（8日）。東安駅爆破事件（10日）。麻山事件（12日）。葛根廟事件（14日）。南京政府崩壊（16日）。虎頭要塞事件（26日）。佐渡開拓団跡事件（27日）。	3月、硫黄島の日本軍玉砕。4月、米軍、沖縄へ上陸。 8月、米軍、広島、長崎へ原爆投下。ソ連、日本へ宣戦布告（8日）。無条件降伏（15日）。 9月、ミズリー号艦上で降伏調印（2日）。天皇、マッカーサーを訪問（27日）。
1946／昭和21年	5月、ソ連軍満洲から撤退。同月、在留邦人、葫盧島から引き揚げ開始。 7月、国府、共産党、全面内戦始まる。	1月、天皇の人間宣言。 4月、新選挙法による衆議院の総選挙。 11月、日本国憲法公布。 12月、ソ連抑留者の帰還開始。
1981／昭和56年	3月、戦後初めて孤児来日、厚生省による肉親捜し始まる。	

参考文献

満州開拓史刊行会編『満州開拓史』（満州開拓史刊行会、一九六六年）
『竜山開拓史「春光」』（竜山開拓史同志会、一九六七年）
小林すみ著『現在満州国没有《シェンザイマンジュウゴメイユ》』（一九七四年）
坪川秀夫編『第十三次満洲興安東京開拓団の最後』（一九七五年）
大櫛戊辰著『殺戮の草原――満州・葛根廟事件の証言』（崙書房、一九七六年）
斉間新三・編集責任『果てしなく黄色い花咲く丘が――第十次東索倫河埴科郷開拓団の記録』（一九七八年）
『別冊 一億人の昭和史――日本植民地史〈2〉「満州」』（毎日新聞社、一九七八年）
山本慈昭・編著『戦争は未だ終わらない――中国残留孤児肉親捜し記録』（日中友好手をつなぐ会、一九七八年）
藤田繁著『草の碑――石川県満蒙開拓団の記録』（パブリケーション四季「いしかわ」、一九八〇年）
山村ふみ子ほか著『父よ母よわが祖国よ――中国残留孤児の手紙』（朝日新聞社、一九八一年）
山本慈昭・原安治著『再会――中国残留孤児の歳月』（日本放送出版協会、一九八一年）
群司彦著『中国残留孤児――望郷の棄民』（日中出版、一九八一年）
菅原幸助著『泣くんじゃあない「不用哭子《ぷよんくうら》」』（人間の科学社、一九八二年）
石川県満蒙開拓者慰霊奉賛会『石川県満蒙開拓史』（一九八二年）
厚生省援護局編『中国残留日本人孤児』（一九八三年）
中村雪子著『麻山事件』（草思社、一九八三年）
林郁著『満州・その幻の国ゆえに――中国残留妻と孤児の記録』（筑摩書房、一九八三年）
半藤一利「ソ連が攻めて来た日」（「文藝春秋」一九八七年九月号）

江成常夫（えなり・つねお）

1936年、神奈川県相模原市生まれ。写真家・九州産業大学名誉教授。1962年、毎日新聞社入社。64年の東京オリンピック、71年の沖縄返還協定調印などの取材に携わる。74年に退職し、フリーに。同年渡米。ニューヨーク滞在中に、米将兵と結婚して海を渡った「戦争花嫁」と出会い、78年カリフォルニアに彼女たちをたずねて撮影取材。以後、アジア太平洋戦争のもとで翻弄され、声を持たない人たちの声を写真で代弁し、日本人の現代史認識を問い続ける。また、写真と文章を拮抗させた「フォトノンフィクション」を確立する。写真集に『百肖像』（毎日新聞社、1984年・土門拳賞）、『まぼろし国・満洲』（新潮社、1995年、毎日芸術賞）、『花嫁のアメリカ　歳月の風景』（集英社、2000年）、『ヒロシマ万象』（新潮社、2002年）、『鬼哭の島』（朝日新聞出版、2011年）、『被爆　ヒロシマ・ナガサキ　いのちの証』（小学館、2019年）など。著書に『花嫁のアメリカ』（講談社、1981年、木村伊兵衛賞）、『シャオハイの満洲』（集英社、1984年、土門拳賞）、『記憶の光景・十人のヒロシマ』（新潮社、1995年）、『レンズに映った昭和』（集英社新書、2005年）など。写真展に『昭和史の風景』（東京都写真美術館、2000年）、『昭和史のかたち』（同、2011年）、他にニコンサロン特別展など多数。

論創ノンフィクション 007

シャオハイの満洲

2021年1月1日　初版第1刷発行

著　者　江成常夫
発行者　森下紀夫
発行所　論創社
東京都千代田区神田神保町 2-23　北井ビル
電話　03（3264）5254　振替口座　00160-1-155266

カバーデザイン　宗利淳一
組版・本文デザイン　アジュール
印刷・製本　中央精版印刷株式会社
編　集　谷川 茂

ISBN 978-4-8460-1988-8 C0036